希利尔给孩子们讲世界地理

〔美〕维吉尔·莫里斯·希利尔◎著
陈超◎译

中国妇女出版社

图书在版编目（CIP）数据

希利尔给孩子们讲世界地理 /（美）希利尔(Hillyer,V.M.) 著；陈超译. -- 北京：中国妇女出版社，2015.7（2019.8重印）

（美国中小学经典启蒙读物）

ISBN 978-7-5127-0954-6

Ⅰ.①希… Ⅱ.①希… ②陈… Ⅲ.①地理—世界—青少年读物 Ⅳ.①K91-49

中国版本图书馆CIP数据核字（2014）第250125号

希利尔给孩子们讲世界地理

作　　者：〔美〕维吉尔·莫里斯·希利尔 著　陈　超 译
责任编辑：宋　文
封面设计：尚世视觉
责任印制：王卫东
出版发行：中国妇女出版社
地　　址：北京东城区史家胡同甲24号　　邮政编码：100010
电　　话：（010）65133160（发行部）　65133161（邮购）
网　　址：www.womenbooks.cn
经　　销：各地新华书店
印　　刷：三河市人民印务有限公司
开　　本：170×235　1/16
印　　张：17.5
字　　数：250千字
版　　次：2015年7月第1版
印　　次：2019年8月第4次
书　　号：ISBN 978-7-5127-0954-6
定　　价：35.00元

编者的话

希利尔以旅行家的独特视角，让孩子们跟着他一起体验世界各地的新鲜事儿，放眼去看这个无比美妙、无比新奇的世界，使枯燥无味的地理书变成了孩子们的冒险之旅。这本书用最有趣的方式给孩子们认识世界、学习地理知识的机会，从北美洲到南美洲，从欧洲到亚洲，最后再到非洲、大洋洲。希利尔有着绝妙的创意，将西班牙比喻成老奶奶的脑袋、把斯堪的纳维亚半岛比喻成正在喷水的鲸鱼……这些令人捧腹、生动形象的比喻，再加上独到的视角、诙谐的文笔让孩子们仿佛置身于世界的各个角落，跟着希利尔一起体验那里的风土人情！

由于写作年代的限制，这本书还是有一些局限的。比如，作者写作此书时，人类还没有登上月球，但我们知道1969年美国宇航员阿姆斯特朗已经成为踏上月球的第一人。再比如，作者写作此书时，全球人口是20多亿，但现在全球人口已超过70亿。尽管如此，我们仍向所有爸爸妈妈和孩子推荐这本书。我们在书中侧边栏的位置加入了很多知识扩展的内容，尽可能让孩子对文中所介绍的内容有一个接近现实情况的认识。

此外，我们还增加了很多有趣的小考题，让孩子能够更深入地了解文中所介绍的内容。虽然在编写过程中，我们尽了最大努力，但难免仍有所疏漏，还请读者给我们提出宝贵的意见和建议，以帮助我们将这本书打造得更加完美。

如果你还没到15岁8个月零3天的话
请无视这篇

序言

这本书的读者应该是这样一群孩子：他们觉得天堂在头顶，地狱在脚下；他们从没有听说过伦敦和巴黎；他们觉得丹麦人就是一种大狗[1]。

这本书所呈现的是一个旅行者眼中的世界，哦，当然，不是一个销售旅行线路的人眼中的世界。

这本书想要告诉孩子们在视野以外还有什么地方，比如从卡拉马祖[2]到通布图[3]。

这本书不仅仅给孩子们讲了世界七大奇迹的故事，还会给他们讲比七大奇迹多70倍的故事。

小的时候，我曾在新英格兰过感恩节，大人们会做6种馅饼，有苹果的、蜜桃的、蔓越莓的、蛋奶的、肉末的，还有南瓜的。但是我只被允许从中选择2种，而每次选完我都会觉得不满意。在选择要讲述哪些地方和主题的时候，我也遇到了类似的问题。在我第一本世界地理概述中，有太多太多重要的地方需要叙述，然而无法避免的是，我会要略掉很多地方。这使得很多读者会觉得奇怪，为什么这本书里找不到某些国家和地区，特别是找不到自己所生活的地方。

小的时候，我总觉得地理是个让人头疼的科目，它有太多的复杂名词——从气候到商业、制造业以及工业，再到各式产品。看来看去，好像全世界各地的农产品不是玉米、小麦、大麦、黑麦，就是黑麦、大麦、小麦、玉米，抑或大麦、玉米、黑麦、小麦。在我所学的地理课本里，介绍现代希腊的部分只有一个段落，我猜可能就是希腊不产小麦、玉米、大麦、

不明白看这里

[1] 英文单词“dane”，既表示丹麦人也表示大丹狗（又称“德国獒犬”）。

[2] 卡拉马祖，美国密歇根州的一个城市，临卡拉马祖河，因创新产业而闻名于世。

[3] 通布图，也称“廷克巴图”，位于撒哈拉沙漠南缘，马里历史名城。在英文中，此地也指代遥远、未知的地方。

黑麦的原因吧。似乎地理学关注的总是胃口，而忽略了思想和感情。

我喜欢看地理书上的照片和地图，但对上面的文字总是提不起什么兴趣。除了偶尔有那么一两段描写还凑合以外，地理书里的文字几乎是很难让人读下去的。地理书里有一大堆乱七八糟的大小标题以及小标题下面的小小标题，还有课后作业、注释、地图辨识、教师建议、教学辅导、课后习题、复习、难点、练习、背诵、课程、照片辨识等。

你有没有在电影（电视、图书、杂志）上见过或亲身体验过什么让你印象深刻的事情呢？学着作者的样子，也记录下3条吧！

	国家/地区	给你留下深刻印象的事情
1		
2		
3		

我上学的时候，就知道地球像一个橙子。在学过的知识中，我只把3个细节牢牢地印在了脑海里：荷兰的孩子们穿木头鞋、爱斯基摩人住在冰雪房子里和中国人用筷子吃饭。

我上学的时候，使用的是一套问答形式的教材。我们当时就像背诵乘法口诀一样背诵这本书，老师也只是照本宣科罢了。

老师问："美国人处于什么样的状态中？"座位上一个13岁的小男孩背诵如流地回答道："他们穷困愚昧，住在小得可怜的房子里。"即便面对这种使人大吃一惊的答案，老师依旧无动于衷地说："不对。这是下一题关于爱斯基摩人状况如何的答案。"

现在轮到我给刚开始接触地理的孩子们教授地理课了，而我却发现手头的教材要么涉及了太多的工商业介绍，要么就很幼稚，缺乏逻辑。9岁的孩子还无法理解那么多的数据和抽象概念，然而课本中那些随意选择的其他国家孩子的故事又无助于地理知识的学习。

我曾花费数年用于旅行，到过世界上大多数的国家，算下来自己走过的路差不多能绕地球5圈了。因此，我想写一本地理书，尽管这样的想法有些自大。我把自己在旅行中的见闻讲给班上的学生听，他们总能全神贯注地听我讲，于是我就请了一位记录员把这些内容记录下来，并整理成讲稿。当我按照这些讲稿给另一个班级讲授知识时，我发现也许将这些讲稿整理成书的话效果会更好。由于我很难去预测孩子们的反应，所以我只能不断地试讲。只有经过试讲，才有可能知道孩子们能

理解哪些词，不能理解哪些词。很多人都说这样的词孩子们能理解，那样的词孩子们理解不了，在我看来不经尝试的结论用处都不大。孩子们可以理解“叹为观止”和“技惊四座”这样文绉绉的词，相反一些很简单的词却经常让他们感到迷惑。

我曾把一本写给孩子看的游记读给班上的学生听。作者这样写道：“我们到这里的时候又累又饿，于是就在最近的旅店里歇脚。”孩子们以为“歇脚”就是在旅店里找到了25美分的硬币[1]。我在给孩子们讲威尼斯的叹息桥时，绘声绘色地描述了死刑犯通过叹息桥时的情景。我随口问道：“哪位同学知道它为什么叫作‘叹息桥’？”一个男孩子回答说：“因为它非常大呗。”一个女孩子则不这么看，她说：“因为它有很多边。”另一个来自农村的男孩子的回答就更有意思了，他说：“因为犯人们拿着镰刀。”第四个孩子则说：“因为这个桥的主人叫‘赛伊’。”[2]

所有孩子都对地图很感兴趣。地图对他们来说就像拼图游戏一样，但那些新的地名总是很难被记住。但是没有名词或地点的地理也就不是地理了，最多只能算是童话故事里描写的仙境。所以，学习地图和地名很有必要，而一张挂在墙壁上的大地图的重要性就不言而喻了。

孩子们在学习地理的时候，常常会不知不觉地自己探索一番。他们很容易就把按国家分类的剪贴簿给贴满，剪贴材料的来源有时是图片新闻，有时是杂志和报纸的剪报，有时则是旅行社的广告传单。市面上不断有大量适合剪贴的材料涌现，比如那些印着印度寺院、中国宝塔、非洲野兽以及巴黎公园的图片。孩子们利用这些材料能编出一本属于自己的地理杂志。除了收集剪贴画，集邮也是一个能吸引孩子注意的方法，特别是对那些达到一定年龄的孩子而言，他们对于集邮的热爱不亚于我们成年人对某项爱好的热爱。

学习地理的最好途径就是旅行，这种旅行可不是商务人士去罗马出差那种旅行——不是只花1小时去游览一座城市。行色匆忙者的旅行往往会钻进出租车，一边浏览当天的报纸

不明白看这里

❶英文中的短语“find quarters”有“停顿留宿”的意思，其中“quarter”也有“25美分硬币”的意思，孩子们会因此而产生误解。

❷叹息桥在英文是“Bridge of Sighs”，其中sighs的发音跟size（大小）、sides（多边）、scythes（镰刀）以及Cy's（赛伊的）相近，因此孩子们容易产生误解。

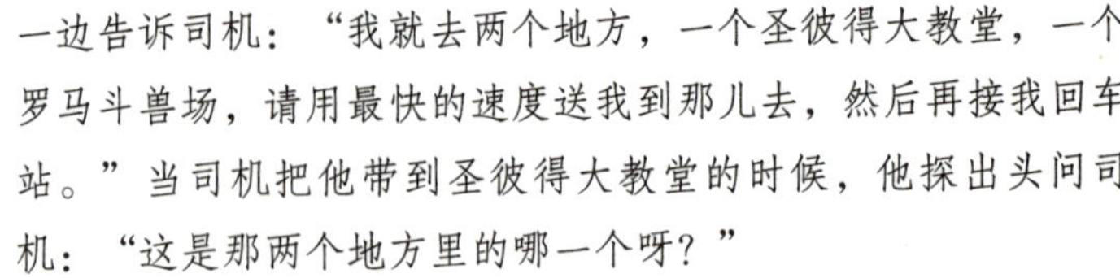

不明白看这里

❶1英里约为1.61千米，10英里约为16.1千米。

一边告诉司机："我就去两个地方，一个圣彼得大教堂，一个罗马斗兽场，请用最快的速度送我到那儿去，然后再接我回车站。"当司机把他带到圣彼得大教堂的时候，他探出头问司机："这是那两个地方里的哪一个呀？"

我出生的镇上住着一位上了年纪的老人，几乎全镇的人都认识他——在他的一生中，从来没有到过离家10英里[1]以外的地方。如今，旅行正变得越来越容易，几乎每个孩子都向往旅行。我写这本书就是想让盼望旅行的孩子们知道世界上有哪些值得看的东西，哪怕只有一点儿也好。这对于他今后的旅行也能起点儿作用，不至于像那些头脑简单的水手们一样，环游了世界一圈儿，除了一只鹦鹉和一串珠子以外，一无所获。

在我小的时候，我的保姆常常带我去车站看火车。戴着蓝帽子、穿着有黄铜纽扣的蓝制服的男人大声喊着："开往巴尔的摩、费城、纽约以及东北各地的列车就要发车了，请旅客们上车。"然后他就使劲儿地挥动手臂示意火车可以发车了，保姆跟我说这个人是列车长。

每次看完火车回到家里，我都会找出一顶帽子戴在头上，学着列车长的样子大声喊："开往巴尔的摩、费城、纽约以及东北各地的列车就要发车了，请旅客们上车。"一遍一遍不停地喊，喊得不亦乐乎，直到家里人都受不了了，对我说："天啊！别再喊啦。"

我梦想长大后能当上真正的列车长，成为那个戴着蓝帽子、穿着有黄铜纽扣的蓝制服的列车长。如今，我已长大成人，但我仍然要给孩子们当一回列车长，我将通过这本书带孩子们去巴尔的摩、费城、纽约以及东南西北各地！对，我们要做一次环球旅行！

目录 Contents

Contents 目录

目录 Contents

Contents 目录

01
小望远镜里的世界

你从未看见过自己的脸。

你可能会很吃惊，也可能会说这不可能，但事实就是如此。

你也许能看见自己的鼻尖。

你甚至还能看见自己的嘴唇，如果你撅起嘴巴的话。

如果你把舌头伸出来，还可能看得见自己的舌尖。

但是，你能做的不过如此，你无法离开自己去看自己的脸。

当然了，你知道自己的脸长成什么样子，因为你可以照镜子。但是，你看到的并不是你自己，只是你的镜像而已。

同样的道理，没有人能看到我们所居住的世界——一个完整的世界，一个我们赖以生存的世界。

你只可以看到整个世界中的一点点，就是你周遭的那点儿地方；如果你爬到一座高楼上，你可以看得多一点儿；如果你爬到一座高山的峰顶，你可以看得更多一点儿；如果你能坐在一架飞机里，那么你还能再看得多一点儿。

但是，如果想要看到整个世界，那你得站得更高——比任何人到过或能达到的高度还要高。你得走得更远，穿过云层，在天空中的一个很远很远的地方，与星星比肩的地方。但是，这没有人能做得到，即使坐飞机也不行。

当你在与星星比肩的地方看地球

既然你不能像用照镜子去看自己脸的方式那样去看世

界，那么，我们是怎么知道世界的样子的呢？

海洋中的鱼可能会这样告诉它的鱼宝宝：“世界上到处都是水，整个世界就是一个巨大的水缸。我哪儿都去过啦，所以我知道。”当然了，它不知道这个世界还有一些别的东西。

沙漠里的骆驼可能会这样告诉它的骆驼宝宝：“世界上到处都是沙子，整个世界就是一座巨大的沙山。我哪儿都去过啦，所以我知道。”

冰山上的北极熊可能会这样告诉它的北极熊宝宝：“世界上到处都是冰和雪，整个世界就是一个巨大的冰箱。我哪儿都去过啦，所以我知道。”

森林里的熊则有可能这样告诉它的熊宝宝：“世界上到处都是树，整个世界就是一片巨大的森林。我哪儿都去过啦，所以我知道。”

人曾经这样告诉自己的宝宝：“整个世界就是一个巨大的岛，它就像是一个巨大的用泥土做成的派，上面有水，有沙子，有冰，还有树。在我的头顶上，有一个被称作‘天空’的大盖子。我哪儿都去过啦，所以我知道。”

当某个好奇的孩子问道：“这个像派一样平平的世界是放在什么上面的呢？”大人则会非常认真地回答：“它被放在四头大象的背上。”

当这个好奇的孩子继续问道：“那这些大象是站在什么上面的呢？”他们仍然会非常认真地回答：“它们站在一只大乌龟的背上。”

但当孩子继续追问道：“那么，这只乌龟是站在什么上面的呢？”结果，没有人能答得出来，因为没人能猜到还有什么，所以乌龟就只能这么悬空站着，脚底下什么都没有。

很久以前，父母们就是依靠这个古老的故事来告诉自己的孩子世界是什么样的。但是，假如你走得够远，可以穿过云

层到达很远很远的地方，坐在一个什么都没有的角落里，沿着边缘悬着脚丫，向下俯瞰这个远得不得了的世界。你觉得世界看起来会是怎样的呢？我知道它是什么样子的，尽管我从未去过那么远的地方。

通过一个小望远镜在遥远的天空中看到的地球，恰如一轮满月——圆而洁白。但它的圆，并不像盘子那样，而是像一个大雪球那样。准确地说，它也并不是洁白，而是明亮。正如汽车的前灯能将夜晚的道路照亮一样，太阳的照射使得这个大球——我们的地球——变得明亮了。当然，同一时间太阳只能照亮地球的一面，所以它的另一面是黑的，但地球总是在不停地旋转，因此另一面也会被阳光照射到。

如果你通过一架望远镜看地球（你知道望远镜是什么吧？就是那种能让东西看起来更近更大的东西。想象一下人们用望远镜看月亮时的情景吧），你会发现在地球的一面上有2块很大的补丁，很像形状怪异的黑影；而在地球的另一面，补丁的数量是之前那一面的2倍，有4块奇形怪状的黑影。这些看

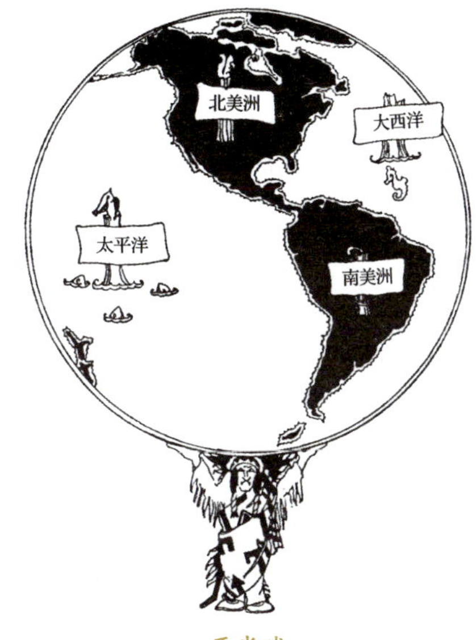

西半球

东半球

起来像黑影的补丁实际上就是陆地，它们也被称为“大陆”。这些大陆都有自己的名字，如果把它们的名字用高达1000英里[1]的字母印在它们身上的话（当然是不可能的啦），人们用望远镜就可以看到它们各自的名字，他们会在地球的一面上读出：

北美洲

南美洲

如果人们能等到地球转过来，直到地球的另一面也暴露在阳光下的时候，就像电影里演的那样，还会在一块大陆上看到“欧洲”，在另一块大陆上看到“亚洲”，在第三块大陆上看到“非洲”，以及在最小的一块上看到最长的名字“澳大利亚”[2]，而最底端的则是“南极洲”。

我们通常把硬币的一面叫作“正面”，因为在这一面常常印有人的头像；硬币的另一面被称为“反面”，因为它正好与正面相反。如果我们也能够如此称呼地球的两面，也许会很容易将它们区分开。但是，地球没有正反面——有的只是那些奇奇怪怪的黑影，所以我们用了两个重要的词来代替正反面的叫法，我们把一面称为“Western Hemisphere”（西半球），另一面称为“Eastern Hemisphere”（东半球）。呃！怎么不起个简单点儿的名字呢？好吧，我们就叫它“半球”吧，而这正是“Hemisphere”的意思。西半球有2块大陆，东半球有4块大陆。

地球的最顶端和最底端被称为“极地”（Pole），尽管那里并没有什么杆子[3]。在极地附近，是白茫茫的一片，只有冰和雪。因为极地非常寒冷，以至于终年覆盖着冰雪。

地球上除了如黑影一般的大陆和积雪之外，其他地方都是水。环绕着大陆的水就是大洋，尽管大洋之间既没有墙也没有栅栏将它们隔开，但我们还是给这些大洋起了不同的名字。

不明白看这里

[1] 1000英里约为1609.34千米。

[2] 指大洋洲。

[3] 英文中的“pole”除了有“极地”的意思，也有“柱子”或“杆子”的意思。

你分得清自己的左手和右手吗？当然了，如果你已经超过6岁，你肯定分得清。但是，你能分得清西边和东边吗？如果你已经超过9岁，那么你应该能分得清。东边就是太阳升起的地方，西边则是太阳落下的地方。如果你的右手在东边，你的左手就在西边，你的脸和背则分别对着北边和南边。

大西洋位于北美洲和南美洲的东边，太平洋则位于它们的西边。全部位于东半球的大洋被称为“印度洋”。它可不是因印第安人才这样命名的。位于地球顶端的是北冰洋；在地球的底端，环绕着南极洲的就是南冰洋。北冰洋和南冰洋之中有很多冰，因为那些地方实在是太冷了，大部分的水结成了冰，而且会一直保持这种冰冻的状态。如果我们也给各个大洋标上名字，让站在高空中的人能够看得到的话，那我们就得在水中支起巨大的标志，因为我们不可能在水上面印字。

至于为什么我会以北美洲在上的方式来展示地球呢？这其实也没什么特别的原因。我完全可以把它上下颠倒或者倾斜，因为地球并没有什么上下之分。我猜人们经常把北边置于上方的原因在于，绘制地图和研究地理的人大多生活在地球的北边，而他们想把自己生活的这边放在上面。

这就是我们的世界。你也许想要知道：“除了我们所处的世界，还有别的世界吗？”有些人猜想有，那些在夜空中犹如星星一样闪烁的亮点，或许就是跟我们的世界一样的星球，还有人类在上面居住着。可是没有人真的知道，因为即便是现在最厉害的望远镜也无法让我们看清那些闪烁的星星上有什么，所以关于它们，我们只能猜猜而已。

你能写下地球上所有大洲和大洋的名字吗？

大洋：

大洲：

02 世界是圆的，因为我曾绕着它跑过圈儿

你试没试过“离家出走”？

很久以前，在我比你还小的时候，我曾这么干过。

因为我想好好看看这个世界。

我妈妈告诉过我，世界是一个巨大无比的球，如果我能够一直向前走，也就是坚持朝着我鼻子所指的方向走，我就能绕着这个大球走一圈儿，最后返回我出发的地方。

所以，就在某一天，我起了个大早，没有把计划告诉任何人，我离开家，打算去环游世界。

然而，我还没走多远，天就黑了。然后，一个热心的高个儿警察就把我送回了家。

在我长大以后，还没成家时的我又开始了一次环球之旅。这一次，我乘着一列驶往日落方向的火车出发了。当夜幕降临的时候，再也没有高高大大的好心警察送我回家了。所以我继续着自己的旅程，就这样一天又一天、一周又一周、一月又一月地继续着。有时候我坐火车，有时候坐船，有时候坐汽车，有的时候干脆就坐在什么动物的后背上。纵然如此，我一直朝着太阳落山的地方进发，也就是朝人们常说的西方进发。

我曾经过广袤的田野和浓密的森林，经过小乡镇，也经过大城市；我曾跨过河，翻过山，也曾穿过山洞，当我到达一片汪洋大海的时候，我又上了一艘能够横跨大洋、驶往另一块

大陆的大轮船。我到过一些光怪陆离的地方，那里的人们穿着怪异的衣服，住在不同寻常的房子里，说着我们完全听不懂的语言；我还看到一些奇怪的动物啊、树啊、花啊什么的。我又穿过另一个大洋，继续朝同一个方向走，就这么走了好多好多个月，最终，我毫无意外地回到了起点。这就是为什么我知道地球是圆的，因为我真的绕着它跑了一圈儿。但是，地球并不是跟个网球一样溜溜圆，它扁胖扁胖的，而且它太大了，以至于看起来根本不像是个球。

我的环球之旅差不多花了小半年的时间——与其说这是一次耗时很长的旅行，不如说是一次路程遥远的旅行——旅程总长超过25个1000英里。可是，也有人能在更短的时间里绕地球一圈儿。“齐柏林伯爵”号飞船就在3周内完成了环球之旅。两位飞行员绕着地球飞了一圈儿，最终回到他们的起点——纽约，只用了不到9天的时间。一架美国军用飞机全程无停歇地绕了地球一圈儿，只用了不到4天的时间。

如果你也计划绕着地球跑个圈儿，从中国出发，沿着北回归线一直向西追着太阳的脚步走，你不会经过的国家是：

A.印度

B.日本

C.埃及

D.墨西哥

如果有人能够在清晨太阳升起的时候出发，一整天都追着太阳跑，太阳落山时，跑完地球的这一面，来到地球的另一面，继续跟着太阳跑，那么，他就能在第二天的清晨返回到他前一天出发的地方。也就是说，他会在一天之内环球一周。但是，想要完成这件事，必须得以超过每小时1000英里的速度来跟随太阳的脚步，而且要昼夜保持这样的速度。

正如你可能已经知道的，地球被一层大气包裹着，这层大气覆盖了地球上所有的东西，就如同海水覆盖着海底所有的东西一样。你可能还不知道的是，这层大气只包裹着地球，而没有填满整个宇宙。人类和动物就生活在这层大气中，就像是鱼生活在水里一样。如果有个巨人一下子把你拎出这个大气层，你很快就会像离开水的鱼一样，没几下就死了。离地面近的地方，空气密度相对较大；越是离地面远的地方，空气就越稀薄。这也就解释了为什么飞机只能飞到不怎么高的地方，因为再飞得高一点儿，就没有足够的空气来支撑飞机了——飞机必须依托于空气的支撑，这样它的推进器才能正常工作，让飞机往前走。这就跟一艘在水里行进的船一样，船必须靠着水的支撑才能保证它的螺旋桨推得开水。再比如说一架喷气式飞机，它必须得靠空气来填充自己的喷气引擎，否则无法运行。蒸汽船不可能离开水面开到空中去，同样的道理，飞机也不可能超越大气层飞到没有空气的空中去。

只有一样东西是人们可以送到大气层外的，那就是火箭。火箭的发动机并不依靠空气，火箭本身也不需要空气来支撑。也许将来的某一天，人们就能搭乘火箭去往月球甚至火星[1]。你想不想坐上火箭飞出大气层，到空空如也的太空中去探险？你想不想成为登上月球的第一人？你会发现月亮上什么活物也没有，月亮上没有空气，它是一个死气沉沉、毫无活力的星球。然而，如果你乘坐的火箭能够到达火星的话，你很有可能会在那儿发现一些活着的植物，说不定还能看见活着的动物呢！谁又能说这不可能呢！

有些山高到差一点儿就伸出大气层了。山顶的空气非常非常稀薄，以至于人们不背着氧气瓶就无法走到山顶去。

你看不见空气，或许你觉得自己能看到，但其实你看到的不过是些烟和云罢了，它们并不是空气。我们把流动的空气叫作“风”。当风吹走你的帽子时，你能感觉到它；当风“撞击”百叶窗，在屋外呼啸的时候，你能听到它。但是从来没有人亲眼看过风。

地球并不是一直都像现在这样。它曾是一个火球，是一个硕大的燃烧着的火球。那是在距今几十亿年[2]以前，当然了，远远早于人类、动物或者植物出现的时间。这颗火球逐渐冷却下来，地面上再也没有火苗，最终成了一颗滚烫的岩石星

不明白看这里

[1] 1957年苏联发射了第一颗人造卫星。1961年苏联宇航员加加林乘坐第一艘载人飞船“东方”号进入地球轨道，完成人类历史上第一次宇宙飞行任务。1969年美国阿波罗11号成功降落在月球上，美国宇航员阿姆斯特朗踏上了月球的土地。在本书作者创作此书时，这些新技术还未出现，但人类果真如他所言，登上了月球。

[2] 现代科学一般认为地球起源于46亿年前的原始太阳星云。

球。那时候的地球上没有海洋，没有水，因为水不会停留在任何炽热无比的东西上——它可不愿意在一个火炉上“站”着——当它下面有火的时候，会立即变成水蒸气。所以那个时候的地球，有的只是大团的水蒸气，它们像海洋一样包裹着地球。随着地球继续冷却，直到最后，那些水蒸气都变成水，下到了地球上——雨水下啊下啊，直到地球差不多被一片汪洋所覆盖。

地球曾经是个大大的火球

地球仍然继续冷却，与此同时，它也在不停地萎缩和起皱，就跟西梅干的外皮一样，而你是知道的，当西梅干还是长在树上的梅子时，它可是又圆又滑的。那些褶皱从海洋中穿出，形成了大陆和高山。现在你就知道这些褶皱有多大了，而且也知道这些褶皱到底是什么东西了。即便是现在，地球仍然在一点点地皱缩着。当它发生这样的变化时，随之而来的震动和摇晃，就被称为“地震”。但是发生在今天的地震，跟当年能将陆地抬升出海面的剧烈震动相比，根本算不了什么。伴随着当年那番巨变的，是震彻天际的骇人声响，那是地球发出的巨大的爆裂声、撕裂声和咆哮声，一切仿佛世界末日降临一般。什么？你不知道骇人的声响是什么？嗯，它就是大得吓人的巨响。然而，这一切都只是猜想罢了，也许我们的大陆是轻轻地、慢慢地、悄悄地从海面抬升出来的，就像是小草偷偷钻出地面一样。没人知道陆地到底是怎么升起来的。我们只知道，大陆的确是从水里升起来的，因为我们能在高山的山顶上找到贝壳。我们还知道的是，贝壳只能在水下形成。如此说来，当时的山就是位于水面下的啦！

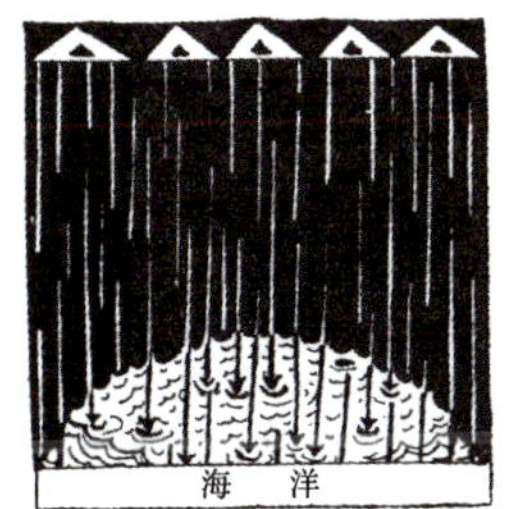

天降大雨，形成了海洋

地球长起了“皱纹”，好像梅子干的外皮一样

然后，大陆和海洋从海底抬升了起来

03 地心

当我还是个小男孩儿的时候，我就爱打破砂锅问到底。至少，我的保姆就是这么形容我的。

某一天，当我跟她一起沿着人行道散步的时候，我问道：

“珍妮，人行道下面是什么呢？”

“嗯，也就是些泥土吧。”珍妮回答。

“那泥土的下面是什么呢？”

“嗯，更多的泥土呗。”珍妮回答。

“那么，再下面又是什么呢？”我问珍妮，因为我对她的答案不满意。

“嗯，什么都没有吧。我也不知道。你怎么这么爱打破砂锅问到底呀？”珍妮问我。

我知道一定有什么东西在地底下，而我就是想知道它是什么。没错，我就是这么好奇。

我曾听人家说过，坏小孩死后会到地下的某个地方去——可能是个大地洞。我就想知道，到底这是不是真的。

我还听说过，如果能一直走到中国人居住的地方——地球的另一面，就会看到那里的人都是头朝下脚朝上倒着走路的，就像趴在天花板上的苍蝇一样。我就是想知道，到底这是不是真的。

我要用铁锹挖到世界的另一边

于是，我决心把地球挖个底朝天。只要我一直不停地挖，挖到地球的另一面，到那时我自然就知道真相了。要知

道，我那时还只是个小男孩儿。就在家中后院的葡萄藤后面，我开始用一把小铁锹挖洞，没有人知道我在那儿做什么。在我挖通地球之前，我想对所有人保密。我日复一日地挖着，一开始挖到的是松软的泥土——这很容易，随后我挖到了坚硬的土层，挖掘工作变得困难起来。不管怎么说，我挖出来一个齐腰深的坑。

后来的某天晚上，爸爸问我："后院哪儿来的一个坑啊？"

我的秘密就这样被发现了。当我告诉爸爸我的想法时，他并没有笑——至少没有大声笑，只是问我知不知道要挖多深才能挖通地球。

"你能挖出华盛顿纪念碑那么长的距离吗？"他问我。

我觉得也许我可以，但是也有那么一点儿怀疑，因为华盛顿纪念碑看起来高得很呢。

"其实人们挖过一些深井，这些深井的深度比华盛顿纪念碑的高度多出很多倍，"我爸爸告诉我，"但是即便如此，人们也从没有把地球挖穿。要挖到地心，你挖的深度，要比华盛顿纪念碑的高度多出几千倍才行。从地球的一端直穿到另一端的距离差不多是8000英里[1]。而且，这中间几乎都是些岩石——除了岩石还是岩石，没别的。"

于是，我就这么放弃了一开始的想法。

"可是，既然从来没有人穿过地球的中心，你又是怎么知道从一端到另一端有8000英里那么长啊？"我又开始打破砂锅问到底了。我不太记得爸爸是怎么回答我的了。那时候的我太小了，实在理解不了这些道理。而现在我想确定的是，如果我告诉你人们是怎么知道从一端到另一端有8000英里那么长的距离，你会不会因为太小而听不明白呢？虽然没有人穿过地球的中心，但我们确实知道这个距离是多长。

我们是通过以下办法获知那个数据的。先来说一个有趣

不明白看这里

[1] 一般认为，地球的平均直径约12742.004千米，换算为英里即7917.5英里。

不明白看这里

❶圆周长为直径乘以π（约3.14）。

❷地球赤道周长约为40075.7千米，子午线周长约为40008.08千米。

的现象：任何一个球体，不管它是大球、小球，还是中等大小的球，它的周长总是它直径的3倍多一点儿[1]。我一直对这件事感到奇怪：为什么会是这样的呢？为什么它不是正好3倍、4倍或者5倍呢？没办法，它就不是。如果你不相信的话，可以自己试试看。取一个苹果或者一个橙子，量量它的周长，然后切开它，再量量它的直径。

现在，我们知道地球是一个球，一个很大的球。正因为它是一个球，所以它势必跟别的球一样，绕它一圈儿的距离肯定是它垂直的3倍多一点儿。而地球的一圈儿有25000英里[2]那么长，人们可是真的量过呢。所以我们就知道了，从地球的一端穿到另一端的距离差不多就是8000英里了，25是8的3倍多一点儿嘛！这可不是地理哦，这是算术题。如果你想用一些更学术的词来说“一圈儿”和“从一端穿到另一端的距离”，就像人们常用的那些地理名词一样，那你就得用“周长”来代替“一圈儿”，用“直径”来代替“从一端穿到另一端的距离”。它们所表达的意思其实是一样的：地球的周长是25000英里，地球的直径是8000英里。

地球的表面是坚硬的岩石层，就像是烤土豆的外皮一样，里面是炽热的地心。这个坚硬的外壳本身也是分着层的，跟果冻蛋糕里的分层一样，一层叠着一层，只不过这些岩石层看起来更像是由沙砾和贝壳，或者煤炭和小石块组成的。事实上，它们也确实是由这些东西做的。如果我们把地球像切苹果那样切成两半，或许它的样子就跟下图显示的差不多。我们把这样的图叫作“切面图”。

有些岩石层中分布着煤炭，正如同果冻蛋糕里的小果冻一样；在别的地方则出现了金、银、钻石和红宝石这样的东西；有的岩石中还藏有石油。这就是为什么人们要在这些岩石层中钻井采油的原因了，同时也解释了人们为什么要开矿采煤

和采金了。

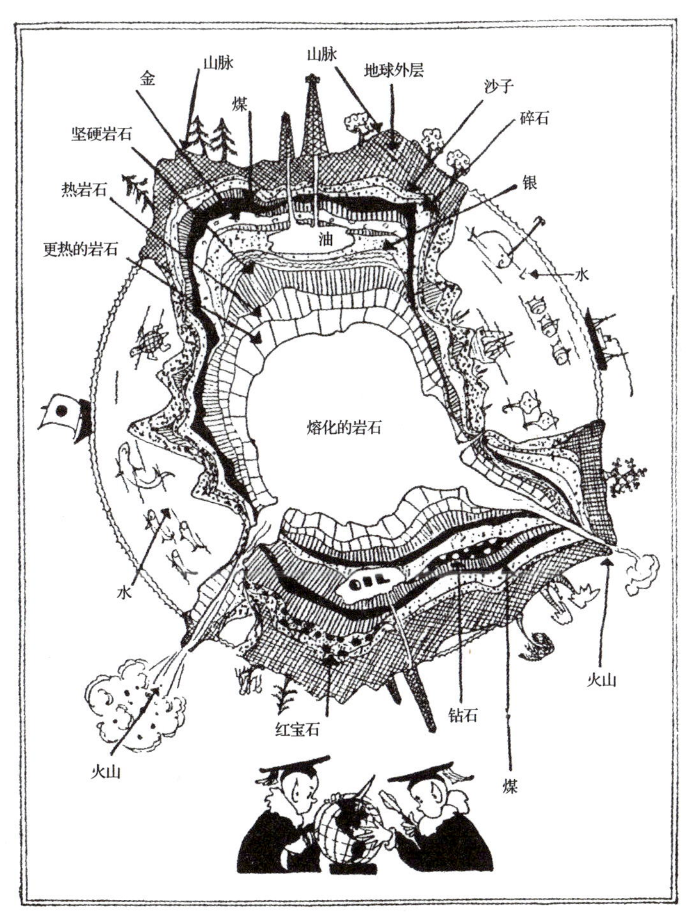

地球剖面图

在岩石层下方更深处就没有分层了，剩下的只有坚硬的岩石；再往下更深的地方，温度会越来越高，导致岩石不再呈现出固体的形态，而是处于熔化的状态，这里是地球直至今天从未冷却下来的部分。

当我们看到烟囱的时候，我们就知道烟囱下面有一个火炉；当我们看见烟和火苗从烟囱上面吐出来的时候，我们就知道下面的火炉里烧着火。其实，在世界上的很多地方，我们都能看见火和烟从地面上冒出来，就好像是火和烟从一个烟囱里冒出来一样。这些地方就被称为“火山”。

为什么地球是由岩石堆成的，而不是黄铜、玻璃或者陶瓷堆成的？为什么地球是一个球体的样子，而不是像盒子、滚筒或是旧鞋子呢？

04
看不到头的队列

不明白看这里

❶目前世界上的总人数已超过70亿。

你见过阅兵仪式时的队伍吗？那种很长很长的队伍，你见过吗？我有一次就看见了。他们整整花了一天的时间才走完。踢踏、踢踏、踢踏、踢踏……一小时接着一小时，整整持续了一天。我第一次见到这么多人，肯定得有10万人了。世界上竟然能有这么多人，简直太不可思议啦！但是，如果让全世界的人排成长队来一次列队游行的话，那就不是走一整天啦，而是要花一辈子的时间才能完成整个游行过程。因为全世界一共有超过20亿人[1]呢。

全世界的人如果排在一起，一定是一支看不到队尾的队伍

每分钟大约有100个新生儿来到这个世界上。就在你读这本书的时候，很多宝宝又降临了。虽然在钟表的每一次滴答声中，都有人会离开这个世界，但是，每天新出生的人数要比死亡的人数多，所以我们的世界越来越挤了。

世界上所有人的个头和体形基本上没有太大差别。那些有如拇指般细小的人，或者高得像教堂尖塔一样的人，你只能去童话故事里面找了。

没有人上身长着翅膀，而不长手臂；也没有人下身长着轮子，而不长腿脚。每个人都长着一个头、一只鼻子、一张嘴，长着两个耳朵、两只眼睛、两只手臂和两条腿。然而，没有哪两个人会长成一个样子，谁也不会跟别人长得一模一样。就算是双胞胎，也是有分别的。

人和人之间最大的差别就在于肤色。在世界总人数中，白皮肤的人占了多数，也有很多人的皮肤是黑色的，还有相当多的人的皮肤介于黑色和白色之间——近似于黄色。肤色不同的人属于不同的种族。“现在对于所有种族来说算得上是个好时代了。”爸爸以前常常这么说。我总以为他说的是赛马或者划船比赛什么的，但是当我问他在说什么比赛的时候，他总会笑着说：“是白色人种、黑色人种……所有种族的好时代。[1]”

每个种族原来都有自己生活的那一方土地，但是有很多人会迁徙到其他地方去。居住在我们这块土地上的人大多都是白人，但是也有很多黑皮肤和黄皮肤的人。

设想一下，如果你生来就有着黑色的皮肤。

如果你生来就有着黄色或者红色的皮肤。

如果你出生的地方是非洲、亚洲或大洋洲。

如果你的父母不是现在的父母。

如果你出生的世界不是现在的这个世界。

如果你从来都没有出生。

……

你现在会在哪里呢?

世界上供人们生活的大陆只有6块，而每块大陆上都有着许多国家。这里我们所说的“country”意味着国家，它在这里可不是乡村的意思[2]。一个国家，意味着受制于同一个统治者的城市、小镇、乡村的总和。世界上一共有80个国家[3]。有

不明白看这里

[1] 原文中的“race”在英文中有“比赛”的意思，也有“种族”的意思。作者当时混淆了这个词在话中的意思。

[2] 在英文中“country”有“国家”的意思，也有“乡村”的意思。

[3] 目前世界上有200多个国家和地区。

的国家特别小，全国人口加起来才只有几千人。有的国家则很大，举国上下有几千万人，甚至上亿人。美国嘛，大概有1亿5千万人，但还有几个国家的人口更多。位于地球另一面的中国拥有全世界最多的人口，是美国的3倍。和中国位于同一面的国家——印度，拥有全世界第二多的人口[1]。这两个国家都是亚洲的。亚洲是世界上最大的一块大陆，它的名字虽短[2]，但人口可是最多的。

每个国家都有一位统治者，正如每个家庭都有个爸爸一样，或如同每个足球队都会有个队长一样。有些国家的统治者是国王，有些是总统。大多数国家的统治者并不仅仅是国王或总统，还会有其他一些人来协助国王或总统一起统治国家。

国王之所以能当上国王，是因为国王的爸爸就是国王。出于相同的原因，国王的儿子也会成为国王。总统之所以能当上总统，则是因为他的国民推选他当总统，这就跟足球队的队长是由队员推选出来的道理一样。我们把这种推选就叫作“投票选举”。国王能当一辈子，而总统却只能当几年。

国王所统治的国家被称为“王国”。如果一个国王统治了好几个国家，那么他就被称为“帝王”，他所统治的那些国家就被称为“帝国”。由总统领导的国家被称为“共和国”。美国就是一个典型的共和国。国王或总统以及跟国王或总统一起管理国家的人所组成的机构，就是政府。政府制定各种法律法规，而且它还能做两件个人无论如何都不被允许做的事儿，那就是印制货币和邮票。这个国家的货币到了另一个国家以后，是不能流通使用的，邮票也是同样的。当然了，这个国家的语言到了另一个国家以后，通常也是不能通用的。

世界上的人说着各种各样的语言。即便是处于同一个国家，人们也有可能说着不一样的语言。全世界总共有3000多种语言[3]，想想看，3000多种语言！或许，你只会说其中的一

不明白看这里

❶这是基于当时的数据统计所得出的结论。根据2010年第六次人口普查数据，中国人口已达到13亿（133972万人）。

❷亚洲的英文为“Asia”，只有4个字母。

❸一说全世界共有5000多种语言及方言。

种，既听不懂也不会说其他的语言。在美国，几乎所有人都讲英语。这事儿也挺奇怪的，因为世界上另一个国家——英国也是使用英语的国家。然而，像在欧洲这样的大陆上随便待上一天，保管你会在商店里、酒店里、大街上听到各种不同的语言。

我恰好生在了美国，因为周边的人都说英语，所以我也就跟着说上了英语。但是，如果我出生在亚洲，是个黄皮肤的小男孩儿，那么我也许会说汉语；如果我出生在非洲，是个黑皮肤的小男孩儿，那么我就会说一种——哎呀，我也叫不出来名字的语言。我认识一个会说12种语言的人。我还听说有人会说100种语言！通常来讲，想要学会另一种和自己母语不同的语言，要花上几年的时间呢！所以，你可以想象一下他们是有多了不起啊！大多数语言的字母和我们的英文字母差不多——就像这本书所使用的字母一样，我们称这种字母为“罗马字母”。这是因为这些字母最先是由一个叫作“罗马人”的民族所使用的。

如果你出生在加拿大的魁北克省，你所说语言应该是：

A.法语

B.英语

C.西班牙语

D.葡萄牙语

05
13州联盟

如果一个人想让一家医院、一座图书馆或是一座博物馆以他的名字命名，那他也许就要花上几百万美元。但是，有这么一个人没花一分钱，也没做什么事，没有什么功劳，甚至他也没提出过什么要求，却让世界上最大的两样“东西”——北美洲和南美洲以他的名字命名，而且人们会一直沿用他的名字来叫它们。这个微不足道，几乎不为人知晓的小人物名叫“亚美利加”[1]。

你知道有这么一首歌吗？开头是这样唱的：“我的祖国，那就是你。[2]”你知道“我的祖国”说的是哪里吗？它说的是北美洲的一部分——北美洲之中较小的那一部分。

你兜里有枚水牛硬币吗？就是5美分的那种硬币。如果没有的话，那你可以借来看看。硬币的正面画着一个头发里插着羽毛的印第安人。猜猜看，为什么我们的硬币上画着一个印第安人，而不是白人呢？硬币的反面画着一头水牛。继续想想，为什么非要画一头水牛，而不画一匹马或一头奶牛呢？

原来，在很久以前，我们的这片土地上根本没有白色人种，也没有马和奶牛，有的只是非常多的印第安人以及数量庞大的水牛群。如今，美国的印第安人和水牛已经变得非常稀少了。硬币两面的画像其实是在告诉我们，美国的原住民就是印第安人，美国最早的动物就是水牛。

你再看一下硬币上刻着的字，你会发现上面写着：“美

不明白看这里

[1]此人叫Amerigo，正文中为音译。

[2]即歌曲《My Country, 'Tis of Thee》(《我的祖国，那就是你》)又名《美国》，正文中所引的是这首歌的第一句。这首歌是《星条旗永不落》正式成为美国国歌之前，美国默认的国歌。时至今日，仍作为一首爱国歌曲被广为传唱。

利坚合众国”。这个就是美国的全称了。但是人们觉得每次都说美利坚合众国太费事了，于是我们就简称它为“美国”，或者直接用每个单词的首字母来代替全称，即“U.S.A.”[1]。

你有没有见过这个人的画像？他高高大大的，穿着一身像是用美国国旗做成的衣服，红白条纹相间的裤子，拖着长尾的燕尾服，还戴着一个满是星星的高高的帽子。其实，这个人在现实生活中并不存在，但他却被认为是美国的化身。我们常常用“U.S.”来简称美国，也有人说这是山姆大叔[2]的缩写，所以，我们就把这个穿着美国国旗装的大叔叫作“山姆大叔”。

美国地图看起来就像是由不同尺寸和形状的布片缝起来的“百家被”。这些布片就是美国的州，这些州是联为一体的——也就是说，州和州之间是紧密相连的。当然啦，在生活中，州和州之间你是找不到线的。地图上你看到的这些区分不同州的线，在现实的土地上就是用相隔很远的石头作下标记而已。所以当你从一个州跨到另一个州的时候，可能连你自己都不知道。每个州都有所辖的城市、小镇和乡村。我住在马里兰州的某个城市里。你或许住在另一个州的某个城市或是某个小镇，再或者是某个乡村中。几乎每个美国人都住在州中，除非他住的地方不属于任何一个州——后面我就会告诉你几个不属于任何一个州的地方。

有些州的边界线是笔直笔直的，而有些州的边界线至少有那么一两处是弯弯曲曲的；有些州的面积很大，有些州的面积很小。最大的州是得克萨斯州[3]，在地图上看是位于国土中心偏下的地方——不过，我们在这里不说它位于最下方，而是说南部。最小的州是罗得岛州，实际上它并不是什么独立岛屿。它的位置在右上方——不过，这么说并不严谨，应该说它位于美国本土的东北部。200多个罗得岛州加起来才有1个得克

不明白看这里

①即“United States of America”首字母的缩写“U.S.A.”。

②Uncle Sam（山姆大叔）的首字母同为U.S.。

③1959年，阿拉斯加州正式成为美国第49个州，取代得克萨斯州成为美国面积最大的州。

这个像把国旗穿在了身上的老头就是山姆大叔

萨斯州那么大[1]，换句话说，你可以把200多个罗得岛州一起放进得克萨斯州里。

在不太遥远的过去，还没有美国这么一个国家。有的只是大西洋沿岸的13个小州。这些州的面积都很小，小到让人觉得这13个州应该组成一个联盟。这可以追溯到一个古老的故事：有个男人想折断一捆树枝，可是他费了老大的劲儿也折不断。这时候就有人给他出主意，让他把捆着的树枝拆开来，一根一根地折断。他照做以后，果然很容易就把所有树枝都折断了。同样的道理，人们觉得如果这13个州彼此分开，很容易就会被一一击溃，但是如果团结起来，像是绑在一起的树枝那样，就不会轻易被“折断”了。于是，这些州就组成了一个拥有13个成员的联盟，并起名为“合众国”。这个联盟的座右铭是“团结就是力量”。它的意思是说抱在一起力量会更加强大。

现在，13被视作一个不吉祥的数字。可是当时的这13个州才不害怕13会带来什么坏运气呢！他们甚至还想到一个新国家总得有面国旗，于是，人们做了一面画着13道条纹的旗帜——七红六白，还在旗帜上蓝色的一角画了13颗白色的星星，分别代表13个州。后来北美洲的其他地区也想要加入到这个联盟里来，再然后，越来越多的地区想要加入进来，直到共有48个州加了进来。这些州连起来从北美洲靠近大西洋的东海岸一直向西延伸到西边的太平洋沿岸——好像是从海洋这边太阳升起的地方延伸到海洋那边太阳西沉的地方。每次一有新的州加入，国旗左上蓝色一角的白色星星就会增加1颗，但是条纹就不加了，否则这些道道就太多啦。所以现在的国旗上有48颗星星——这意味着有48个州联合成为同一个国家[2]。这也就是为什么咱们的硬币上印着代表“合众为一”的拉丁语。

然而，并不是北美洲所有的地区都加入到这个联盟里来

不明白看这里

❶现在，得克萨斯州的面积约696200平方千米，罗得岛州的面积约4005平方千米。

❷美国目前有50个州和1个直辖特区。国旗左上角也由48颗星星变成了50颗。

了。美国北面的加拿大和南面的墨西哥没有加入进来。尽管如此，加拿大人依旧是美洲人，墨西哥人也依旧是美洲人。不过，这两个国家都有各自不同的统治者，因为它们是不同的国家。

尽管现在的美国只有极少数的印第安人，但我们仍然会以他们的名字来命名一些州。想想看，你能不能在地图上找出来几个用印第安人名命名的州。马里兰州和弗吉尼亚州肯定不是啦——它们都是女孩子的名字。以“新”打头的名字，比如说新约克（即纽约）、新泽西、新罕布什尔也肯定不是，它们都是以别的国家已经有的老地名来命名的。但是，像明尼苏达（印第安语中的意思是“天空一样蓝的水”）、俄亥俄（印第安语中的意思是“美丽的河流”或者“伟大”）等许多州，都是用印第安语来命名的。

06
沼泽地上的城市

不明白看这里

❶ “capital”（首都）的发音与“Capitol”（美国国会大厦）相同。

某些带着“cap”（帽子）的单词是“头儿”的意思，因为帽子是戴在头上的嘛。

“Captain”（队长）就有“头儿”的意思——一队士兵的头儿。

“Capital”（首都）也有“头儿”的意思——一个国家或者是一个州的头儿。

当我还是小孩子的时候，我住在美国的首都，不过，我可没有住在国会大厦❶里。我知道，这听起来挺有意思的，但事实上，这是两个不同的词。“Capital”是首都的意思，说的是一座城市；“Capitol”是美国国会大厦的意思，说的是一座建筑物。我当然不可能住在国会大厦里面啦，就连总统也不会住在国会大厦里。

在美国刚建立起来的时候，人们就想找一个适合作为首都的地方。在对8个地方进行考察之后，人们终于选择了一块沼泽地作为最适合建都的地方，因为那里离当时国家的中心区域很近。于是，人们就在那里建造了一座城市，并且用美国第一届总统乔治·华盛顿的姓氏来给它命名。当我小的时候，华盛顿还有一个被大家叫作“沼泽洼”或者“沼泽潭”的地方。现在，不知道那里的孩子是否仍然这样叫那个地方。华盛顿算得上全世界最美丽的城市之一，在那里有漂亮的公园和美轮美奂的建筑。乔治·华盛顿当时并没有住在华盛顿，而是住在

距离华盛顿差不多有10英里的地方，是弗吉尼亚州里一个叫作“弗农山庄”的地方。现在来看，华盛顿位于美国的边界，离我们的中心大概有1000多英里的路。但这不是首都的位置变了，而是我们国家的中心位置随着国土的改变而改变了。

在美国，有28个城市都叫“华盛顿”。从地图上看，首都华盛顿似乎位于马里兰州，其实不然，它不在任何州里。各个州的首府都得有属于自己的地盘儿，所以首都华盛顿所在的地方就叫作“哥伦比亚特区”，简称“D.C.”[1]。哥伦比亚特区的名字源于发现美洲新大陆的航海家哥伦布的名字。如果你要写信给首都华盛顿的某个人，要注意在华盛顿后面添上“D.C.”这两个字母，不然的话，你写的信很有可能寄不到你想寄的地方，因为叫华盛顿的城市太多了。

小的时候，我认为国会大厦是全世界最美丽的建筑了。后来，我看到了世界上几乎所有最漂亮的建筑，我甚至还看见过适合把天堂置于其中的地方。因此，我改变了之前的看法。不过，即便在我以前玩沙子的时候，我都要想办法在沙子堆里造一个国会大厦。那时候的我会先装满一鞋盒的湿沙子，然后小心翼翼地把鞋盒扣过来，为的是不让倒出来的沙子散了。再然后，我用同样的办法，用一个茶杯在上面倒扣出沙子圆屋顶。

我以前一直以为其他国家的国会大厦上面肯定也有圆屋顶。直到后来，我才知道别国的国会大厦并没有多少有圆屋顶。而且我还知道国会大厦并不是最早使用圆屋顶的建筑，最早使用圆屋顶的建筑是教堂。我小时候经常爬到那个圆屋顶上去——那时还没有电梯呢！我到那里去看城市的景色，也俯瞰跟蚂蚁爬行似的走在路面上的人。

在国会大厦的一侧，有个很大的房间，它叫“参议院”。在另一侧，还有个更大的房间，叫作“众议院”。在参

不明白看这里

[1] 华盛顿，全称为“华盛顿哥伦比亚特区”，英文为“Washington D.C.”。“D.C.”为“District of Columbia”的缩写，即“哥伦比亚特区”。

我曾经认为国会大厦是整个世界最美的建筑

议院和众议院里，人们跟上学的孩子一样坐在桌子旁边。正是这些人，制定了我们国家的法律。法律就是每个人都要遵守的规则纪律。坐在参议院里的人是参议员，坐在众议院里的人当然就是众议员了。男人可以当参议员或众议员，女人也可以。

每个州只能选2名参议员进入国会大厦，不论是像得克萨斯那样的大州，还是像罗得岛那样的小州，都只能选2名参议员。每个州还要选择众议员进入国会大厦，而众议员的数量则根据各个州的总人口数有所增减。比如，纽约州人口数量非常多，所以它选的众议员的数量也是非常多的。人数太少的州，就只能选出1名众议员了。参议院和众议院合起来称为“国会”。当国会有会议召开的时候，国会大厦就会升起一面迎风飘动的旗帜。

说不定有一天你也会住在这里

翻开这本书或者别的书的前面几页，你就会看到“版权”这个词。从国会大厦穿过一个公园，有一座有着金色圆屋顶的很大的建筑，这就是国会图书馆。在美国，如果有人想要出版一本书，那他就必须先送2册到国会图书馆，之后，图书馆会授予这个人“版权”。也就是说，任何人在没有得到作者同意的情况下，就没有复印或者印刷这本书的权利。国会图书馆里面的藏书比美国任何一个地方的藏书都要多。

看看你的照相机或者播放机，再或者是家里的其他机器，你是否能在上面找到“专利”这个词。在美国，任何人只要发明了新的东西，不管是自来水笔、飞机，甚至是老鼠夹这样的东西，都要送一个样品到另一栋同样位于华盛顿的大楼里面去申请专利，这个大楼就叫作“专利局”。如果这个东西确实是一样新的发明，之前从来没有人做过同样的东西，专利局就会授予发明者制造和销售这个新发明的权利，而且这项权利是独享的，任何人都不许生产和贩卖同样的东西。这就是专利。有些发明非常奇怪：有个人就发明了一个能用铁腿走路的

蒸汽机；而在我小的时候，我曾发明了一个能够迅速弹回的手绢。每次我一擦完鼻涕，只要一松手，一根橡皮筋就会迅速把手绢拽回到口袋里。但是，我却没有因此而获得专利。

游行！军队！音乐！飘动的旗帜！一些大规模的游行队伍都会经过华盛顿的一条非常宽阔的街道，它叫作“宾夕法尼亚大街”，人们通常直接喊它“大街”。这条街简直可以被叫作“游行大街”了。它从国会大厦的这头儿一直延伸到差不多有1英里以外的另一栋建筑，那栋建筑看起来跟个大银行一样，对了，它就是财政部。10美元的钞票上就印着它的图案。美国的钱都交由财政部来保管。U.S.这两个字母不仅是美国的意思，它俩还表示美元。把字母“U”放在字母“S”上面，而把“U”下面划掉看，这就是$[1]。

印制钞票和邮票的地方在另一座建筑物里面。

“看到那个在转动印刷机手柄的人了吗？”带你四处参观的导游会这样说，“他一天就能印制100万美元！”

“哇！那他肯定是我们这个世界上最富裕的人了。”

“哦，他不是。他每天只能挣到5美元。”

金币、银币还有铜币的铸造在另一座城市——不是在华盛顿，而是在一个被叫作“铸币局”的地方。

小时候，我家有一个很老的书架，我就把它叫作“博物馆”。书架里面放着一只海星、一点儿贝壳、一个鸟窝，还有一块“金砖”……在华盛顿，有一座非常非常大的博物馆，它就是国家博物馆，里面放着从世界各地搜罗来的奇珍异宝。

美国有许多白颜色的房子，但是，财政部旁边那座白房子可是与众不同的，因为我们的总统就住在里面，它叫“白宫”。20美元的纸币上印着的就是白宫的图案。任何一位在任的美国总统都能从白宫后面的走廊上看到后院对面的一座纪念碑——这是为了纪念美国第一任总统乔治·华盛顿而建造的。

不明白看这里

[1] $，美元符号，也写作$，$并不特指美元，如港币也可表示为HK$。

华盛顿纪念碑看起来像有1英里那么高

华盛顿纪念碑是世界上最高的石方建筑，它就像是一根指向天穹的手指。它看起来足足有1英里那么高，但它实际上只有555英尺[1]高，大概只有1英里的十分之一那么高，还没一座小山高呢。人类永远也没办法跟上帝比，没人能像上帝那样造出直插云霄的东西出来。虽然有电梯，但我过去还是喜欢自己爬上华盛顿纪念碑，一步跑两级台阶——只是为了好玩儿，看看自己的速度能不能快过电梯。男孩子就是这样，想跟所有东西比比速度。下来的时候，我一次跳六级台阶，快过电梯呢！但是上去的时候，我可比不过电梯。因为往上跑的时候，我的心跳加速，不由得就输给它啦。

华盛顿纪念碑前面有一个狭长的水池，它像是一面镜子，倒映着华盛顿纪念碑。在池塘的另一侧有一个大理石筑成的建筑，周围环绕着圆圆的柱子。这是为了纪念美国第16届总统亚伯拉罕·林肯而建造的。这可能是有史以来为纪念个人而建的最叹为观止的建筑了。5美元的纸币上印着林肯的画像，纸币的另一面就印着这座纪念堂。林肯出生在小木屋里，那房子简直小得可怜，甚至都能整个儿放进你家随便什么房间里。没有谁能比林肯更卑微、更穷、更缺少机会了，可是，他后来当上了美国总统。他在任期间，美国爆发了南北战争，美国差一点儿就被分成2个国家了。但是，林肯维护了国家的统一。这也就是我们建这座漂亮的纪念堂的原因了。纪念堂里没有别的东西，只有一尊坐在椅子上的林肯雕像。他向下注视着前来瞻仰他雕像的人群，仿佛他的精神还存活在那石头雕像中一样。

不明白看这里

[1] 1英尺约为0.3米，555英尺约为169.16米。

林肯纪念堂

07 玛丽的领土、弗吉尼亚的领地，还有宾的森林

你有没有用陀螺换过弹珠？或是用苹果换过橘子？

在华盛顿和美国诞生以前，有一条河流流经今天的华盛顿。很多印第安商人就住在河边。这些印第安商人划着独木船，在河面上不停地来往穿梭，为了跟其他的印第安人做生意。他们用已经有的东西去跟别人交换自己想要的东西，比如说，用小珠子去换人家的兽皮，用弓去换人家的箭，或者是用玉米换人家的土豆。印第安语中商人叫作“波托马克”，所以，我们就用这个印第安语的名字来叫这条河，对，这条河就是波托马克河。波托马克河把两个州分开了，这两个州都有着女孩子的名字，它们是马里兰州和弗吉尼亚州。这两个州的名字源于两位女王的名字。住在波托马克沿岸的印第安人划着独木船，顺着河流来到了一片更为宽阔的水域。这片水域非常大，他们觉得这片水域就像大海一样，于是，他们管这片水域叫“河流之母”，换作印第安语，就叫“切萨皮克”。你能在地图上找到这个地方。切萨皮克并非海洋，却是美国最大的海湾。

请在地图上找出切萨皮克湾，再查阅一下相关的资料，把这些知识用笔记录下来吧！

切萨皮克湾位于________________________，是美国最大的__________，沿岸主要城市有_____________________________，原为美国最大的渔业基地之一，不过因为____________________________，导致产量下降。

你有没有吃过蜗牛、乌龟或者青蛙腿这类东西？有的人非常喜欢吃呢。印第安人发现了切萨皮克海湾中生长着牡蛎。一开始，根本没有人会想到去吃牡蛎，因为那东西的样子看起来根本不像是能吃的东西。然而，某一天，一个饥肠辘辘的印第安人实在是找不到其他可吃的东西了，于是，他撬开一个牡蛎，把里面的牡蛎肉吃了。他觉得这东西很好吃，而且也不会咬人。于是，其他人也开始试着吃牡蛎了。直到现在，不管是生食还是熟食，差不多所有人都爱吃牡蛎。牡蛎在其他地方也有分布，但是很多人都说只有切萨皮克的牡蛎个儿最大、味道最棒。吃牡蛎最好是在单词中含有字母“r”的月份，这样的月份有8个。三月（March）的牡蛎就非常不错，而六月（June）产的牡蛎味道就很寡淡。

河流之母（切萨皮克）附近有两座城市。其中一个叫“安纳波利斯”，另一个叫“巴尔的摩”。安纳波利斯的意思是“安娜之城”，这个名字源于一位女王的名字。一共有3个地方是用女王的名字命名的，它们分别是安纳波利斯（安娜之城）、马里兰州[1]（玛丽的领土）以及弗吉尼亚州（弗吉尼亚的领地）。作为马里兰州的首府，安纳波利斯在马里兰州的地位就如同作为首都的华盛顿在美国的地位。在安纳波利斯，有一所专门训练水兵的学校。一旦美国爆发战争，这所学校的学生就可以成为海军为美国作战。这所学校就是美国海军军官学校。每个州只有最优秀的男孩子才会进入这所学校学习。在那里，他们会学到与舰船、作战以及地理相关的知识，掌握指挥军舰的能力，还有机会出访其他国家。

不明白看这里

❶ 马里兰州的英文为“Maryland”，“Mary”为玛丽，“land”为领土，即玛丽的领土。

马里兰州最大的城市是巴尔的摩。它的名字源于一位英国勋爵的名字。美国第一条铁路始于巴尔的摩，通往俄亥俄州，因此，这条铁路被称为“巴尔的摩—俄亥俄铁路”，或者也可简称为“巴俄线”。巴尔的摩因拥有约翰·霍普金斯大学和约翰·霍普金斯医院而闻名遐迩。霍普金斯大学里会聚了来自世界各地的学生，霍普金斯医院里则挤满了来自世界各地的病人。

曾经有一位名叫“宾”的男人拥有马里兰州北边的那

个州。在当时，那里布满茂密的森林，它被称为“宾夕法尼亚”，意为“宾的森林城”[1]。在被称为宾的森林城之前，那里就生长着广袤的森林。各种生长迅速的树木，长得高高大大、密密实实。很多年过去了，这些森林慢慢消亡，长眠地下，并且还被压成碎块，最终逐渐变成了黑色的“石头”。又有很多年过去了，人们挖到了这些“石头”，并偶然发现了这些“石头”和其他石头的区别，那就是这些黑乎乎的“石头”可以燃烧。当然啦，现在谁都知道这种黑“石头”可以燃烧，因为它们就是那些硬化了的木头，我们管它们叫“煤炭”。

不明白看这里

[1] 宾夕法尼亚的英文为“Pennsylvania”，其中“Penn”为“宾”，“Sylvania”为“森林城”。

有两种煤炭，一种叫“硬煤炭”，一种叫“软煤炭”。软煤炭可不是因为它软得像块垫子才这么叫的，而是说它比较容易破碎。相比之下，硬煤炭比较好。因为软煤炭更污染环境，冒的烟也更多，不过它比硬煤炭便宜多了。为什么好东西的价格总是高呢？宾夕法尼亚东部产硬煤炭，西部产的却是软煤炭。

成千上万的矿工，从早到晚都在地底下挖煤，在地下一天到晚全是黑乎乎的。矿工挖出的煤可以让蒸汽机运转，也可以为我们的房子供暖。这些矿工年复一年不停地采掘煤矿，使得宾夕法尼亚地下的某些地方被挖空，形成了一个又一个的大洞。

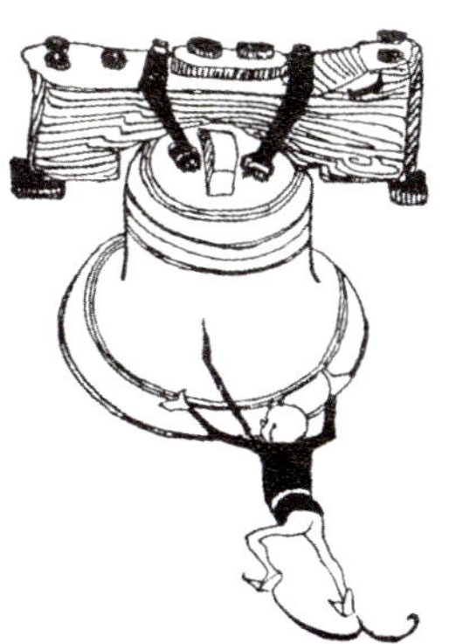
独立钟已经坏掉了

地下的炭是分层存在于岩石中的，仿佛巧克力夹心蛋糕里的巧克力似的。宾夕法尼亚还出产铁矿。铁不是分层存在于岩石中的，它和地下的岩石是混在一起的，人们管它叫“铁矿石”。如果人们想把铁从铁矿石中拿出来，就要生起大火，把铁矿石架在上面烤，直到铁熔化成铁水顺着矿石流下来，流到地上的槽子里。那槽子是人们为了接住铁水而事先准备好的。等到铁水冷却后，人们就得到了被称为“生铁”的铁块。也许因为这些铁块和猪差不多大小，或者因为猪要到槽里去吃食，所以我们才用一个既有铁，又有猪的词组[1]来表示生铁吧！

想把铁从铁矿石中取出来，热量是必需的。想要有热量，就得有能像煤那样产生热量的东西。有的地方产铁矿，但不产煤矿；有的地方产煤矿，却不产铁矿。就好比是有的男孩子想要打棒球偏就只有球而没有球棒，而有的男孩子偏偏只有球棒而没有球一样。宾夕法尼亚州西部的匹兹堡附近既出产铁矿也出产煤矿，这就好比是有的孩子既有球也有球棒啦！

人们提炼出了铁，将铁做成钢，又用钢制造出铺铁道用的铁轨、架高楼和桥所需的大梁。

还有一座城市的名字来自《圣经》，它叫“费拉德尔菲亚（即费城）”，意为“充满兄弟之爱”的城市。宾夕法尼亚州最大的城市就是费城了，这里还是美国的第3大城市[2]，但我其实不确定这么说它到底合不合适。在建立华盛顿特区以前，费城一度成为美国的首都[3]，可如今的它连宾夕法尼亚州的首府都不是。费城有一座历史悠久的建筑物，它叫“独立宫”。在独立宫里，放着一口大钟[4]。在美国刚刚建国的时候，人们敲响这口大钟，宣布了美国的独立。现在，这口大钟已经破损，再也发不出声响了。但是，这口钟可比美国任何一口能出声的大钟都要有价值得多呢！

全世界最大的“浴缸”就在费城的附近。其实，那是一个被称作“大西洋城”的海滨浴场，它靠着新泽西州的海岸。世界各地的人都会去那里尽情玩耍，享受海盐浴和阳光浴。大西洋城的海滨有一条长达几英里的木头人行道，差不多有马路那么宽，两边有各种各样的娱乐设施，还有能满足你胃口的各色美食。如果想要在这样的人行道上享乐一番，那就得去大西洋城啦。

如果你想踏上这条木头人行道，就来大西洋城看看吧

不明白看这里

[1] 英文中的“pig”是“猪”的意思，而“pig iron”却是“生铁”的意思。

[2] 一说费城是美国的第5大城市。

[3] 1790—1800年，费城曾是美国的首都。

[4] 即自由钟。

08 帝国州

人们常常把非常强大的国家称为“帝国”。而纽约州也经常被叫作“帝国州”，因为纽约州人口稠密、商业兴隆，而且遍地都是黄金，能抵得上好几个国家呢。

纽约市位于纽约州南部的一角，它是世界第2大城市[1]。在西半球，聚集商场、酒店、人口和财富最多的城市就是纽约；在全球，摩天大厦数量最多的城市就是纽约。它的名字源于大西洋对岸的一个叫作“约克”的城市[2]。然而，新约克（即纽约）可要比旧约克（即约克）大上好几百倍。纽约既是百万富翁的城市，也是数以百万平民的家园。从世界各地赶来的人，都梦想在纽约成为百万富翁。好多人坚持认为纽约的马路都是用金子铺成的，而到了纽约之后，才发现这里的马路也只是最平常的柏油马路，他们不免要觉得失望了。

纽约城的重要部分都位于一个被印第安人称为“曼哈顿”的岛上。当年，白人仅仅用了24美元就把整个岛从印第安人手里买了下来。付钱的时候，不是用现金付的，因为那时的印第安人还不知道钱为何物呢。他们当时只要了一些小珠子和小装饰品，换算成美元的话，就值24美元。现在，任何一处可以下脚的地方都要比当时整个曼哈顿岛的价格贵出许多倍。就这么一点点地方来说，现在的价格似乎是高得离谱了。但是，土地跟没有厚度的纸张不能比，在美国，买了土地之后，这块土地上的所有东西——下至地底上至天空的所有东西，都归它

不明白看这里

❶纽约现为世界第1大城市。

❷关于“纽约（New York）”名称的由来，现在更为普遍的说法是来自约克公爵（即日后的英国国王詹姆斯二世）。英荷战争结束后，战败的荷兰被迫将新阿姆斯特丹（纽约曾用名）割让给英国，时任英国国王的查理二世将其送给了自己的弟弟——约克公爵，并将其改名为“纽约”。“New”有新的意思；“York”既指英国北部重要城市约克，又可指约克公爵，故作者如此说。

的主人所有。这就是为什么现在的纽约人要在这块土地上建造这么多耸立云霄的大楼，也就是所谓的摩天大厦。一栋50层的大厦和一栋只有一层的平房相比，占地面积是相同的。

纽约的摩天大楼

我个人觉得，世界上再没有什么人造的东西能比纽约那些大厦更奇特。那些大厦雄伟壮观，不由得让人产生敬畏之情。在这些大厦面前，人们显得那么渺小，就好像来到了大人国一样。你看过《格列佛游记》没有？那个故事里讲过吧，巨人们才住在大人国里。摩天大楼屹立在风雨雷电中，狂风骤雨也不能把它们怎样，它们俯瞰着创造它们的人类。正是那些小小的人类，用他们仅有10根手指的双手建造了这些庞然大物。纽约人有一句座右铭：不断向上。这也是建造这些摩天大楼的人的座右铭。有句谚语是这样说的："橡果虽小，但能长成参天大树。"在这些林立的大厦中，有一栋高达60层的大厦就是靠着伍尔沃斯廉价商店里所赚的5美分、10美分的硬币建起来的。在纽约的高楼大厦中，帝国大厦算得上是最了不起的。它有102层，在过去好长一段时间里，它比全纽约市、全美国，甚至全世界的任何一座建筑都要高呢！

在纽约，有一处高楼群可以称得上是全世界的国会大厦。自第二次世界大战以来，绝大多数国家都在想办法避免再次发生世界大战。就像我们每个州都会选自己的议员去国会开会一样，这些国家也会选出自己的代表去开会。在会议上，他们会针对各种事关各国利益的问题发表看法讨论方案。如果哪两个国家吵架了，别的代表就会劝他们消消火气，凡事好商量嘛！这就是我们常说的"联合国"。联合国认为纽约是举行会议和处理事务的最佳地点，于是，就把办公室放在了这里。前面说过的那处高楼群也就正式划归给联合国，让他们开会的时候用。联合国在召开会议的时候，会议发言会被翻译成26种语言进行广播。

在联合国会议上，每位发言人都会使用自己国家的语言

来发表自己的观点。但是，别的国家的人也都能听得懂。这是怎么回事呢？原来每个人都戴着耳机，耳机里传出来的是已翻译好的、他能听懂的语言。做翻译的人至少得懂2种语言，当他听到一种语言的时候，就对着麦克风把听到的话翻译成另一种语言，于是，代表们就能在耳机里听到翻译好的语言了。数百万的人会通过电视收看联合国会议的直播。

在纽约港的一个小岛上，屹立着一座巨大的铜像，它叫“自由女神像”。自由女神的手中高举着一个火炬。女神的手比16英尺[1]还要长，这么大的手有谁能握得住呀？她的一根手指就有8英[2]尺长，这么大的手指得戴多大的戒指啊？她的鼻子有4.5英尺[3]长，这么大的鼻子能闻得到多远的味儿啊？她的嘴唇有1码[4]宽，这么大的嘴说出话来得有多响亮啊？你可以到自由女神像里面去，可以攀登到女神的脑袋和手臂里，她的火炬里面可以站满12个人。每当轮船从自由女神像身边经过的时候，船上的人们就挤在甲板上跟她打招呼，还会这样大声喊：“我的祖国，那就是你，美好的自由国度！”然后与她挥手告别，渐行渐远，或许有些人离开后就再也不会回来了。

不明白看这里

[1] 16英尺约为4.88米。

[2] 8英尺约为2.44米。

[3] 4.5英尺约为1.37米。

[4] 1码约为0.91米。

曼哈顿岛的西侧是哈德逊河，东侧是东河。有一座大桥横跨东河，它的桥面悬空于河面上——它被固定在河水两岸的钢索吊在了河面之上。这样的桥叫作“悬索桥”。东河上这座大桥的名字叫作“布鲁克林大桥”。桥的另一端是长岛，上面有座很大的城市，叫“布鲁克林”。现在的布鲁克林已经成为纽约市的一部分了。过去的悬索桥都是搭在小河上的，布鲁克林大桥是世界上最早的横跨大河的悬索桥。它高悬于空中，连最大的船只也能轻松从桥下通过呢！

布鲁克林大桥

起先，人们都不敢从布鲁克林大桥上过

一开始，人们不敢从布鲁克林大桥通行。他们说：“用绳子吊起来的桥肯定会塌，就算换成钢筋绳索也还是不安全。”卡车和小汽车从桥上飞驰而过的时候，整个桥身也随之

不明白看这里

❶百老汇大街的英文为“Broadway”，其中“broad”有“宽阔”的意思，“way”为“道路”的意思。

摇摆晃动起来，今天亦如此，可是，大桥依然稳稳地悬在那儿。人们在东河和哈德逊河上还建造了其他通往纽约的桥。人们还在哈德逊河下面挖了通道。人们把河下的通道叫作“河底隧道”，因为它就像铺在河床里的大管子一样。

世界上两条最有名的街道贯穿了曼哈顿岛，而且还继续向北部延伸出去。其中一条是百老汇大街，还有一条就是第五大道。百老汇大街一开始只是一条很短的街道，因为看上去还挺宽的，所以人们就叫它“百老汇大街”❶了，现如今的百老汇大街可是相当长呢！或许，我们现在应该叫它“长街”啦。一到夜晚，百老汇大街就有个路段被霓虹灯装点得灯火通明，这里也经常被人们叫作“不夜街”。第五大道也非常有名，很多上流阶层的人家就曾在这里居住。现在的第五大道拥有数量繁多的高档店铺，因此，就现在来说，第五大道可以说是一条时尚大道。纽约的路面很拥挤，很多上下班的人选择乘坐穿行于地下隧道里的火车。这种地下的火车被称为“地铁”。

尽管纽约市区的地价比其他任何地方都要贵，但人们仍然在市区建了两座巨大的公园。城市里的人可以去那里找寻一点儿郊野美景。中央公园的长度抵得上50个街区的长度，宽度也有好几个街区那么宽。布朗克斯公园里有个超赞的动物园，在那儿有各种珍奇罕见的动物。它们是猎人们从树林、深山、沙漠以及遥远国度的荒野中猎捕的。

从前，曾有一个从大洋彼岸来到纽约的人。他欣赏了一天的纽约风光，就在用晚餐之前，他说他还想开车去尼亚加拉大瀑布瞧一瞧，因为他老听人说尼亚加拉瀑布是全世界最壮观的瀑布。人们告诉他，要去看尼亚加拉，就是坐最快的火车也得花上一整晚的时间才能到呢。他听了这话，觉得很疑惑。

“尼亚加拉不就在纽约吗？”他问。

“对，”对方回答道，“但它不在纽约市里，而在纽约

州的另一端。”

在纽约州靠西部的边界上有两个大湖，它们是伊利湖和安大略湖，这两个湖的名字都源于印第安语。从地图上能看到，伊利湖位于安大略湖的西南边；从地形上来说，伊利湖的地势要高出许多来。伊利湖的湖水从一处又高又宽的悬崖上奔流而下，直入安大略湖。在这儿形成的这个瀑布就是尼亚加拉大瀑布。虽然世界上还有比尼亚加拉更高更宽的大瀑布，但尼亚加拉的美丽却是举世闻名的，使得世界各地的人都慕名前来欣赏它的“美貌”。瀑布发出震耳欲聋的响声，甚至在几英里之外都能听得到。阳光明媚的日子里，人们总能在瀑布下面升起的水雾里看到绚丽多姿的彩虹。每天都有成千上万的游人来观赏这个大瀑布，在每1000名游客中，就有——

358人会说：“太无与伦比啦！”

247人会说：“太壮丽啦！”

136人会说：“太美啦！”

93人会说：“太赞啦！”

45人会说：“太赏心悦目啦！”

24人会说：“啊！”

其余的人都说：“哇！”

尼亚加拉大瀑布

水从悬崖边落下所发出的巨大声响在好远好远的地方都听得到

尼亚加拉大瀑布下面有个装着几个大轮子的大桶，有一部分水就直直落入这个大桶里，水流推动着轮子就能发电了。接着，电缆会把电流输送出去。有了电，我们就能让磨坊的机轮转起来，能让电车开起来，也能让附近布法罗市以及其他远一点儿的城市的房子里和马路上的灯被点亮。

隔不了多长时间，就有人找这样那样的理由希望能坐在桶里跳下瀑布。你别说，还真有一个人就这么干了，而且还大难不死地活了下来。但是，航行在伊利湖上的船只想要从瀑布上顺流而下，用这个办法来到安大略湖则是行不通的。于是，人们在尼亚加拉大瀑布的周围，从伊利湖到安大略湖之间开凿了一条运河，在河里修筑了一些台阶，这样呢，船就能够顺利地从伊利湖航行至下面的安大略湖里了，当然也可以从安大略湖去往伊利湖。这条人工开凿的运河叫“韦兰运河”。

让轮船沿着台阶朝下航行好像挺奇怪的，但其实轮船不仅能下坡，还能上坡呢！前面说的那些造在水里的台阶就是船闸。船闸跟放在河里的大浴缸没什么两样。你可能在浴缸里面玩过漂在水面上的玩具船。如果你玩过的话，就会知道，当你往浴缸里倒水的时候，水涨上来，小船也跟着上升；当你放掉浴缸里的水的时候，水面下降，小船也跟着降了下去。

船闸和大船的关系跟浴缸和小船的关系没什么分别。如果有船想要从上游到下游去，它就先开到船闸里，然后人们把船闸里的水放掉，水面不断降低，船也跟着不断降低。当船到了船闸的底部时，船闸底部的门就会被打开，船就开到下游去了。如果有船想要从下游到上游去，它就先通过敞开的大门开进船闸底部，闸门关闭，人们把水放进来，水面不断上升，船也跟着不断上升，因为水很擅长举起漂浮在水面上的东西，不论是小木屑还是大轮船，水都能把它们举起来。水，就是这普通得不能再普通的水，它的力量比大型机器的还要大，能托起也能放低最大的船——轻而易举地就将一艘军舰托起来，就像是托起了一片最轻的鸿毛，或者就像你轻轻地就托起了一片雪花一样。

想要去纽约市的船——当然了，所有的船都想去纽约呢——以前要经过韦兰运河，得通过那些水中的船闸，来到安大略湖，接着经由圣劳伦斯河，然后一直航行至大西洋，最后沿着海岸抵达纽约市。后来，人们开凿了一条横贯纽约州的运河，把伊利湖的布法罗市和哈德逊河连了起来，免得想进入纽约市的船都去绕前面说的那个大圈子。运河开通后，大船能够抄近道从伊利湖直接来到纽约市。这条运河叫“驳船运河”[1]。

不明白看这里

❶现称“纽约州运河系统”。

09 新英格兰的领地

如果一双鞋或一顶帽子抑或一辆汽车用了一年，那我们就不会说它们是新的。但是，美国有一个角落，它的历史都有300年了，我们却还说它是新的。大约300多年前，一群英国人穿越了海洋，来到美国的东北角，就在那里安了家一代代地生活下来。所以，我们把纽约北面供这些人安家落户的6个州称为“新英格兰”。印第安人想把这些新来的人称作“英格兰人”，但是，他们费了老大的劲儿也只能发出“茵格”或者“扬基”这样的音，就像是牙牙学语的宝宝费了老大劲儿也只能把“哥们儿”发成“哥蒙”一样。我们至今还沿用了印第安人的发音，把新英格兰人称作“扬基人”。新英格兰的6个州可以一并放入西部的随便一个州里，不过，虽然新英格兰这些州的面积不大，但它们在其他许多方面可是一点儿都不弱呢！

补充新英格兰地区的6个州的州名或首府

州名	首府
缅因州	
	波士顿
新罕布什尔州	
	蒙彼利埃
康涅狄格州	
	普罗维登斯

波士顿是新英格兰最大也最重要的城市，它的名字来自旧英格兰一个小镇的名字。好多人都把波士顿称作“轮毂”。每个人都知道，轮毂其实就是车轮的中心，因为轮子是绕着轮毂不停转动的。也就是说，很多人认为世界是绕着波士顿转的。当然了，世界才不是绕着波士顿转呢，而是绕着南北两极旋转的，南北两极才是真正的“轮毂”。所以啊，人们说整个世界都绕着波士顿旋转，只不过是开了个玩笑而已。

如果有一个地方不仅天气寒冷，而且土地里尽是些石头，那就肯定不适合耕种了。新英格兰的冬天就非常寒冷，土地里也有很多石头，当地人甚至能用从田里捡来的石头摞起围墙来。也就是说，这里不适合种植庄稼作物。可当地有好多好多的瀑布，瀑布可以让工厂的机轮飞转起来，好让人们生产各种产品。所以，新英格兰人的主要工作就是为全国人生产产品——成千上万种产品。但是，这些产品跟匹兹堡人所生产的铁轨、桥梁之类的大件儿不同，他们生产的是一些供个人日常使用的小东西，比如说，缝衣针啦，别针啦，钟表手表啦，还有靴子和鞋子啦……如果工厂里的机轮是由瀑布推动的，那我们就把这种工厂叫作“磨坊”。现在，大多数时候，瀑布都被用来发电，电又能让机轮开转。

我小时候把光着脚丫走路看作最快乐的一件事。在有些国家，穷人和富人都光着脚走路，而且终年如此。但是在美国，几乎所有人不论春夏秋冬都是穿着鞋走路的。新英格兰的那些工厂生产的主要产品之一就是鞋。当地生产的鞋多得足以让全国民众一人一双。可鞋子会被穿坏，所以我们就知道为什么那些工厂年复一年永不停歇地生产那么多的鞋了。但是，并不是每个州都生产鞋，有一个有着印第安名字的州——康涅狄格州生产别针，那里生产的别针足够给每个男人、女人和孩子手里都发上100枚的了。你想过吗？这么多的别针都去了哪儿？它们又不像鞋子那么容易坏，但是它们非常容易消失。每年光丢掉的别针就有几十亿枚呢。

新英格兰人还生产种类繁多的钟表，他们生产的钟表数量上千万，从戴在腕上的手表，到挂在壁炉上的小钟，再到可以挂在塔楼上的大钟，应有尽有。尽管一座钟或者一块表就够一个人用上一辈子的了。

新英格兰人生产的产品当中还有成卷的线。一家工厂生产出来的线就够绕地球一圈儿的了，也就是说，这长度相当于25000英里了！

钟表、线圈、靴子、高跟鞋、缝衣针、曲别针和钉子

你一般上哪儿去度假呢？海边、山上，还是乡村？新英格兰是一个度假胜地。美国其他地区的人都愿意去那儿度假，因为那里多的是湖泊和瀑布，还有好多景色怡人的地方可以野营。除了可供垂钓的溪流，缅因州的大森林里还有很多可供捕猎的麋鹿。在新罕布什尔州有一处叫“怀特山脉”的山群，其中有一座山叫“华盛顿山”，这是以美国第一届总统的名字命名的。华盛顿山是这一地区最高的山，也正因为它的高度，才吸引了很多人前去攀爬。很多人的爱好就是爬山呢！佛蒙特州的名字意味着“绿色的山”，你别说，在佛蒙特州里，还真有座绿色的山呢，它的名字叫“格林山”。这个名字的意思正是绿色的山。格林山没有怀特山脉那么高，但风景毫不逊色。新英格兰沿海地区都是消暑胜地，因为正当其他地区酷热难耐的时候，这里却异常凉爽。

最让新英格兰人引以为傲的是这里的学校与大学。工厂里制造各种产品，学校里培养各式人才。全美最知名的大学中，最著名的两所都位于新英格兰地区，一所是位于康涅狄格州的耶鲁大学，另一所是位于马萨诸塞州的哈佛大学。哈佛大学是全美历史最悠久的大学。

马萨诸塞州有块沿海的地方，一直延伸至海洋，就像是根长长的弯着的手指，仿佛是在召唤人们越过大洋到马萨诸塞州来吧，那就是科德角半岛。名字的由来，是因为那里盛产鳕鱼，而鳕鱼在英语中就被叫作“科德”[1]。当地的鳕鱼储备很是丰富，大量的鳕鱼被人们打捞出海，被晒干后行销各地。

科德角不仅仅召唤英国人前来，它也召唤其他地方的人来。在新英格兰工厂和作坊里工作的人，讲着各种奇怪的语言。差不多有四分之一的新英格兰人并不是从英格兰来的，因此，他们算不上真正的扬基人。

不明白看这里

[1]科德角的英文为“Cape Cod”，其中“Cod”为音译，意译为鳕鱼。

10
5个“大水坑”

不明白看这里

❶苏必利尔湖是全球最大的淡水湖。

❷苏必利尔的英文是“superior”，意为更好的、更大的、更高级的。

你有没有想过，小蚂蚁是怎么看待像我们这样经常踩到蚂蚁窝的大巨人的呢？在小蚂蚁的眼中，水坑又会是什么样儿的呢？

美国的北部边界处有5个“大水坑”——至少从地图上看，它们就跟大水坑一样。这么说吧，它们好像是靠从巨人手里湿漉漉的伞上滴下来的水砸到地上形成的。由于这些水坑差不多是西半球最大的湖，所以人们把它们称作“大湖”。不过它们在腿长超过1英里的巨人眼里，就像是很容易就蹚过去的小水洼。前面我已经讲过其中2个湖的故事了，它们是五大湖里2个最小的湖——伊利湖和安大略湖。在五大湖中，还有2个有印第安语名字的湖，一个叫“密歇根湖”，意思是“大湖”；另外一个叫“休伦湖”。苏必利尔湖[1]是五大湖中最大的，“苏必利尔”的意思就是“更大的湖”。如果一个孩子球踢得比别人好，得分也比别人高，我们就会用同样的单词[2]来说这个孩子。五大湖当中，只有密歇根湖全部位于美国境内，只有它是完全属于美国的。其他的4个湖每个都有一半属于我们北边的邻居加拿大，谁让这4个湖都正好位于两国的交界处呢。我们以这些湖的湖泊中心线为界，划分出属于美国和属于加拿大的部分。

在五大湖中，苏必利尔湖的面积最大，地势最高。它的水流经一条被叫作“圣玛丽”的小河，然后汇入休伦湖。圣

玛丽河上有好多瀑布，这些瀑布被称为“圣玛丽跳瀑布”，因为这里的水流都是蹦蹦跳跳地急速泻下的。尽管这些瀑布没有尼亚加拉大瀑布那么高，但船还是不能直接从上面驶下。没办法，人们只好在瀑布附近再次开凿运河，在河里修筑船闸，好让船在大湖之间顺利往来。可是只开凿一条运河远远不够，因为那里往返穿梭的船只很多，所以人们一共在圣玛丽跳瀑布附近开凿了5条运河。圣玛丽跳瀑布用法语来读，是“苏圣玛丽”，不太好读，于是人们干脆就把这些瀑布简称为“苏”，把这条河也叫成“苏”或者“运河苏”。

行驶在五大湖地区的船，有一些就像海轮那样雄伟庞大。这也是出于航行的需要，因为五大湖地区像极了微缩版的海洋——离岸稍远，就看不见陆地了；湖面时常遭遇暴风雨的洗礼，弄得湖水波涛汹涌，就跟在海上一样。当然了，五大湖地区的水是淡水，而海洋的水则是咸的。

“先工作，后享乐！”

有好多人坐着湖上的大船游玩，就好像出海航行一样。但是，有更多的人搭乘五大湖的船只是为了做生意，也就是说，五大湖上的船来来往往，大部分都是为了维持生计。所谓的生意，其实就是运输货物，也就是我们常常说的“货运”。用船运载货物比用火车便宜很多，因为一艘大船所装的东西比很多节火车装的东西还要多，而且船也不像火车一样需要在陆地上沿着建好的铁轨才能行驶。不过，即便我们用火车运货的时候，我们仍然使用跟水运一样的单词，就是“shipping”。这还真挺奇怪的！只要能用水运，人们就不会选择火车运输，当然了，因为价格更便宜嘛。不过，前提是你周围必须得有用于水运的水域才行。

非常幸运，我们48个州中有8个州是在五大湖边上的，尽管有几个州的临水区域并不大。密歇根州拥有最长的湖岸线，它临着除安大略湖以外的其他4个湖。

你还记得波托马克河的印第安人吗？他们很擅长做生意，经常划着独木船，沿着波托马克河来回穿梭，用自己已经有的东西去和别人交换想要的东西。以前，五大湖地区的印第安人也是这样做的。现在，大轮船也在来来去去地做着买卖，它们比印第安人用木头做的独木船要大上好几千倍。轮船把大量的货物从湖区的这一头运到那一头，沿途会在不同的地方停留，卸下人们需要的东西，然后再装上别的东西返回。

大多数轮船都从苏必利尔湖较远的一个叫作“德卢斯”的地方出发。火车运来德卢斯以西小麦产地出产的小麦和附近矿区出产的铁矿石。在湖岸上，大型机械用自己巨大的铁手臂将整个火车皮的货物倒进等待装载的大轮船里，这场景有点儿像你用两根手指举起玩具火车的车厢，再把里面的东西倒掉。别的轮船会在密歇根州的苏必利尔湖区等待装载铜矿和铁矿。之后，这些运载着货物的货轮驶过苏运河，在位于休伦湖和伊利湖之间的底特律卸货，又或者把铁矿运到克利夫兰和伊利湖边的布法罗。大多数船在运输过程中都不会经过尼亚加拉大瀑布。这些船卸了货以后，会装上产自新英格兰或美国东部的各式产品，或者也会装上产自宾夕法尼亚的煤矿，之后再返回德卢斯。

到了冬天，五大湖地区的所有船运就不得不停下来了，因为这地方的冬天非常冷，湖水一结冰，船就没办法开了。

我们常说，每一秒钟就有个婴儿降临人世，但是到了底特律，这句话就得改为每一分钟就有一辆汽车问世。20世纪的大部分时间，世界上大部分的汽车都产自底特律[1]。钢铁、木材和皮革等原料从一头儿进入底特律的汽车厂，一辆辆汽车就从另一头儿钻出来了。每一天的每一小时都有几百辆汽车被生产出来，离开工厂，运往世界各地。

不明白看这里

❶底特律，美国密歇根州最大的城市，曾以汽车制造业闻名于世，因此又称“汽车之城”。全球著名的通用汽车公司（旗下有雪佛兰、别克、GMC、凯迪拉克等一系列汽车品牌）的总部就在此地。另外，美国车企三巨头的另外两家中，福特汽车公司曾将总部设在底特律（现总部设于密歇根州的迪尔伯恩市），克莱斯勒汽车公司的总部位于底特律西边的卫星城奥本山。

我现在正坐在一把椅子上，做椅子的木材取自一棵早在我出生以前就存在的大树，这棵树位于1000英里以外的密歇根州。很久以前，密歇根州的北部曾长着广袤的森林，那儿的树木非常适合做家具。在那里，特别是一个叫作“大瀑布市”的地方，出产的家具比世界上其他任何地方出产的家具数量都要多。在你的家里，或许就有一些大瀑布市出产的家具。注意看看家具的底部，看看能否找着一个写着“产自大瀑布市”的标签吧！那里的人们生产了如此多的家具，以至于人们已经把大部分的树木都砍光了，只剩下光秃秃的树桩。当那里的人学会如何制作家具，就再也停不下来了。遗憾的是，现在他们所需的木材大多都得依靠其他地区来供给了。

有两个紧紧挨着的州都面向密歇根湖，它们很像两个挤在小窗户前探头往外看的小孩子。它们就是伊利诺伊州和印第安纳州，在英语中，它们的简写依次是“Ill.”和“Ind.”。全美第2大城市就位于伊利诺伊州，就在密歇根湖的南部。它用的是印第安语的名字，叫作“芝加哥”[1]。芝加哥的铁路运输系统是世界上最繁忙的。大多数穿梭全美的火车都会在芝加哥停靠，或者由这里始发。货运火车载着货物，客运火车载着乘客，来来往往。

全世界的动物有很多种，但是在美国，人们通常只吃3种动物的肉，那就是牛肉、羊肉和猪肉。美国人一年要吃掉好几千万头动物。在芝加哥附近以及较远的州，人们饲养着几百万头的牛、羊、猪。要想养活这些牲畜，就得给它们喂食饲料。最能让这些动物长膘儿的东西就是玉米了，因此全国上下都种植玉米，为的就是要养活这些牛、羊和猪。爱荷华州种的玉米数量是最大的，因此它被称为“玉米州”。有些玉米也会被运到芝加哥去，不过大部分玉米就直接喂给牲畜吃了。之后，这些牲畜就被运到芝加哥等待屠宰。它们一直被关在我们称为

不明白看这里

[1] 一说全美第2大城市为洛杉矶。

“牲畜栏”的地方，直到被屠宰。屠宰后的动物肉被装上冷冻车或者冷冻船，从芝加哥运往各地。世界上最大的肉铺就是芝加哥。我早上吃的熏肉、中午吃的火腿以及晚上吃的烤牛排都是从芝加哥运来的。

11
父亲河

我在前面介绍过切萨皮克湾是美国最大的海湾，它也被称为“河流之母”。而美国最大的河，我们就叫它“父亲河”。这条河就是密西西比河。虽然我们这么叫它，但是在印第安语里，它却是“茜比小姐”的意思。它的英文拼写是这样的：Mississippi，你看得出单词中哪些部分是对称的吗？

第1个i后面有2个s

第2个i后面有2个s

第3个i后面又有2个p

最后仍旧是个i

这样就好记了吧。

如果让你画一条河，再画一棵没有树叶的树，你会怎么画？也许在画树的时候，你会先画一个树干，然后画上大树枝，再在大树枝上画上小树枝，最后还要在小树枝上添上更加细小的枝杈，也许画出来的图就像右边的这幅图一样。在画河的时候，你就直接把河画成一条波浪线了，对吗？其实，画树也好，画河也好，都应该选择同样的方法画，因为它们都有一个主干，在主干上面有较大的分支，大分支的上面有小分支，小分支的上面还有更加细小的分支。不过，在地图上，你可能看不全一条河流的所有分支。

即便画法相同，但树木和河流还是有很大差别的：

树是从下往上长的，从树干长到树枝。

河是从上游往下游流的，从支流流到干流。树木中的汁液顺着树干往上输送，而河水则顺着河道往下流。假如一条河就像一条线一样，没有其他支流，那么这条河的尽头处就会和源头处一样宽。正因为有支流，河才会越来越宽。“美国河流之冠”密西西比河发源于明尼苏达州境内一个被称为“艾塔斯卡”的小湖，这个小湖所处的位置几乎就是美国的最北部。密西西比河一路向南流，一直流到美国的最南部，途中因支流的不断汇入而越来越宽，最后从一角涌入大洋。而这个让河流入海的地方，就是墨西哥湾。密西西比河把美国分成了大小不等的两部分，河西部分的面积大约是河东部分面积的2倍。

在密西西比河流经的地方，地势基本上都很平缓，没什么太大的起伏。在河流入海口——墨西哥湾，河水奔流而下，人们在这里也修建了许多巨大的磨坊，磨坊里的机轮是由倾泻而下的河水推动的。但是，这些磨坊跟新英格兰地区的磨坊不一样。这些磨坊不是用来生产货品的，而是用来把小麦磨成做面包用的面粉的。密西西比河的起源地以及它流经的各个州都出产小麦，不仅所产的小麦数量比别的地方多，质量也比别的地方好。

在跟我一样的城里人眼中，1英亩[1]应该是很大的一块地了。100英亩更是大得没边儿了，1000英亩就更是大得没法想象了。但是，在明尼苏达州那些种植小麦的地方，仅1个农场就有多达10000英亩的麦田！如果光靠人力或者牲畜来干活儿，恐怕一辈子也种不完或收不完那些麦子。那里的农民使用机械化的犁具来耕地，通常是10把犁一字排开同时作业；他们还使用机器来收割麦子以及分开麦穗和麦秆。这些都是在把小麦磨成面粉之前必须完成的任务。

人们沿着密西西比河的两岸，在离瀑布很近的地方建起了两座差不多大的城市。一座桥将这两座城市连了起来，因

不明白看这里

[1] 1英亩约为4046.86平方米。

为它们面积几乎相同，所以人们叫它们“双子城”。一个城市叫“明尼阿波利斯”，意为“水城”，“波利斯”就是“大城市”的意思，比如安纳波利斯的意思是“安娜之城”；另一个城市叫“圣保罗”。要注意，五大湖地区和密西西比河流域的城市名字大多源于基督教圣徒的名字或者是印第安人的名字。因为，最早来美国的人中有一些是牧师，他们就在印第安人中传教布道。久而久之，他们就用印第安语的人名或者基督教圣徒的名字来称呼这些地方了。

水城明尼阿波利斯是全球最大的面粉产地。明尼苏达州及附近的各州是世界上最大的小麦种植基地[1]。

密西西比河一路南下直到涌入墨西哥湾，沿途还经过许多城市，其中最大的就要数圣路易斯了。圣路易斯——也是以一位圣徒的名字命名的，靠近密西西比河最大的两条支流，它们分别是从西汇入的密苏里河和从东汇入的俄亥俄河，这两条支流都是因各自所在州的名字而得名的，并且都来自印第安语。密苏里河虽说是支流，但也是一条相当大的河，大到人们都分不清它和密西西比河到底谁是谁的支流了。如果你可以找到密苏里河的源头，从这里走到密西西比河的尽头，这要比密西西比河本身长很多——超过4000英里[2]。因此，如果把密苏里河和密西西比河加在一起的话，就会形成世界上最长的河流。

越来越多的支流汇入使密西西比河变得越来越宽。春季，白雪融化，降雨也丰富，大量的水流入各个支流，使得密西西比河水面上升，以至于淹过河岸没过乡村。在下游有可能发生洪涝灾害的地方，人们沿河建造了河堤以拦住河水。这些河堤就是防洪大堤。但是，有的时候，河水水面上涨过猛，水势汹涌，就连这些河堤也拦不住。这个时候，河水就会冲垮或是淹没河堤，造成洪涝灾害。如果碰到农田、房屋或是人，房

不明白看这里

❶目前，中国是全球最大的小麦生产国，其次是印度、美国。

❷4000英里约为6437.38千米。

屋就会被河水冲走，人和动物也会溺死水中，大量的农田和财产都会被洪水摧毁。

密西西比河在汇入墨西哥湾之前途经的最后一个城市是新奥尔良。人们把河流入海处叫作“河口”。其实我一直不明白为什么要叫这个名字，因为“河口”应该是河流流入的地方，而不应该是流出的地方才对呀。不管怎么说，密西西比河并非只有一个河口，而是有好几个河口。因为河水一路带来了大量的泥和沙，这些泥沙就在河口不断堆积，形成了好几座小岛，所以河流到了这里，就得绕过这些小岛才能流入大海。这就是说，河流自己堵了自己的路，并由此出现了好几个河口。

密西西比河发源的地方——遥远的北方，冬季异常寒冷。随着河水不断向南流，逐渐变暖，河流也逐渐变暖——越往南走，就越温暖。温暖的南方也称“迪科西”。在即将让密西西比河结束旅程的新奥尔良，即使在圣诞节期间也会有各种鲜花盛开，一年四季都非常暖和。在密西西比河的起源地，你会看见许多白人在田间地头劳作。随着河水逐渐流入南方迪科西地区，你会看到越来越多的黑人在农田里耕耘。南方人最主要的作物就是棉花。就像歌里唱的：“在迪科西的土地上，满是盛开的白棉花。”这里是世界上棉产量最大的地方[1]。说起来也让人觉得奇怪，美国最早没有棉花。第一颗棉花种子是被人们从世界的另一头[2]带到马里兰州的，而最初人们种棉花只是为了观赏棉花开出的漂亮花朵。

棉花成熟以后，像灌木一样的植株上就会结出一颗颗白颜色的小球，每个棉球里都藏着细小的棉花籽。想要把棉花籽拿出来，那可是是要费一番功夫的。但是，棉花采摘以后，籽必须得去掉，这样才能将棉花纺成棉线，再用棉线织成布，之后用棉布做成衣服、床单、毛巾等物。你还能想到别的用棉花做的东西吗？以前，用棉花做的东西很昂贵，因为去除棉花籽

不明白看这里

❶在1982年以前，美国是棉产量最大的国家。1982年以后，中国取代美国，成为世界上棉产量最大的国家。

❷世界上最早种植棉花的国家是印度。

实在是一项耗时巨大的工作。后来有个学校里的男老师发明了一种机器，一下子就能把棉花籽拿出来。这种机器被黑人称为“轧棉机”。正是因为有了轧棉机，棉花制品的生产成本大大降低。现在，我们很难想象在没有棉花的日子里，人们要怎么生活。最开始，人们种植这株小植物只是为了观赏它开出的花朵，现在，棉花的用途之广已经超越了农田中长着的任何一种植物，因此，它还被称为“棉花大王”。

12 不老泉

冬季，候鸟会迁徙到南方过冬。在美国的北部，冬天异常寒冷，有些人也会南下过冬。在美国，人们能去的最南的地方是佛罗里达。那里是一个比较边远的州，形状就像个狗爪。佛罗里达的意思是“鲜花盛开的地方”。开往佛罗里达州的汽车来自美国的各个州，要识别这一点很简单，因为这些汽车的牌照遍及48个州。冬天，人们去佛罗里达州亲吻阳光，在一月份里去海滨戏水。什么打寒战、打喷嚏，还有擤鼻涕时用的手帕，人们要统统跟它们说再见啦。佛罗里达是冬季度假的好去处，就像新英格兰是夏季度假的好去处一样。我认识一个家住巴尔的摩的人，他冬天在佛罗里达避寒，夏天去新英格兰消暑，一年到头只有几个星期才在巴尔的摩的家中度过。

寒冬时节，你去过哪里躲避寒冷呢？可不可以在这里简要介绍一下那个地方呢？

最早一批抵达美国的白人也曾到访过佛罗里达，因为他们听人说这里有个不老泉。据说，不老泉的泉水具有神奇魔法。人们坚信，如果老人在泉水中洗个澡或者是喝上一点儿泉水，就能返老还童。但是，从来没有人在佛罗里达或者别的什么地方找到过这眼泉水。倒是有很多老人说，在佛罗里达过上一个冬天以后，确实感觉年轻了不少。

在冬天的佛罗里达，也不是所有人都会放弃工作尽情享乐。很多人都得工作，他们经营酒店，以便给来到佛罗里达游玩的人提供服务。还有很多人忙着种植运往北部各州的新鲜蔬

菜，不然，北方人就只能在冰天雪地的冬天吃罐头和冷冻食品了。因为水果和蔬菜都是讲究时令的，就像是什么时候该玩陀螺，什么时候该放风筝，或者是什么时候该踢足球和打棒球一样，都是讲究时令的。但是，佛罗里达大部分地区的四季都让人觉得暖洋洋的，极少甚至根本不会出现霜冻和冰雪天气。正因如此，那里的人们一年四季都能种植瓜果蔬菜。农民们把这些反季节蔬菜运达各个州，这样一来，北方人也可以在圣诞期间吃上新鲜的草莓和芦笋了，而且不论什么月份，大家都能吃上生菜和小萝卜。

不光是美国的佛罗里达州四季都让人觉得暖洋洋，中国的海南岛也是如此。你能列出3种海南岛盛产的水果吗？

佛罗里达州盛产的水果是橙子和葡萄柚，因为这两种水果只能生长在没有霜冻的地方。葡萄柚一簇一簇的，像成串的黄色大葡萄似的，所以它被叫作“葡萄柚”。一开始，人们觉得葡萄柚没办法入口，因为它不像橙子那么甜，它的味道实在太苦了。不过，人们慢慢接受并喜欢上了它的味道。佛罗里达州葡萄柚的产量算是全世界最大的了。

以前，美国没有佛罗里达这块地方，对，没有这个伸到海里去的“狗爪子”。这个爪子是后“长”出来的。它是怎么出现的呢？当地的海水挺浅的，温度也比较高，海里长着数以百万、十亿、万亿计的小动物，每一个小动物就像是一小丁点儿果酱，它们身体中间有个小硬点儿，或者身体的外面长着一个又小又硬的壳。当这些数以万亿计的小动物死掉以后，同样数量的小硬点儿或者小硬壳就撒落在海底，跟撒落的粉笔灰一样，它们就这样不断堆积，直到破水而出。正是这样一堆既像石头，又像骨头或粉笔的东西构成了今天的佛罗里达州。在佛罗里达州的土地上，植物的长势很喜人，因为这种松松软软像粉笔灰一样的土壤很适合种植作物，甚至还有人把这儿的土挖出来运往其他地方，铺在地里用于种植蔬菜。

还记得上一页形容佛罗里达长得像什么吗？

A.熊爪子

B.鸡爪子

C.狗爪子

D.鸭蹼

很久很久以前，在人类出现以前，整个美国都是沉在海底的。这里的大部分地区都是在海底形成的，跟佛罗里达的形成过程一样，也是由海洋动物的残骸以及贝壳逐渐堆积形成的。这种由残骸和贝壳变来的岩石——没错，它就是一种石头，叫作“石灰岩”。如果你用火烧石灰岩，它就会变成石灰。是的，石灰岩就是残骸变来的岩石，是由海洋动物的“骨头”演变而来的。后来，地球发生了挤压和起皱，陆地部分升出了水面，于是美国出现了。我们怎么知道美国以前是沉在海面以下的？因为在很多比海平面高的地方，甚至是在山顶上，我们发现了石灰岩，而且在石灰岩里还能发现贝壳啊、鱼啊以及别的什么海洋动物的残骸。最美丽的石头——大理石，也是一种石灰岩，因为它也是从骨头变来的。人们用大理石建造房屋和宫殿，也用它或者别的石灰岩来制作雕像和墓碑。

很多前往佛罗里达的人会在途中停下来欣赏沿途美景，弗吉尼亚州和肯塔基州的景致就属于人们不想错过的美景。在那里，地下的石头都是石灰岩。那里的景点就是巨大的山洞。肯塔基州有些山洞特别大，被称为“猛犸洞穴”。这些洞穴都不是人力开凿的，而是依靠水的作用形成的。你已经知道，糖能溶解在水中；但可能你还不知道，岩石也能在水中溶解。能溶解于水的岩石不是普通的石头，而是石灰岩。前面说的山洞就处于石灰岩中。猛犸洞穴仿佛是一个埋在地下的大地窖，里面不仅很大还很高，甚至都能把整座城市连带着它的高楼大厦一起放到洞穴里去。人在里面很容易迷路，可能会漫无目的地走上好几英里。曾经就有人在里面走丢过，他们找不到出口，最后死在了洞里，骸骨直到很多年后才被人发现。

水从洞顶滴落，每一滴滴落的水里都有一点儿石灰岩，

天长日久，滴水的地方慢慢形成了悬挂在洞顶的石柱。水沿着石柱继续滴到地面上，使得地面上的石灰岩也慢慢堆积起来，逐渐长出了石笋。水继续滴落，直到石笋和石柱连在了一起。滴落的水还会在洞底形成小湖，湖里还生长着与众不同的鱼——它们没有眼睛。因为洞里总是黑漆漆的，这些鱼常年不用眼睛看东西，慢慢地，它们的眼睛就退化了。它们没有眼睛，就看不见东西，取而代之的是它们用头上原来长眼睛的地方去感知东西。

猛犸洞

13 大篷车

离现在不太远的以前，密西西比河就是美国的边界。密西西比河以西的地方是一片蛮荒之地。在过去，几乎没有人会从东向西横跨美国到达太平洋，因为有可能会在中途遇到野蛮的印第安人和凶猛的野兽，还有可能会遇到挡住前路的高山。但是，后来为什么有人这么做了呢？他们是谁呢？在他们当中，有企图捕猎野生动物的猎人，有希望为印第安人传教布道的传教士，也有出于好奇想要去荒野探险的人。

美国19世纪的加州淘金热不光给人们带来了金子，还让另外一件东西流行了起来，时至今日我们都会经常见到，它是：

A.矿灯

B.马靴

C.马刺

D.牛仔裤

后来的某一天，有个人告诉另一个人，他听另外一个人说——这个人也是听别人说的，在那个遥远的、濒临太平洋的加利福尼亚州，有人发现了大量黄金。在加利福尼亚，人们要做的仅仅是用淘金盘连沙带水地在河里捞金子，之后再把金子从水中的沙子里筛出来就行了。

黄金！黄金！就像是有人在大喊：“着火啦！着火啦！”接着，数以万计的人放下工具，停止耕耘田地和营业店铺，把铺盖和炊具一股脑儿装上马车，在车上支起了大篷子。这样一来，他们住在马车里时就跟住在帐篷里一样。他们带着枪，出发赶赴遥远的西部，加入淘金者的大部队。没有路，没有桥，没有能告知正确方向的路标，有的只是一望无际的蛮荒。他们走了一个月又一个月，很多人病死在路上，很多人被印第安人杀死，很多人淹死在河中，很多人在迷途中饿死或渴死，然而，还是有很多人最终抵达加利福尼亚州，在他们曾经

听说过有金子的地方真的找到了金子，发了大财。当时恰逢1849年，所以我们也把这些奔往西部的人叫作“49淘金者”。

也正是从那个时候开始，人们开始修建横跨整个国家的公路和铁路，在以前的荒野上建起了城市，而桀骜的印第安人也逐渐变得温顺。美国人曾经抢走了一些印第安人的土地，作为补偿，现在又还给他们另外一些土地。这些还给印第安人的土地叫作“保留地”，这是专门为他们保留的，就像是剧院给某位贵客留的专有座位一样。

第一条通往太平洋沿岸的铁路从芝加哥始发，取道中部，直抵旧金山。如果是现在想要从芝加哥乘火车去太平洋沿岸，北线、中线和南线都有火车到那里。当年，“49淘金者”赶着大篷车，历尽数月的艰难险阻才能到达太平洋沿岸；今天，人们乘飞机不到一天[1]就到了。

美国人过去常常念叨：“年轻人啊，要想发财，就去西部吧。”确实有成千上万的人去了西部，但他们不全是为了淘金去的，也有为了种田去的。当时的美国政府告诉民众，如果有人愿意去西部种田，就可以免费得到那里的土地。有些人去到密西西比河沿岸的俄克拉荷马州、得克萨斯州和其他地方种田，但那些人发现那里的农田总是渗出油来。这种油不仅破坏了土地，甚至还污染了地下水，导致马或者牛都喝不成那里的水。土地被油毁了，庄稼也种不成了，因此，很多农民丢弃田地，举家搬走了。

世界上有3种油，分别是植物油、动物油和矿物油。你玩过“动物、植物和矿物”这个游戏吗？这是个很有意思的游戏。一个人扮演“老人”，“老人”一喊：“植物！”你就得在他数到10以前说出1种植物的名字，什么植物都行，比如你可以喊“土豆”。或者“老人”喊“矿物”或者“动物”，那你就得在相同的时间里说出1种矿物或者动物的名字。这个游

不明白看这里

[1]以芝加哥至美国西海岸城市洛杉矶为例，现在人们乘坐民航客机只需要4小时左右即可到达。

戏里的“矿物”，指的是动物和植物以外的东西。但不管“老人”喊的是动物、植物还是矿物，只要你说“油”，那就准没错儿，因为世界上同时属于这三种类别的东西实在太少，油恰好是其中之一。

比如，橄榄油是植物油，鱼肝油是动物油，这两个都可以当作食物。但是深埋在地下岩石中的矿物油可不能当作食物。但是有人发现矿物油能燃烧，能够发出光热。后来，人们发明了汽车，并从矿物油中提炼出了汽油，最后把汽油用到汽车上使汽车可以开动起来。现在，用矿物油制成的东西太多了，比如药品、染料和香水中都可能用到矿物油。

大篷车

那些放弃了田地的人们突然意识到，田地里渗出来的东西有着巨大的价值——能让他们发大财，这可比种田和养牲口赚钱多了。所以，人们挖了油井，用采油泵把油抽出来。在有些没有挖油井的地方，油自己就能喷出来，它叫“自喷井”。

这种来自岩石的矿物油又叫“石油”，顾名思义，就是“岩石中的油”的意思。有的石油公司被称为“皮特”，这个名字挺不错，因为皮特本身也有岩石的意思。

如果乘火车沿着中部的铁路走，就会穿越“玉米州”爱荷华州，在那里有成片成片的玉米地。接下来还会经过内布拉斯加州，地势逐渐变高，最后抵达科罗拉多州。“科罗拉多”的意思是“红色”。科罗拉多州坐落于落基山脉的脚下，落基山脉是美国最高的山脉。科罗拉多州的首府是丹佛，丹佛差不多位于从芝加哥到太平洋沿岸的中间点。

你可以从距离丹佛市不太远的地方出发，然后登上落基山的顶峰，前提是你得有这个想法，还要有一颗坚强的心脏。第一个尝试攀登落基山顶峰的人叫“派克”，但可惜的是，他半途而废了。尽管如此，人们还是用他的名字来给那座山峰起了名字，叫作“派克峰”。我们小时候上学时经常说一个绕

口令："说派克，说派克，说派克（Speak pike，speak pike，speak pike）。"一遍一遍重复，能说多快说多快，但要保证不能说成"派克峰（Peak pike）"。我们做不到，你也不行吧？派克没有登上派克峰，可是现在，每年都有成千上万的人登上派克峰。人们登顶是为了展现自己的"绝技"，看看究竟谁能更快登顶。派克峰巍然耸立，山顶上一年四季都覆盖着皑皑的白雪。越往高走，空气越稀薄，人在峰顶上就会觉得喘不上气。有很多人都承受不住，连站着都不行，只能坐下来。他们就像刚跑完步一样喘着粗气，也像是离开了水的鱼一样大口大口地呼气。此时，人们会心跳加快，能清楚地听到自己咚咚咚咚的心跳声，并且有虚脱眩晕的感觉。

现在，铁路和公路都修到了山顶，人们可以坐车上山。这里的火车轨道很陡，如果是普通的火车到了这里，车厢就会像雪橇一样滑落。为了避免这种情况，人们在铁轨之间铺上了带着台阶的齿轮，也给火车装上了齿轮。这样，火车在开起来的时候，火车上的齿轮卡着铁轨齿轮上的小台阶，既不会往后滑落也不会冲出轨道跌下山，而是一步卡着一步向前走。没错儿，火车也会顺着台阶上山下山呢。

14 人间仙境

不明白看这里

❶1英寸约为0.03米，12英寸约为0.3米。

❷3英尺约为0.91米

《爱丽丝漫游奇境》这本书你一定觉得不陌生吧！其实，远在美国西部也有一个如同书中描述的那般充满奇幻色彩的人间仙境。那里的其中一个奇迹是条河——科罗拉多河。奇怪的是，科罗拉多河并不在科罗拉多州，而是跑到了亚利桑那州。

科罗拉多河在世界上最深的沟里流淌着。这条沟有很多地方都深达1英里，西班牙人叫这条沟为“峡谷”。从科罗拉多大峡谷的边上往下看，能看见下面深达1英里的地方有一条细细的水流，那就是科罗拉多河了。看起来像细线一样的河水在峡谷深处流淌，殊不知，正是这条细线一点点地冲刷出了科罗拉多大峡谷。是的，这条细线谁也不靠，完全靠自己的力量，创造了科罗拉多大峡谷。科罗拉多大峡谷为我们提供了一个看清世界内部的最佳区域，因为河水把这条峡谷“挖”出1英里那么深的沟呢！我曾问过导游，大峡谷两侧之间的距离有多远。“呃，”他回答，“大概就是喊10或12声那么远吧。”用声音测距离，可是我从来都没听说过的。喊1声有多远？我不知道。数学书上说过，12英寸[1]等于1英尺，3英尺[2]等于1码。但是对于喊1声等于多远，在书上可是找不到的。如果你朝峡谷对面看去，能看见对面那高达1英里的岩

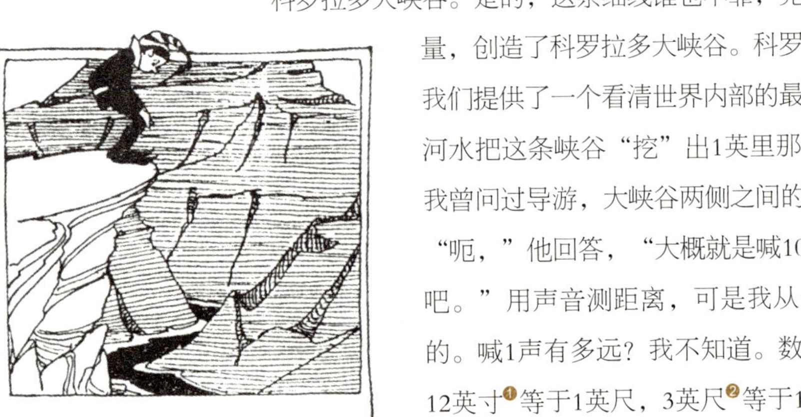

从这里，你能往下看到1英里深的地方

石峭壁。峭壁的颜色并不是其他建筑物那种令人乏味的单一色调，而是极像天堂里的墙壁。因为它是由很多不同的岩石一层一层地堆砌起来的，色彩纷呈，有黄色、红色、绿色、橙色、紫色等不同颜色，光影交错下的峭壁更显绚丽多彩。堆成峭壁的石头都是些石灰石和砂岩，也就是说，这些石头的故乡都是大海。每一层岩石都被铁啊、铜啊等矿物质刷上了不一样的颜色。如果水里的岩石中有铁，那么岩石就会被染上铁锈一样的红色；如果岩石里有铜，那么岩石就会被刷上绿色。

我以前买过一根铅笔，是我在那边玩的时候买的小纪念品。铅笔的顶端有个小孔，当你眯起眼睛往里看的时候，就能看到整个科罗拉多大峡谷！听起来真不可思议，但这的确是真的！想想看，一个针孔大小的洞就能让你看见长达数英里的科罗拉多大峡谷！

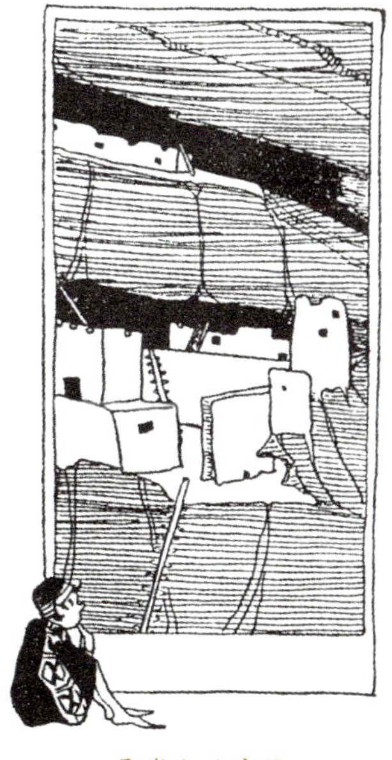
悬崖上的房屋

科罗拉多河的一些支流流淌在一些比较小的峡谷中，有些房屋就建在峡谷峭壁上的石洞里。很多很多年以前，为了躲避敌人，那些被我们称作“悬崖居民”的人就在这里建造了房屋。

在大峡谷北面不远的地方，就是犹他州了。在那里有一个巨大的湖泊。不过这个湖泊跟我们前面说过的五大湖不一样，因为五大湖里面的水是淡水，而这个湖里的水却是咸的，正因如此，这个湖也被叫作“大盐湖”。说白了，它其实就是个小一号的海洋。大盐湖和海洋一样，它们都只有流进来的河，却没有流出去的河。

是什么东西把湖水变咸的呢？

答案是那些把海水变咸的东西。

那么，又是些什么把海水变咸的呢？

在河水流过的土地里含有盐。如果你舔过泥土的话，那大盐湖是北美洲最大的内陆盐湖，也是________最大的咸水湖。

A.东半球

B.西半球

你就会相信我说的话了。不过我知道你肯定没有吃过泥土啦，除非在不小心摔倒的时候，你的嘴巴里和嘴唇上会沾上点儿泥土而已。河水不断冲刷着土地，把一些盐分也卷到了自己“身体”里，之后汇入海洋。河水每次能带走的盐都很少，所以咱们是尝不到河水的咸味的。然而，百川入海是夜以继日、年复一年的，这么多河水不断地把盐带进大海，而海洋又没有办法把盐带出来，因此，盐分会逐渐在海洋中积累。湖水和海水都会通过蒸发把水分带到空气中去，但是却无法蒸发盐分——盐可飞不到天上去，所以只好让盐分待在湖中或者海里。

大盐湖里的湖水越来越咸，已经比海水还要咸了。大盐湖能把好多东西浮起来，也可以把人举在水面上。因为咸水比淡水的浮力大得多，而且水越咸，它的浮力就越大。在大盐湖里，就算你不会游泳，也不用担心会溺水。在湖里，你可以站着、坐着，也可以跟躺在沙发上一样躺在湖面上。你可以坐在湖里看报纸或者吃午饭，但要小心别让水进到眼睛里或者身体的小伤口里。因为水中含盐量很高，如果不慎进入眼睛或小伤口，就会引起剧烈的疼痛。总有一天，海洋也会跟大盐湖一样咸，因为海洋也在以缓慢的速度逐渐变咸。到了那个时候，就算是发生船难，也不用担心会有人遭遇不幸了，因为人们就会像软木塞一样漂浮在海面上。

科罗拉多大峡谷再往北就到了怀俄明州。从地图上看，怀俄明州的西北角上有个“州中之州”。它就是黄石公园。黄石公园有超级多的神奇之物，有些形状奇特，有些滑稽有趣，有些漂亮迷人。这么好的地方，美国政府觉得大家肯定都想来看看，所以，就在这里修了个公园。当地道路宽阔，还有舒适的酒店，方便游客前来观赏游玩。在这里，捕猎是被禁止的，因此各种飞禽走兽都不用担惊受怕地活着。它们可以在这里自由自在地繁衍子孙。黄石公园中有熊出没，但是因为没人会去

猎杀它们，它们反而变得异常温顺，甚至愿意和人们一起拍照留影呢！

美国这片土地其实还没有完全冷却下来，在很多地下并不算很深的地方都是热乎乎的。如果有人请我喝泉水，那我肯定期待能喝上一口沁人心脾的清凉泉水。然而，黄石公园的泉水可不是我期待的那种凉丝丝的泉水，相反，它很有可能把我的喉咙烫破。原来，黄石公园很多泉水被地下熔岩加热，搞得像烧开的水一样，沸腾滚烫。

黄石公园里有个叫作“黄石湖”的大湖。在这里钓到鱼以后，都不用把鱼从鱼钩上拿下来，直接甩到附近的温泉里就行——鱼就被烫熟了。有些地方的地下蒸汽压力过大，能把泉水压出地面形成喷泉，这叫“间歇泉”。有的间歇泉以雄伟壮观而闻名于世，有的间歇泉则以优雅迷人取胜。有个叫“老忠实”的间歇泉，它每隔1小时就喷发一次，恪守规律。每次喷发的时候都有一条瑰丽的水柱直射天际，跟消防水管里喷出的大水柱一样。它的喷发总是这么规律，就好像是有专门的人负责开关它的水龙头似的。从人们知晓它的那一天起，它就夜以继日、老老实实地恪守着时间规律，从没犯过错。它从未忘记时间，也从未偷过懒。人类在它面前都要自惭形秽啦！

黄石公园是世界上第一个国家公园，以其丰富的地热资源闻名于世，风景超级优美，野生动物种类多样。请你对黄石公园的综合情况做一些调查，补充下面空格中的内容。

黄石公园位于________________________，整个公园占地________平方千米。公园内的最高峰为____________________，海拔_____千米。公园内分布有瀑布、温泉以及最为著名的________等。公园内还有很多的野生动物，如________、______、________、______等。

15
拥有最多个“最”的西部（上）

写一写你的家乡有多少个最吧！

据说有这么个地方，在这儿有世界上最好、最大、最高、最优秀、最美妙的东西。比如说，这里有世界上最好吃的橘子、个儿最大的李子、最甜的葡萄、最高大的树、最雄伟的山以及最怡人的气候。哇！这是天堂吧？不，这不是天堂。这里是拥有“最”字最多的美国西部。

人们用一个古老童话里小岛的名字给这里起了名——加利福尼亚。而这里的很多地方也确实跟童话里所描述的地方一样。人们在河水中找到了黄金，这听起来就跟童话一样吧！但是人们真的在当地的河水里捞到了黄金。现在，很多关于加利福尼亚的故事对于美国东部的人而言，仍然跟童话一样令人无法置信。有谁能相信，人们会在耸入云霄的大树树干上凿个洞好让汽车通过呢？这些树的年龄比耶稣诞生的时间还要早！但这是真的，世界上真有这样的树。它们叫“红杉”。假如这些红杉能够开口讲一讲在它们漫长生命中发生过的事，那肯定比童话还精彩！

咱们来数数加利福尼亚州一共有多少个“最”吧。

美国最长的州是加利福尼亚州。假如有人能把加州拿起来，放到美国东部的大西洋沿岸，那我们就能看到它的长度差不多是从纽约到佛罗里达的长度。这是第1个“最”。

美国最高的山位于加利福尼亚州，叫“惠特尼山”，这是第2个“最”。

美国最低的地方位于加利福尼亚州，它是一处山谷。这

个山谷比海平面低200多英尺。这个处于美国最低点的山谷，气候炎热干燥，除了角蟾和蜥蜴，就没什么别的动植物了。角蟾和蜥蜴都喜欢在炎热的地方待着，越热它们就越喜欢。有的人说，它们甚至能在火里活着，这才是天方夜谭。这个炎热干燥的最低点，被称为“死亡谷”。人们一般不会去死亡谷，不过也有人在淘金时误入其中，再也没有出来过；还有人试图穿越死亡谷到山谷的另一面去，结果还没等他们走到终点就已经被热死或者渴死了。正是由于许多人葬身于此，所以它才有了这个名字。这是第3个“最”——最低。

除去死亡谷，还有一个最美丽的山谷位于加利福尼亚州，它叫“约塞米蒂谷”。这也是一个非常幽深的山谷，有多条溪流在高处的谷顶处汇合，沿着谷壁倾泻而下，形成了大瀑布。有一个瀑布在坠落之前成了水雾，而这些水雾就跟新娘戴着的面纱一样，所以这个瀑布就被称为“面纱瀑布”。约塞米蒂谷有6处瀑布都高过尼亚加拉大瀑布。其中有2处从谷顶飞流直下的瀑布，高度达到了0.25英里[1]，是美国最高的瀑布。现在，我们又有了第四个和第五个“最”——最美的山谷和最高的瀑布。

除了上述这些“最”以外，加利福尼亚州还出产最甜的橘子、最酸的柠檬还有最大的葡萄柚，但它们的原产地都不在加利福尼亚州，而是从别的地方“移民”来到这儿的。第一批抵达加利福尼亚州的人是大西洋对岸的西班牙人。西班牙盛产橘子和柠檬，所以从那儿来的人带着橘子和柠檬的植株来到这里。在到达加利福尼亚州之后（他们也去了佛罗里达州），他们就开始种植柠檬和橘子。

西班牙人在加利福尼亚州建的房子跟他们在本国所建房子的样子差不了多少。这些房子有着灰白色的外墙、红色的瓦顶，房屋中间还有个院子。他们用西班牙语给自己建造的城市取名字，比如说洛杉矶（意为“天使之城”）[2]。他们还用圣

不明白看这里

❶0.25英里约为0.4千米。

❷1781年，洛杉矶成为西班牙人的殖民地。1821—1848年，曾短暂处于墨西哥的统治之下。1848年，墨西哥在美墨战争中失败，加利福尼亚成为美国领土，并于1850年正式成为美国的一个州。如今，洛杉矶已成为美国第二大城市，是美国仅次于纽约的金融中心，还是全球文化娱乐中心。洛杉矶著名的好莱坞已成为全球电影业的核心。洛杉矶最早被西班牙人称为“天使女王圣母玛利亚的城镇”，后简称为“天使之城”，音译即“洛杉矶”。

人的名字给城市取名字，比如说圣弗朗西斯科，是根据圣方济各的名字命名的[1]；再比如说，圣巴巴拉市是以圣巴巴拉这个名字命名的[2]。在当时来美国的西班牙人里，很多都是传教士，他们来到这片土地以后，便建起教堂，在这里传教布道。

天使之城目前是美国太平洋沿岸最大的城市，这里有世界上最大的电影制作基地——好莱坞（看，又是一个“最”）。大家都知道，一年有365天，但是在好莱坞，人们说一年有400个阳光明媚的日子。果然是童话世界吧！不管是不是夸张，在这里，大多数时候都是适合拍摄电影的晴天。这就是为什么人们要在天使之城拍摄电影了。除了天气好以外，还有另外一个原因使得人们选择在这里拍摄电影，那就是在好莱坞附近有着多种多样的自然风光。想拍摄航海或者海滨的场景，没问题，这里有海洋；想拍摄有骆驼和阿拉伯人的沙漠故事，没问题，这里有沙滩；想拍一个带有热带风情的影片，没问题，这里到处都有棕榈树和似锦的繁花；想拍冬天的场景，只要爬到附近的高山上去就没问题啦，因为那里终年都是白雪皑皑的银色世界。

洛杉矶以北的沿海城市旧金山的面积和洛杉矶差不多，它以前或许要比洛杉矶大点儿，但是一场距今没多久的地震摧毁了整座城市。地震只维持了几分钟，然而就在这几分钟里，整个城市剧烈摇晃，地面开裂，楼体塌方，地震像推倒一个小孩用积木搭的房子那样轻松地毁灭了这个城市。成千上万的人被地震夺去了生命。这还不止，因地震而燃起的火灾烧毁了大部分的城市，这场火灾也是迄今最严重的火灾之一[3]。纵使如此，人们也丝毫没有丧失希望，用保险公司的赔偿金重建了这座城市。

旧金山拥有非常好的海港，可以算得上是世界上最好的海港之一。这个港口是一处长达50多英里的长海湾。从太平洋

不明白看这里

❶旧金山，最初由西班牙人建于1776年。19世纪中叶，旧金山在美国西部的淘金热潮中迅速发展，被华人称为“金山”，后为区别于新金山——澳大利亚的墨尔本，改称“旧金山”。直到今天，旧金山仍是美洲华人最为密集的聚居地。旧金山在英文中为“San Francisco”，音译即“圣弗朗西斯科”，得名自天主教方济各会的创始人圣方济各（San Francesco di Assisi，简写为St. Francis）。

❷1602年12月4日，西班牙探险家塞巴斯蒂安·维泽凯诺乘船来到圣巴巴拉海峡，因为当天是天主教圣徒圣巴巴拉的纪念日，所以将海峡命名为“圣巴巴拉海峡”。西班牙人于1782年占据此地后，沿用了“圣巴巴拉”一名。

❸1906年旧金山大地震，1906年4月18日清晨5点12分左右，旧金山发生了里氏7.8级的大地震，震中位于接近旧金山的圣安地列斯断层上。这场地震及随之而来的大火，对旧金山造成了严重的破坏，可以说让整座城市毁于一旦。

来的轮船要通过金门海峡驶进海港。因为旧金山建于陡峭的山上，所以想开着汽车爬上去是比较困难的事情。不过，这样也不是一点儿好处都没有——山上的房子能看到优美的景致：海洋、港湾还有金门海峡。跨越金门海峡的大吊桥比布鲁克林吊桥还大，它就是金门大桥。

来往于旧金山和其他地区的船都会往返于太平洋之上。太平洋对岸的国家是中国和日本。在过去漫长的岁月里，有许多中国人持续不断地从旧金山上岸。因此，旧金山有一处叫作“唐人街”的地方。在这里，你能找到很多具有中国特色的房子、商店还有剧场。很多日本人也背井离乡来到美国，他们会购买农场，以种植瓜果蔬菜为生。

好莱坞是全球最著名的
电影制作基地

16
拥有最多个“最”的西部（下）

先来猜个谜吧！“什么东西连腿都没有，却能跳得跟华盛顿纪念碑一样高？”答案待会儿再揭晓。

哥伦比亚河流淌于俄勒冈州和华盛顿州之间，这是一条以哥伦布的名字命名的河。有一种被称为“鲑鱼”的大鱼生活在哥伦比亚河里。鲑鱼一开始是长在海水里的，但是当鲑鱼妈妈要产鲑鱼宝宝的时候，它就会拼命地沿着哥伦比亚河往上游，要一直游到比瀑布还高的淡水中，然后在那里找一个没人打扰的地方去产卵。你可能想要问，鲑鱼妈妈是怎么游到比瀑布还高的地方的呢？它是跳过去的。你可能又要问，鲑鱼妈妈又没长腿和脚，它怎么跳呢？是啊，说鱼能跳这简直是太奇怪了，但鲑鱼确实能跳起来。它们弯起尾巴，猛然一跃，就像弹簧一样跃到上面去了。现在你知道谜题的答案了吧？对了，就是鲑鱼能跳得跟华盛顿纪念碑一样高。

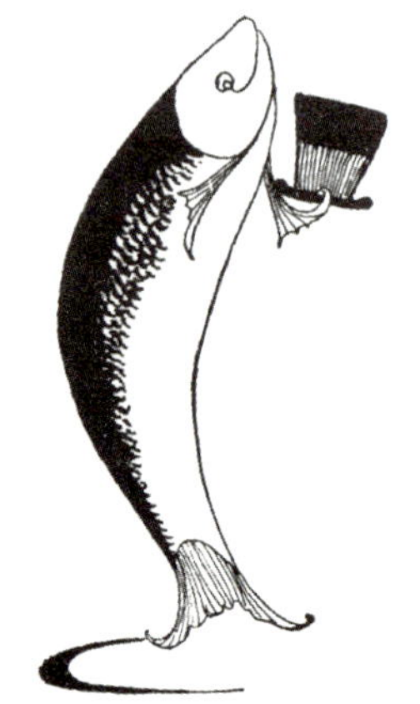

什么动物能跳得跟华盛顿纪念碑一样高

“那里的瀑布跟华盛顿纪念碑一样高？”

“没有啦，那里的瀑布很低。”

“那你怎么说鲑鱼跳得跟华盛顿纪念碑一样高啊？”

“哈哈，傻孩子，这是个脑筋急转弯呀。因为华盛顿纪念碑根本不会跳啊。”

鲑鱼群是由千千万万条鲑鱼组成的，鲑鱼群使劲儿游啊游，一直要游到河流的上游。渔民们用网捕捞它们，但并不是把全部的鱼都打捞上来，而是会放走大部分的鱼，好让

它们顺利产卵生出鲑鱼宝宝来。鲑鱼宝宝和它妈妈游的方向相反，它是向着河流的下游使劲儿游，直到回到大海的怀抱里。它们在大海里长到它们自己也要生宝宝的时候，就会重复自己妈妈的旅程，使劲儿地游过瀑布。它们中有一些会被人们捕捞上来，有一些则能幸运地回到它们出生的地方去繁衍自己的下一代。鲑鱼肉是粉红色的，我们说这种颜色是鲑鱼粉。人们把鲑鱼肉做成罐头，没准儿你就吃过哥伦比亚河里的鲑鱼呢。

苹果是这个世界上最古老的水果，它是伊甸园里的水果。如果跟华盛顿州出产的苹果比一比，夏娃拿给亚当吃的那个苹果肯定就逊色多啦！住在华盛顿特区的人们，总要购买从华盛顿州运来的苹果，就是因为这些苹果比普通苹果好吃多了。要知道，从华盛顿州到达华盛顿特区，路程长达3000英里[1]，差不多穿越了整个美国呢。这些苹果个个都超级棒。西部的印第安人特别爱用“超级棒”这个词来形容好东西，他们还用这个词来说女孩子呢。

华盛顿州和俄勒冈州都有广袤的森林。人们砍伐森林，生产建造房子用的木头。就连我正在写字用的这张纸也是用产自俄勒冈的树木制造的。你一定要问，我是怎么知道的呢？很简单，我把纸对着光，就能看见上面有白色的字，写着“俄勒冈”，这叫“水印”。

美洲西北部有一片很大的地方，它是美国的领土，但它却不是州，它是阿拉斯加[2]。那里有整个北美洲最高的山——麦金利山。阿拉斯加远离美国本土，气候极冷，想要上那儿走一趟，可不是一件容易的事。美国花了数百万美元买下了这里的原因，不是想要拥有北美洲最高的山峰，而是想要获得那里丰富的水产以及动物毛皮。后来的某一天，人们还在那里发现了黄金。

不明白看这里

❶3000英里约为4828.03千米。

❷如前文注释中所述，目前这里已经建州。

黄金真是一个充满诱惑力的词。人们再一次掀起了与“49淘金者”那个时代一样的淘金热。一听说有黄金，千千万万的人都背井离乡，只带着淘金铲和过滤黄金用的筛子，奔向那片遥远的地方，指望能在新年到来之前发一笔大财。愚蠢的人们什么也不拿，他们不知道那片淘金的地方没有任何食物，也没有能买到食物的商店。他们到了阿拉斯加以后才发现那里没有能赖以生存的食物。有一些人就精明多了，他们带着罐头。当那些愚蠢的人们捞出金子的时候，他们就用自己的罐头跟那些人换金子。他们把一个豆子罐头以高出原价几百倍的价格出售，但那些淘金者们又不得不花高价购买这些罐头。不然的话，他们就得被饿死了。因为黄金是不能吃的啊。后来，精明人带着蠢蛋们挖出来的黄金回家了。而愚蠢的人呢？他们能活着回来就已经很不错了。

图腾柱

在阿拉斯加那些鱼群出没的地方，有一些印第安人居住的村子。每个村子的中央都竖立着一根高大的柱子，上面或者画鸟，或者画其他长着又大又吓人的脸的动物。这样的柱子叫作“图腾柱”。每一个部落或者家族都有自己的图腾，这些图腾一般就是鸟或者其他动物，比如说鹰或者熊什么的。图腾和图腾柱都是部落的标志。好比你会给你自己的俱乐部起名字叫作“雄狮”或者“猫头鹰”一样。

当你看到北方的夜空上燃起“火光”，“烈焰”从地面直入天际，你会不会跟我小时候第一次见到这种景象时一样，以为是世界末日到了呢？整个世界看起来都像是在吞吐着火焰，仿佛大爆炸就要发生了。这就是壮观的北极光！人们经常能在阿拉斯加看到北极光。而有的时候，住在往南一点儿的地方的人也能看得到一两次北极光，当然了，一辈子在这里也就能看上一两次吧！对于从来没有看到过，连听都没听过这种现象的人来说，北极光简直太恐怖了！然而，其实不用害怕，因

为北极光和任何人们见过的漂亮落日或彩虹一样，不会给人带来什么伤害。

北极光是怎么产生的？这是个好问题，很难回答的好问题。它跟电和太阳黑子有关系。你知道什么是太阳黑子吗？太阳黑子就是有时候在太阳上出现的一个黑点，它会慢慢从这边移到另一边。咱们肉眼是看不到这个黑点的，因为阳光太刺眼了，盯着它看会伤害眼睛。人们可以用装着有色镜片的望远镜看到太阳黑子，而不用承担灼伤眼睛的后果。人们还可以用特别的相机拍下太阳黑子的照片。当太阳上出现黑子的时候，一般就会产生耀眼的北极光了。

关于北极光，我能告诉你的就只有这么多了。曾经有个小女孩问过我："思想是用什么做的呀？"嗯，这也是一个很难回答的好问题。

列出3个能看到北极光的国家：

17 美国的邻居

加拿大和美国互为邻居，你能列出3个和我们相邻的国家吗？

有一句谚语是这么说的：“篱墙建得牢，邻里处得好。”话说回来，那也得看邻居是些怎么样的人。美国本土的北面邻着加拿大，它是一个比美国还要大的国家。美加边境线从大西洋沿岸一直伸到太平洋沿岸。如果我们沿着这条边境线立起篱墙的话，那这道篱墙可得有3000英里那么长了。当然，实际上所谓的篱墙只是一条虚构的线罢了。这条线是画在地图上的，真正在地面上并没有这条线。就在这么一条虚构的线上，美加两国立起一块石头，上面刻着：“加拿大和美国相互约定绝不交战。”这是一个君子协定。这块石头被称为“和平石”。

男孩子们有个口头禅：“谁先发现就归谁。”法国人发现了加拿大，但英国人觉得自己更应该拥有加拿大，于是英国人和法国人就打起来了，最终英国人抢走了加拿大。这是很久以前的事了。不过，现在仍然有很多法国人住在加拿大，在一个叫“魁北克”的地区，讲法语的人比讲英语的人还要多。

我曾养过一只纽芬兰犬，它的毛厚厚的，是个大块头，食量也大，几乎跟人吃得一样多。纽芬兰犬来自位于加拿大大西洋一侧的纽芬兰岛，它是被英国人发现的，不过它现在是加拿大的领土。纽芬兰在英语里的意思就是“新寻获的地方”。

纽芬兰岛附近有一片海域很浅，人们叫它“大浅滩”。但值得一提的是，这里所谓的滩位于水面以下。这里是一片巨大的渔场，人们在这里捞鱼可不是为了消遣娱乐，而是为了做

买卖。千万条船驶离海岸，在海面上一待就是好长时间，直到打捞上来的鱼把船舱装满，才会踏上归途。大浅滩常常笼罩在浓雾之中，有时从大洋彼岸开来的远洋巨轮看不到这些捕鱼的小船，就会把这些渔船撞翻。这些渔船就惨了，会连鱼带人一起翻到海里去。

加拿大地广人稀，所有国民加起来还没有纽约一个州的人多[1]。大部分加拿大人都居住在靠近加美边境线的地方，因为再往北的地方冬天实在太冷啦。由于跟美国离得非常近，生活在那里的加拿大人做着和边境线以南的美国人类似的事情，种植类似的作物。加拿大是种植小麦第二多的国家，第一是美国[2]。

加拿大太平洋铁路公司是加拿大最大的公司之一。加拿大的铁路从大西洋延伸到靠近太平洋的温哥华，横跨了整个加拿大的国土。海上运输从不中断，穿越大西洋和太平洋的大型轮船来来往往。加拿大太平洋铁路公司还拥有铁路沿线的大小旅馆。有一处铁路沿线的景色非常吸引人，那里高山秀美、湖泊清透。它就是位于落基山中的路易斯湖，很多人都去那里度假或者度蜜月。

没有哪个女人愿意靠近狐狸和狼这样的野生动物，但她们却着迷于这些动物的皮毛。女人不惜高价，来“亲近”这些皮毛。加拿大有个跟墨西哥湾差不多大的海湾，叫“哈德逊湾”。哈德逊是发现这个海湾的人的名字，这个人还发现了哈德逊河。哈德逊湾和哈德逊河，除了名字相同以及是被同一个人发现外，就再无其他联系了。一到冬天，哈德逊湾周边地区就变得异常寒冷，哈德逊湾也会被冰封起来，致使人们不愿意住在那里。而那些不得不住在那里的人主要是以捕猎动物为生。生活在当地的动物可买不到什么御寒的大衣穿，它们干脆就自己长出了一身厚厚的皮毛来抵御寒冷。这才是真正最好最保暖的皮毛大衣呢！猎人们在这里挖了陷阱，好捕获狼啊、狐狸啊以及别的什么动物，之后剥掉它们的“皮毛大衣”，再把

不明白看这里

❶ 据近年来的估算数据，加拿大总人口约为35427524人，纽约州总人口约为19651127人。前者约为后者的1.8倍。

❷ 如前文注释中所述，美国已不再是世界第一的小麦生产国。同样，加拿大也不再是世界第二的小麦生产国，而是在中国、印度、美国、俄罗斯后，居于世界第五位。

那些“皮毛大衣”卖给那些出得起高价的女人们。这些捕猎动物、贩卖皮毛的人皆受雇于哈德逊湾公司。

美国有州，加拿大有省。加拿大一共才有10个省[1]。处于重要地位的安大略省，是用安大略湖的名字命名的。安大略省不仅仅毗邻安大略湖，它跟除了密歇根湖以外的四大湖统统接壤。加拿大的首都渥太华就在安大略省内。加拿大是英联邦国家，英国会派一个人来到加拿大担任总督。不过加拿大的法律，还是加拿大人自己制定的。他们会选出自己的代表到渥太华制定法律。

在加拿大，越是往北，就越是寒冷。最北面的地方气候冷到连大多数树木都不愿意在那里生长。只有一些松树和云杉耐得住严寒，这些树不愿意让树叶脱离自己的身体，四季常青，所以也叫“常青树”。常青树的木质较软，常常被用来造纸。而那些落叶的树木，其木质比较坚硬，更适合用来做家具，比如说橡树和枫树。

这本书跟其他所有的书籍、报纸所用的纸都源于树木。大城市的报纸一天的发行量就够砍掉几英亩的树林了—— 一份报纸一天的发行量相当于用掉了一个街区那么大的地方上生长的树。现在你就知道，为了维持美国印刷机的运转，加拿大的树木正在以多快的速度被砍伐了吧。一天接一天，几英里接着几英里的树被砍伐，被做成木浆，再被做成纸，最后被成批成批地运送到美国，然后我们才能看到报纸上的新闻。然而到了第二天，这些报纸就会被烧掉。人们的食物是小麦，牲畜的食物是玉米，而印刷机每天吃的食物就是那些被砍伐的树木。

我上过最早的地理课中有一节就是关于爱斯基摩人的。爱斯基摩人住在冰砖建的房子里，他们会在冰层上凿洞用以捕鱼。加拿大东北部的拉布拉多地区是爱斯基摩人的定居地之一。爱斯基摩人跟印第安人是亲戚，而中国人跟他们也是亲戚，更多有关他们的故事，我会在后面慢慢讲给你听。

不明白看这里

[1] 加拿大下设10个省和3个地区。

18 战神之国

汤米·丁克正吃着抹了黄油的面包。他小心翼翼地啃着面包边儿，时不时地还停下来仔细端详着面包片，俨然一副若有所思的样子。

“你干什么呢？”爸爸问道。

“我要咬出一幅北美洲的地图，”汤米一边说，一边小心翼翼地把面包放在桌布上，“瞧，这里是阿拉斯加，那个角上是拉布拉多，还有佛罗里达在这个角，尤卡坦对着佛罗里达。”汤米又把一丁点儿面包压平放在另一个角上，说：“嗯，这个是下加利福尼亚半岛。”

“玩面包可不对，我应该把你从桌边赶走。”爸爸说，“不过呢，如果你能告诉我加利福尼亚湾在哪儿，就不用离开桌子了。”

“加利福尼亚湾不在加利福尼亚，”汤米说，“上次你就这样问我，我可没被难住。加利福尼亚湾在墨西哥，下加利福尼亚半岛也在墨西哥，这两个都在墨西哥。”

“你说得对，”爸爸说，“我像你这么大的时候，我的老师问我‘加利福尼亚湾和下加利福尼亚半岛在哪里呀’的时候，我一听名字，就想当然地说‘在加利福尼亚呗’！”

“你的老师没给你看过这个手势吗？”汤米一边问，一边把食指和拇指弯成字母“G”的形状，“看，它就代表墨西哥湾，我的食指表示佛罗里达，拇指表示尤卡坦，这里就是墨

战神之国中的“战神”指的是谁？写出他的名字。

西哥。看明白了吗？”

“我上学那会儿，老师可没有这样说过呢。”爸爸说。

“现在的老师也没这样说过，”汤米得意地说，“这是我自己发明的呢！”

你听过别人把某个地方称为“神的国度”吗？美国南面的那个国家就被这么叫，而且是战神之国。它就是墨西哥，它的名字源于印第安人信奉的战神墨西特利的名字。

以西班牙语为官方语言的国家有很多，找出它们，并将相关资料补充至下表空白处。

国家	首都
西班牙	
阿根廷	
	圣地亚哥
秘鲁	
	圣何塞
洪都拉斯	

当你跨过美加边境进入加拿大的时候，可能完全意识不到自己已经到了另一个国家。因为加拿大人和美国人长得一模一样，讲着跟美国人一模一样的语言。可是，如果你跨过美墨边境线进入墨西哥的时候，你就能很明显地感觉到自己来到了另一个国家。因为墨西哥人跟美国人长得不一样，说着跟英语不同的语言。墨西哥独立以前，曾经属于大西洋彼岸的西班牙。

咱们前面说到过，在美加边境线上有一块和平石，美加两国早在多年前就相互承诺永不向对方宣战。而在美国和墨西哥的边境上没有和平石，美国和墨西哥之间曾经发生过多次战争。我们现在所有的得克萨斯州、新墨西哥州和亚利桑那州以前都是墨西哥的领土。格兰德河流淌在得克萨斯和墨西哥之间，它的意思是“雄伟的大河”。可惜，这条雄伟的大河在有些时节并没有水，甚至有些地方已经完全干涸了，因为它所流经的区域气候很干燥。也正因如此，在一年中的部分时节，人们跨过河床就能从美国到达墨西哥了。

最初，白人刚到美洲大陆的时候，这里到处都生活着印第安人。然而，到达美国的白人不断地把印第安人驱赶到遥远偏僻的角落里，以至于现在美国的印第安人数量极其稀少，很多孩子只能在马戏团里或者5美分的硬币上才能看到印第安人。与此不同的是，白人刚到墨西哥的时候，那里到处都是印

第安人，到了现在，墨西哥印第安人的数量还是要比白人的数量多呢！而且，西班牙人还会同当地的印第安人结婚，生了同时拥有西班牙血统和印第安血统的混血儿。所以，墨西哥人里有一些是来自西班牙的，比他们人数多的是印第安人，更多的则是混血后裔了。

美国人讲英语，生活习惯跟英国人较为接近。而墨西哥人讲西班牙语，生活习惯跟西班牙人较为接近。

当西班牙人初抵墨西哥的时候，就发现当地的印第安人戴着银项链、银手镯以及别的什么银饰品。于是，西班牙人就猜到当地肯定产银子。其实，西班牙人主要是来找金子的。但是，银子可是仅次于金子第二好的东西呢。所以，他们干脆就横下心来专门挖银矿。即便到了现在，他们对银矿的开采也并没有停歇过。在白人最初抵达墨西哥的400多年后，墨西哥的白银产量仍稳居世界第二，排在第一位的是美国[1]。墨西哥有银矿的山和美国的落基山脉同属一个山系，位于墨西哥的这一段山叫作“马德雷山脉”。

墨西哥的首都叫“墨西哥城”。是的，你不用再学一个新名字了。墨西哥城坐落于马德雷山脉上一个碗形的山谷里。通常来说，越往北去越寒冷，越往南去越温暖，但是事情可并不总是这样的。不过呢，越往高走越寒冷这件事倒是一定的。墨西哥城在很靠南的山上，但那儿的气候并不是非常炎热，一年四季气温都挺温和的。

在靠近墨西哥城的地方，有一座有着奇怪名字的古老火山，它叫“波波卡特佩特”，听起来像不像波波卡茶壶[2]？你肯定会想：怎么起了个这么复杂的名字呢？其实，这个名字并不复杂，它在印第安语中就是“冒烟的山”的意思。波波卡特佩特在那么南的地方，你肯定觉得那里很温暖吧？实际上，波波卡特佩特的海拔相当高，气温很低，常年有冰雪覆盖山顶。

不明白看这里

❶现在，全球最大的产银国已变成秘鲁。墨西哥仍居第二位。美国则居第七位。

❷在英语中，波波卡特佩特为“Po-poca-tepetl”，其中“tepetl”的发音近似于茶壶（teakettle）的发音。

波波卡特佩特如今已进入休眠状态，不再喷发了。但是，火山口不断吐出大团大团的硫黄烟，而且还不断堆积着硫黄。印第安工人沿着山坡爬到火山上，进入火山口去采集硫黄。硫黄的用处挺多，可以用来做火柴、药物以及别的什么东西。

墨西哥沿海湾一带湿度高、湿气重，不适合人们居住。除非迫不得已，否则谁愿意去那住呢？不过，这里有个叫“坦皮科”的城市，人们在这里的地下发现了油田。于是，人们就在这里钻井取油。这里的海上运输比较便利，满载着石油的船就会把它们送往美国或其他地方。我们说过水运是很便宜的，因为船的运载量很大，一艘运油船能承载的石油和1000辆油罐车装的石油一样多。

汤米说的那个像大拇指一样的地方，就是尤卡坦。尤卡坦有一种叶子长得像剑一样的植物。这种植物的叶子里有一种灰色的纤维，看起来跟长头发似的，这种纤维的名字是“剑麻纤维”。剑麻纤维可以做绳子和线。在尤卡坦，还有一种植物，它的汁水可以用来做口香糖。

19 咫尺天涯

我有一张画着北美洲和南美洲的地图，地图上印着2个大大的英文单词："Namerica" "Samerica"[1]。它们听起来就像是一对兄弟。从地图上看，上帝似乎想把两兄弟尽可能地分开，可是它们并没有被完全分开。有一块叫作"中美洲"的地方把这两兄弟连在了一起。中美洲上那个像是细细的树叶梗的部分，便是巴拿马地峡。

巴拿马地峡把大西洋和太平洋分开，这两个大洋可真犹如咫尺天涯一般啊！如果有轮船想从一个大洋驶进另外一个大洋，那它可是无法跨过巴拿马地峡的，非得绕行一段很远的水路才行，这段路远到一直要绕过南美洲的最南端，全程有数千英里那么远呢！怎么不是绕过北美洲的最北端呢？因为那里的路被冰雪封住了，根本走不通。就因为有了巴拿马地峡这么个狭长的地方，轮船就得绕行数千英里的路，这简直太不方便了。就好像当你开车行进的时候，突然遇见一条河，河岸上还立了块牌子，上面写着"如想到达彼岸，请绕行10000英里[2]"。轮船从南美洲最南端的绕行距离算是人们要在这个世界上兜的最大的圈子了。人们当然要想办法来解决这个问题啦。于是，有人提议道："咱们用一辆超大号的卡车把船运到地峡另一面去吧！先用起重机把船吊起来，放在超大号的卡车里，卡车再开到对面去，到了那面，我们再用起重机把船放到水里。这不就行了吗？"可是，与其用起重机把船吊来吊去

不明白看这里

[1] "Namerica"为北美洲在英语中的简称，"Samerica"为南美洲在英语中的简称。

[2] 10000英里为16093.44千米。

的，还不如直接开凿一条穿过地峡的运河呢！那样轮船就能自己直接开进另一个大洋了。开凿一条运河乍一听并不算太难，比如说在地图上用剪刀咔嚓一剪就行了，但在现实中却并非如此——地峡足足有30多英里那么宽，而且中间还有高山挡着。

中美洲是地震频发的地方，如果哪次地震能一下子把巴拿马地峡给震断，那就方便了。然而，地震才不会做对人类有好处的事情呢，它们总是把不应该断裂的地方给震裂了。

如果从日本的冲绳运送货品到美国的纽约，最近的路线需要经过________：

A.苏伊士运河

B.马六甲海峡

C.巴拿马运河

轮船干吗非得跑到另一边的大洋去呢？它们难道就不能老老实实地在自己的大洋里航行吗？想想看，你妈妈平时经常去市中心买东西吧，去买各种吃的、穿的、用的。轮船也时不时地要去“购物”——运输货物，它们要到世界各地去购物呢。大西洋沿岸的人想要到太平洋沿岸去买茶叶、瓷餐具或者丝袜一类的东西时，或者太平洋沿岸的人想要到大西洋沿岸去购买他们没有或者他们想要的东西时，就得乘船去啦。这就是为什么船只要来往于两个大洋的原因。如果有办法能不绕那么远的路——10000英里的路，就太好了。最后，一些法国人决定开凿这条大运河，法国人对挖运河这件事很在行，因为他们之前就挖过运河。

巴拿马地峡曾是世界上最危险的地方，到那里去的白人，三个中就有一个死于热病。可是，住在那里的印第安人和黑人对此好像并不怎么当回事儿。法国人在那里干了几年，死了好多人，钱也花了不少，可是却只挖了一点点运河，最终，法国人放弃了。

后来，美国永久性地租用了巴拿马的一块地方，这地方有10英里宽，有点儿像系在巴拿马地峡上的一根腰带。人们管这里叫“运河区”。轮到美国人挖运河了。但是美国人在工作之前就说：“咱们必须得先把这里变成一个对健康无害的地方，一个适合白人干活儿的地方。否则，咱们派去挖运河的人

还没挖好运河就得病死了。”于是，一个著名的医生被派往运河区，看看能不能弄清楚是什么在害人，并把它消灭掉。

这名医生来到运河区后，发现了导致人们生病的罪魁祸首。你猜是什么？竟然是蚊子。但是，这种蚊子可跟我们平常遇到的叮人一下痒一阵儿的蚊子完全不一样。当地的蚊子分成两种：一种是城镇的蚊子；另一种是乡下的蚊子。乡下的蚊子会传播疟疾，这已经很让人恐慌了。然而更厉害的是城镇的蚊子，它们会传播黄热病。染上黄热病的人皮肤会变黄，一旦染病几乎必死无疑。医生下定决心找到消灭蚊子的办法，好让它们不再害人。他先追着蚊子的行踪，然后用硫黄烟把城镇蚊子熏死，用石油杀死乡村蚊子。他用的硫黄产自波波卡特佩特火山，石油也产自墨西哥。之后，他把适宜蚊子繁衍生息的沼泽地和其他地方都给清理了，这就意味着蚊子们在这时候已经“家破人亡”了。他就是用这样的办法，使得运河区从一个令人们谈之色变的疾病高发区变成了一个环境宜人的地方。

一直到运河区的蚊子清理工作都完成以后，美国人才去挖运河。可是，美国人的方案跟法国人的方案不一样，他们并没有直接挖通陆地，如果那么做的话，虽然两个大洋会连通，但是工作量也是巨大无比的，即便用炸药也无法减轻工人们的工作量，因为被炸药炸起的土，还是需要人力来运走。所以，美国人想办法利用那里原先就有的一条河和一个湖，在地势最高的地方挖了一条运河，原先河水和湖水里的水填满了新挖的运河。并且在运河两端建了水闸，把船从水闸这一端的海面举起来，到了水闸的另一端再把船放到海面上去，这样船就顺利地从一个大洋航行到另一个大洋去了。这条运河里的水是淡水，因为两个大洋实际上并没有通过这条河流到一起去。所以，北美洲和南美洲还是连着的，这对兄弟也将一直牵着手，直到有一天大自然将它们分开。

20
海盗出没的水域

有一次，我搭乘一辆正要驶出巴尔的摩的火车时，一个男人问我去哪里。我说我要去巴尔的摩。他神情异常疑惑地看着我，好像我弄错了什么事情一样，他大声说："你坐反啦！这车是离开巴尔的摩的！"

"我知道，"我回答说，"可我就是想绕个大圈子再到巴尔的摩，我要绕世界一圈儿呢。我要朝西走，到东方去。"

哥伦布的探险船队都航行到了哪些地方？

在世界的另一面，与我们相对的地方，有一些被叫作"东印度群岛"的岛屿。想去东印度群岛的人，他们总是往东走。而哥伦布觉得，他可以朝着相反的方向——西方走，一样能到印度群岛。人们笑话他说："想到东方去，可你却朝西走，真是愚蠢至极。"但是，哥伦布坚信世界是圆的，他知道自己向西走，也能走到这些岛屿，正如人们向东走能到这些岛屿去是一个道理。他扬帆起航，夜以继日地在海上航行，一直保持着朝日落的方向前进，结果他真的发现了一些岛屿。他以为这些岛就是东印度群岛。其实，我们都知道他还没走完去东印度群岛一半的路程呢！不过他自己却什么都不知道。而且就算他能一直走下去，中美洲还是会挡住他的路。

这些岛上的岛民长着红红的皮肤，而且还在脸上涂上油彩，往头发里插上羽毛，哥伦布叫他们"印第安人"。而别的人喊他们"加勒比人"，即"勇敢的民族"之意。环绕着这些岛屿的蓝色海洋被称为"加勒比海"，这里是勇敢者的海洋，

是加勒比人的海洋。

哥伦布是为了寻找新路线才开始他的旅程的，当然他确实找到了一条新路线。而那些紧随哥伦布的脚步而来的人，是为了寻找金银而来的，当然他们也找到了。有些人在墨西哥找到了金银，有些人在南美洲找到了金银，还有一些是从印第安人手上抢来了金银。是的，就是这么一回事，他们抢劫了印第安人。人们把这些找到的或是抢来的金银装上船，运回西班牙。

然而，有一些满载金银的船永远没有回到西班牙。海上的强盗——海盗们在海上埋伏，抢了这些陆地上的强盗的战利品。陆地上的强盗抢劫的是贫穷的印第安人，相比之下，海盗的抢劫可就更加刺激了——他们抢劫的是陆地上的强盗！海盗们通常是些冷血无情、胆大心狠的人。他们腰上扎着红腰带，脖子上系着红围巾，头上还缠着红头巾。他们耳朵上挂着大耳环，手腕上套着大手镯，真是武装到牙齿了。平时，他们隐藏在加勒比海域小岛的后面，一旦看到远处有载着金银财宝的船出现，他们就立刻在船上升起一面画着骷髅头和两根交叉在一起的骨头的黑色旗子，然后开船前行，将整艘运宝船连同船员一起截获。他们把俘虏当成自己的奴隶。如果哪天不想要这些奴隶了，他们就让这些人去跳木板。什么是跳木板？就是蒙住奴隶的眼睛，让他们在伸出船舷的一块木板上行走，当他们走到木板的尽头，就会掉进大海溺水而亡。海盗们把抢来的宝贝装在一个大铁皮箱子里，带着这些大铁皮箱子，把船开回自己的小岛，然后再把大铁皮箱子藏在洞里。他们还会在地图上将埋宝贝的地方打上一个叉，以便日后能够找到它们，也好防着别人惦记它们。

海盗已经销声匿迹很多年了，如今在加勒比海上行驶的船只再也不用担惊受怕了，况且现在的船上也没装什么海盗想

跟哥伦布同一时期的葡萄牙航海家______，率领船队来到了印度。

A.迪亚士

B.达·伽马

C.麦哲伦

D.詹姆斯·库克

要的东西。加勒比海的海水蓝莹莹的，这里的气候也很温暖，岛上各处风景引人入胜，所以有很多人坐船到这片曾经有海盗出没的水域游玩度假。我也去过一次。

在大雪纷飞的时候，我离开了纽约，2天后来到百慕大群岛。这里气候温暖，阳光灿烂。田野里长着香水百合、新鲜土豆和洋葱。农民们种植这些作物，为的是把它们送到冰天雪地的纽约去，以便于纽约人在大冷天里也能看到在暖季才能盛开的花朵，吃上在暖季才能供应的蔬菜。

我继续乘船南下，2天后到了另外一个叫“拿骚”的岛，那儿是巴哈马群岛的首都。那里的人在海底采集海绵，之后运往美国供美国人使用。你相信你用过的海绵曾经是活着的生物吗？它们以前就像是被一层果冻一样的东西包裹着。当地人潜入海底，从岩石上采摘海绵，之后，再把像果冻一样的那层东西洗干净，就得到了海绵。

巴哈马群岛中有着世界上最著名的小岛，那就是哥伦布最初登陆的地方。岛上立着纪念碑的地方据说是当年哥伦布下船的地点。在经过无数个海上日夜之后，哥伦布终于看见了这个岛。下船的时候，他为了感谢上帝的指引，就跪在了沙滩上。他还以上帝的名字命名了这个小岛——“神圣的救世主”，用西班牙语说就是“圣萨尔瓦多”。

西印度群岛有3个连环相套的大岛，这3个大岛就跟玩井字游戏时连在一起的3个圈一样连在一起。加勒比海上还有1个比较小的岛以及很多非常非常小的岛。

古巴岛是西印度群岛中最大的一个岛，它也是井字游戏中的第一个圈。哥伦布曾发现，住在古巴岛上的印第安人喜欢用嘴叼住一个燃烧着的小火炬。他们用前所未闻的方式吞吐着烟圈儿，跟会吞云吐雾的龙似的。人们把草燃烧冒出的烟雾吸进去，听起来是不是很奇怪？但人们真的那样做呢，而且他们

看起来还挺乐于做这件事的。从大洋彼岸来的人从来没有见过人吸烟的场景。然而，现在世界上到处都有人在效仿着住在古巴拥有红皮肤的印第安人的做法。这种燃烧后冒出烟的草就叫作“烟草”。虽然现在世界上很多地方都在种植烟草，但是质量最好的、用于制作雪茄的烟草仍然来自古巴。要知道，古巴首都哈瓦那生产的哈瓦那牌雪茄行销世界各地。

距今不久以前，古巴还是属于西班牙的，但是现在它已独立为一个真正意义上的主权国家。

世界上差不多所有蔬果的汁液都含有甜甜的糖，有些所含的糖分很多，有些则很少。有2种作物就含有大量的糖分，人们种植它们就是为了榨取里面所含的糖。它们就是甜菜和甘蔗。你肯定见过甜菜吧。而甘蔗看起来有点儿像玉米秆。人们把甘蔗榨出汁来，再用这些汁熬成糖。在古巴，甘蔗的种植量是世界上最大的[1]。

海地，是井字游戏中的第二个圈。尽管它不怎么大，但是岛上却有2个国家[2]。这2个国家都是跟美国一样的共和国，人们投票选举自己的总统、参议员和众议员。只不过，他们的总统和议员都是有色人种，这没什么好奇怪的，因为在这里居住的人都是有色人种。

据说哥伦布死后就葬在海地岛上。人们曾经挖出过一副骸骨，并认为那就是哥伦布的遗体。然后，它被运回西班牙，放在了一个大教堂里。但是，也有很多人怀疑运回来的骸骨根本不是哥伦布的，他们觉得哥伦布的遗骨仍在海地的什么地方。

波多黎各，是井字游戏里的第三个圈。波多黎各属于美国。波多黎各人也种植烟草，可能是土壤成分不同的原因，他们种出来的烟草就是赶不上古巴人种出来的。

前面说的这3个大岛南面有个小岛，叫“牙买加”，属于

不明白看这里

❶目前，甘蔗种植量最大的国家是巴西。

❷海地岛上的2个国家分别为海地、多米尼加共和国。

不明白看这里

❶牙买加已于1962年8月6日宣告独立，目前为英联邦成员国之一。

英国[1]。牙买加人擅长种植我们常吃的香蕉。刚摘的香蕉是青绿色的，在被运到美国的水果店时，它们就变成了黄澄澄的。当然也并不总是如此，如果你吃到了还没有成熟的香蕉，那你可能就需要吃点儿牙买加生姜了。这种生姜当然也产自牙买加，对治疗肚子痛有很好的效果。

烟草和糖，海绵和新鲜蔬菜，以及香蕉和百合花……如果海盗们抢劫的船上装满了这些东西，那他们可就要被气死啦！

21 南美洲的北部

南美洲的样子像什么？胡萝卜？大头菜？陀螺？漏斗？树叶？无花果？倒着放的梨？船桨？小羊排？羊腿？还是像个蛋卷冰淇淋？它啊，更像它自己——南美洲。在地图上，像叶子梗一样细的地方是巴拿马，下面像钩子一样的地方是合恩角。

从南美洲的最北边到最南边，从巴拿马到合恩角，一条山脉纵贯南北，这就是安第斯山脉。它是世界上最长的山脉，也孕育了西半球最高的山峰[1]。

美洲大陆是哥伦布发现的，在美洲还真有个国家是用他的名字命名的，它叫“哥伦比亚”。在英语中，哥伦比亚跟哥伦布的拼写略有不同，它有2个字母“o”，而非1个“o”、1个“u”[2]。哥伦比亚位于南美，离南美洲挂到中美洲的叶子梗——巴拿马最近。

当年，白人抵达南美洲的北部海岸时，在哥伦比亚的附近，他们看见当地的印第安人住在建于水中的房子里，房子下面还安着高高的木桩。这立刻让他们想到了远在大洋彼岸的意大利威尼斯，因为在那里，人们也把房子建在水里。所以，他们就叫这个地方“小威尼斯”，西班牙语中的发音就是“委内瑞拉”。委内瑞拉海边有个奇特的岛，叫“特立尼达”。这个岛上有个奇特的湖，湖里什么水也没有，有的只是一种被称为“沥青”的黑色焦油。人们把沥青从湖里挖出来，再用船运往

不明白看这里

❶海拔6959米的阿空加瓜山是目前公认的西半球最高峰，坐落于安第斯山脉北部，峰顶位于阿根廷门多萨省境内。

❷哥伦比亚在英文中为“Colombia”，哥伦布则是“Columbus”。

美国修建公路。

委内瑞拉旁边的3个小国家都叫“圭亚那”，你知道吧，它们是南美洲仅存的非南美洲国家所辖领土。它们分别隶属于3个不同的欧洲国家——英国、荷兰和法国[1]。

在英属圭亚那的荒野上有个瀑布，差不多有5个尼亚加拉瀑布加起来那么高。它的位置是如此偏远，以至于都没有什么人见过它的样子，仅仅只是听说过而已。它叫“凯厄图尔瀑布”。你可以做个小试验，问问你爸爸知不知道有这么个地方。

赤道在地球的中间绕了一圈，就像系在一个胖子身上的腰带。赤道用西班牙语念出来就是“厄瓜多尔”。南美洲有个小国家也叫这个名字，并且它还横跨在赤道上。我们通常都觉得赤道地区很炎热，但是厄瓜多尔的大部分地区都处于安第斯山上，由于海拔高，所以那里并不怎么炎热，一年四季都很凉快。基多是厄瓜多尔的首都，听上去有点儿像“钥匙脚趾”一样[2]。在基多你能看见2座世界上最高的火山，它俩的名字都挺奇怪的，高点儿的那个叫“钦博拉索”，这座火山已经成为死火山，也就是说它不会再喷火也不会再冒烟了；矮点儿的那个叫“科托帕克西”，它是一座活火山，里面还有没有熄灭的火。

厄瓜多尔虽然地处离我们十分遥远的群山之中，但你每天吃的巧克力、喝的热可可，很有可能就产自厄瓜多尔。人们用可可豆制作巧克力和可可粉。可可豆长在像甜瓜那么大的豆荚里，而这些豆荚直接长在可可树的树干上，而不是结在树枝上。虽然可可粉在英语中写得很像椰子这个单词[3]，但是要知道可可粉可不是长在椰子树上的。

生活在厄瓜多尔的印第安人凶猛异常，他们还有个别名，叫作“猎头族”。为什么这么说？因为每当他们想要获得

不明白看这里

[1] 英属圭亚那已地1966年脱离英国，宣告独立，现为圭亚那共和国。荷属圭亚那于1975年独立，现为苏里南。法属圭亚那为法国位于南美洲的海外属地，其最高行政负责人——省长由法国总统直接任命。

[2] 基多在英语中为“Quito”，发音类似于“key-toe”，即“钥匙脚趾”。

[3] 可可粉在英语中为“Cocoa”，源于“Cacao”，即可可树。椰子树在英语中为“Cocoanut-tree”。其中，“Cocoa”5个字母完全相同，但并不意味着两者之间有什么关系。

什么东西的时候，比如说想娶个老婆时，又或者纯粹想打一架时，部落和部落、家族和家族之间就会打个你死我活。他们把人杀了，就割下对方的头颅留作纪念。美国的印第安人在过去也会把敌人的头皮割下来当作纪念品或战利品。拥有人头最多的印第安人会被认为是真的猛士。他们经常互相争斗，而在争斗时所用的武器既不是箭也不是枪，而是一种足有一人长的吹箭筒，这种筒里装着涂着毒药的土球或者飞镖。他们就是用这样的武器来对付敌人和动物的。这些印第安人也用毒药去毒杀鱼类，他们把毒药投在有鱼的溪流中。毒死的鱼漂浮到水面上之后，他们就抓住这些鱼来吃。鱼体内的毒性不大，所以并不太影响食用。

生活在厄瓜多尔的印第安人是已知所有印第安人中最为野蛮的，然而，就在厄瓜多尔以南的国家里，曾生活着迄今为止最为文明开化的印第安人。那个国家就是秘鲁。在秘鲁，印第安人并不住在什么帐篷、棚屋或是别的什么简陋房子里，他们住在宫殿里。他们很有智慧，过着一种挺富足的生活。他们就是印加人。他们把都城建在库斯科。印加人拥有大量的金银财宝，当西班牙人初抵南美大陆时，印加人就已经在开采金矿和银矿了。西班牙人做的唯一一件事就是从印加人手中抢走了财富。西班牙人仗着自己有枪，轻而易举地打败了印加人，不费吹灰之力就夺走了印加人的财富。不仅如此，他们还逼迫印加人继续开采出更多的金银。然而，恶人有恶报，西班牙人抢了印加人之后，在返回西班牙的途中，就被海盗给抢了。

印加文明是南美洲古老的印第安文明，与阿兹特克文明、______并称“印第安三大古老文明”。

A.苏美尔文明

B.克里特文明

C.玛雅文明

也有很多选择留在秘鲁的西班牙人，他们多数都同当地的印第安人结了婚。因此，现在大部分秘鲁人都同时拥有这两种血统。

然而，现在库斯科的风光不再，你能看到的都是些古老印加宫殿的残垣断壁。秘鲁现在的首都是利马。我们平时见的利马豆并不产自利马。倒是有另一种常被用来治疗发热的药物产自秘鲁。当地的印第安人把一种树的树皮放在水里煮了以后当茶喝，这种饮料对治疗发热有很好的效果。白人来到秘鲁之后，也学会了怎么用这种树皮对付发烧。直到现在，人们还会采集这种树皮，然后运往其他国家用以生产退烧药——奎宁[1]，也就是我们发热时经常吃的药。

在美国，我们用列车或者卡车来运输货物。在安第斯山地区，人们常常用体形较小的美洲驼来运载货物。美洲驼长得跟骆驼差不多，但是没有驼峰。

你知道西蒙·玻利瓦尔吗？你可能不知道吧！但是在南美，每个男孩女孩都知道他，就像每个美国的孩子都知道乔治·华盛顿一样。事实上，他被人们称为“南美洲的乔治·华盛顿”。跟英国曾经拥有多达13块殖民地一样，西班牙人以前占领了南美洲的大部分土地。当时，住在委内瑞拉的西蒙·玻利瓦尔和很多人一样，认为西班牙在欺压自己的国家。玻利瓦尔曾经去过美国，了解到美国过去曾是英国殖民地的历史，也得知了乔治·华盛顿是如何带领自己的人民反抗英国的压迫，并领导美国独立的。因此，当玻利瓦尔返回南美洲后，就发动了一场大革命，为的是让自己的国家还有其他受压迫的国家摆脱西班牙的殖民统治。当时，他的生活充满艰辛。他一次又一次地踏上流亡之路，一次又一次地返回南美洲。终于，革命成功了。南美洲的5个国家最终摆脱了西班牙的殖民统治，宣告独立。玻利瓦尔死后，其中一个国家将名字由“高秘鲁”改为“玻利维亚”，就是为了纪念他才这样做的。玻利维亚是世界上为数不多的几个内陆国之一，在那里，人们即便坐船也无法到达海洋。

玻利维亚盛产锡矿。要知道，我们不用纯锡制作锅碗瓢

不明白看这里

[1] 奎宁，也称“金鸡纳霜”，是防治热病，尤其是治疗疟疾的特效药。

盆，因为那样的话，成本就太高了。我们用铁制成盘子啊、罐子啊什么的，然后在上面镀上一层锡。因为铁容易生锈，不适合盛放食物，而锡不生锈。这层锡掉了以后，盘子就变得容易生锈了。这就是为什么你能见到生锈的盘子罐子——因为锡掉了。

玻利维亚和秘鲁之间有个大湖，它的名字很有趣，它叫“的的喀喀湖”。这名字读起来像不像是一个人在结结巴巴地说话呢？就全世界范围来说，与它同等大小的湖泊的海拔都没有它高。我小时候曾在家里的地下室里做了个划艇，做完之后才发现它实在太大了，都没办法从地下室里拿出来，没办法，只好把它拆掉，再拿到外面重新组装起来。虽然的的喀喀湖可以通航，但是它太高了，人们为了把轮船从船厂拿到这个湖里来，不得不先把船拆掉，把零件运上山，再重新组装成船投入湖中使用。

个子不大的美洲驼驮着货物
在安第斯山脉之间穿梭

22 盛产橡胶和咖啡的国家

亚马孙河流经的国家有：

正是因为有了起伏的山脉，才有了奔腾的河流。如果大地跟桌面一样平坦，那世界上就不会有河流了。如果是那样的话，落下来的雨水就会跟倒在桌子上的水一样向四面八方流走了。世界上最大的河流（注意，不是最长的，而是最宽的河流）是从安第斯山脉上流下来的。在英语里，这条河叫作“Amazon”（看到了吧，它是以排在字母首位的A打头的，跟安第斯山脉的英文“Andes Mountains”的首字母一样），中文叫作“亚马孙河”。从地图上，我们能看到亚马孙河仿佛一棵长着很多枝丫的葡萄藤。河水越往下游流，也就变得越来越宽，宽到站在河这边的人都看不到河的那边。同时，亚马孙河的流量也是世界所有河流中最大的。

假如咱们不停地往浴缸里蓄水，那里面的水肯定会溢出来。也许你就想问了，为什么全世界的大河都不停地流向海洋，海洋中的水怎么不溢出来呢？因为海水在不断地向空气中蒸发，水蒸气飞到天上就形成了云。云朵从海水中升起，风把它吹向了陆地的上空，之后变成了雨，降落到地上。树木以及其他植物会吸掉大部分的雨水，没有被吸收的那部分会流入河中，百川入海，就是这样循环往复，从河流到海洋，从海洋到云，从云到雨水，从雨水到河流，再从河流到海洋，从海洋到云……永不停歇。在这个过程中，没有丢失任何水。水或许存在于不同的地方，然而，从始至终，全世界的水既不会多，也不会少。

在南美洲，所有大河都是流向大西洋的，是的，没有一条河是流向太平洋的。这是由于安第斯山脉跟太平洋之间的距离过小，以至于没有足够的空间来形成大河。

亚马孙河流经巴西。它是南美洲最大的国家，国土面积甚至比美国本土还要大[1]。那里生长着一种叫作“巴西红木”的乔木，这个国家的名字就源于这种乔木的名字。人们用巴西红木来生产一种染料。实际上，这个国家的橡胶树和咖啡树要比巴西红木多，或许我们应该叫这个国家“橡胶”或“咖啡”，说不定会更合适呢！

热带雨林覆盖着亚马孙河流经的地区，雨林就是森林的意思。实际上，雨林不仅仅是指森林，它还包括那些渺无人烟、炎热潮湿的丛林和沼泽。雨林环境不太适合人类居住，可这里真的特别适合植物的生长。这里的植物长得高高大大、密密实实，而且长速惊人。说到大，这里的睡莲叶子能有餐厅的桌面那么大；说到密，这里的森林密到简直让人没办法通行；说到快，这里的植物的生长速度简直就跟《巨人捕手杰克》里面讲到的魔豆的生长速度一样快。

很多动物生活在热带雨林里，但人类居民却很鲜见，主要生活在那里的人类就是印第安人。雨林里有很多猴子，就跟街头耍猴人养的猴子是一样的品种。雨林里也有鹦鹉，水手们经常捉住它们，然后教它们说话，带它们回家。雨林里有色彩斑斓的大蝴蝶和大飞蛾，要是制成标本，孩子们见了肯定会很高兴，并且乐于收藏它们。雨林里还有一种巨蟒，看起来跟树上垂下来的巨大树藤没什么两样，它以这样的伪装来引诱别的动物上当受骗，一旦动物靠近，巨蟒就紧紧把动物缠住，越缠越紧，直到动物被勒死为止，然后巨蟒就会把动物整个儿吞下去。之后巨蟒就会睡上一个星期或者是一个月，直到食物完全被消化。还有一种动物生活在雨林里，它们用脚趾勾着树，倒

不明白看这里

[1] 不包括阿拉斯加和夏威夷。

挂在树上，就跟小孩子玩高空秋千一样，它们甚至就是这样倒挂着睡觉的。它们总是一副懒散倦怠的样子，就跟永远没睡醒似的，就算是偶尔活动一下，也是极其笨拙和缓慢的。因此，人们给它们起了个名字叫“树懒”。还有一种长得像龙一样的动物生活在雨林里，它叫“鬣鳞蜥”。雨林里还有呱呱叫的大牛蛙，它的叫声响亮得跟狮子吼似的。雨林里还有能传播疟疾的乡村蚊子。你可能要问，人们去热带雨林究竟是为了什么呢？他们是为了捕猎野生动物，之后再将它们送到博物馆或动物园去。然而，他们去热带雨林还有另一个更为重要的原因，那就是去寻找一种在雨林里自然生长的树木的汁液。

下列哪个国家不是世界主要的橡胶出口国?

A.印度尼西亚

B.日本

C.泰国

D.马来西亚

白人发现，亚马孙河流域的印第安人会玩一种弹性很大、能蹦蹦跳跳的球。他们从来都没见过这样的东西。后来他们知道了，做这种球的材料源于某种树的汁液。他们一下子想到，也许自己能用这种树里的汁液制作可以给自己人玩的球，比如说婴儿球啊、网球啊和高尔夫球啊什么的。随后，他们还发现，这种东西还能擦掉字迹，于是，他们就用它制作了橡皮。除此之外，这种东西还被广泛应用于制作汽车轮胎、橡皮筋以及橡胶靴等。这就是橡胶。人们用不同的方法把橡胶做成软橡胶、硬橡胶、拉力橡胶和弹力橡胶等不同种类的橡胶。就好比厨师能用不同的烹调方式，把糖做成太妃糖、橡皮糖以及焦糖一样。

人们在雨林中穿行，不管走到什么地方，只要发现了橡胶树，人们就在树干上划上一个口子，在口子下面挂上一个小桶，用以接住那些从树干里淌出来的汁液。这些树干“受伤”后会流淌出汁液，就像划了口子的手指会流出血液一样。等再过一段时间，人们再次经过同样的地方，就把接到小桶里的橡胶汁倒入大桶，随后带回营地。在采集到足够多的橡胶汁以后，人们就用一根棍子去蘸橡胶汁，蘸满后用火烤它。他们不断重复蘸橡胶汁和烤火这样的动作，直到棍子上形成了一大团被烤干的橡胶。

之后，人们用独木舟装载这些烤好的橡胶，沿着亚马孙河往下游航行，最后用大轮船把这些橡胶运送到美国或别的国家。

巴西还盛产另外一种东西，这种东西几乎是每个美国家庭在吃早餐时都必不可少，它以字母“c”作为其英语名字的首字母。猜出来这是什么了吗？对了，就是咖啡（coffee）。咖啡跟橡胶不一样，它不是天然形成的。其实，巴西的咖啡树种是被人从大洋彼岸带来的，巴西这才有了咖啡。人们并没有把咖啡种植在雨林里，而是把它种植在海岸附近地势较高的地方。因为海边的气候和高地的环境很适合咖啡树的生长。现在，咖啡树在巴西的种植量已经超过了它在原产地的种植量，甚至比世界上任何地方的种植量都要多。

咖啡果结在小乔木上，形状跟樱桃很像。在每个形似樱桃的果实里都长着2粒种子，这就是咖啡豆。咖啡豆不能直接冲煮，必须经过烘焙直至呈褐色后，再研磨成咖啡粉，之后才能冲煮。

很久以前的某个元旦，一个人沿着巴西海岸航行，来到一个很像河口的地方。由于当天正好是1月1日，他就干脆给那个地方起名叫“一月河”，用他自己的语言说就是“里约热内卢”。尽管后来人们并没有在那里发现河流，但人们还是把建于那里的城市叫作“里约热内卢”。里约热内卢是巴西的首都[1]。里约港有个叫“糖面包山”的巨大“石块”。站在船上眺望里约热内卢，城市后面的山脉仿佛一个睡着的巨人，于是，人们就叫这条山脉“沉睡的巨人”。

除了桑托斯外，从里约热内卢运出的咖啡比从世界上其他地方运出来的咖啡都要多。桑托斯位于里约热内卢市以南，同样地处巴西海岸。没准儿你爸爸早餐喝的咖啡就来自里约热内卢或者桑托斯。想象一下，假如咖啡、可可粉、锡铁罐和沥青以及橡胶轮胎都能开口说话，就像童话故事里那样，那么它们能讲多少关于自己家乡和历程的激动人心的故事啊！

不明白看这里

[1] 1960年，巴西将首都由里约热内卢迁至巴西利亚。

巴西来的咖啡

23
白银之国和细长条国

不明白看这里

❶南美草原，即潘帕斯草原，位于南美洲南部，包括阿根廷东部、巴西南部及乌拉圭全境。

孩子降生人世，我们总得给他起个名字。不过有的孩子长大之后，我们会发现他的名字和人不怎么匹配。查尔斯这个名字在英语中有“强壮”的意思，露丝这个名字在英语中的意思是“漂亮的”。可是当查尔斯长大成人后，也许并不怎么强壮；而露丝长大后，可能也并不怎么漂亮。这种事情啊，谁都说不准。当西班牙人抵达南美洲时，他们在巴西南面的一个国家里，看见当地的印第安人戴着银项链和银手镯，于是就想当然地认为这个国家肯定出产很多银子。所以，他们就叫这个国家“白银之国”，用西班牙语说出来就是“阿根廷”，但后来他们发现这个国家的产银量很小，白银之国这个名字跟这个国家还真不怎么匹配。尽管如此，人们还是一直这样叫这个国家，直到今天。

尽管阿根廷这个国家不怎么出产银子，但是当地人依然挺有钱的，甚至比南美洲其他地方的人都富有。他们不靠银子赚钱，靠什么赚钱呢？他们靠的是小麦和肉类。所以，似乎叫它“小麦之国”或者“肉类之国”要更加恰当，不过它们听起来太怪了。阿根廷有很多广袤的、被用来种植小麦和玉米的大农场，还有可供人们放牧牛羊的广阔草地，这片草地被称为“南美草原”❶。咱们把放牧牛羊的人称作“牛仔”，他们可不是这样叫，他们叫的是“加乌乔放牧人”。加乌乔放牧人身穿南美披风。什么是南美披风？就是一种方方的毛毯，中间开

了个洞，穿的时候从头上套下来。这种披风白天可以当衣服穿，晚上还可以当被子盖。加乌乔放牧人爱随身携带一把刀。这把刀既能当剑，又能当斧子，还能作餐刀使用呢!

阿根廷人用玉米喂牛，把牛养大以后，卖牛肉赚钱。他们还把牛皮做成皮革，把羊毛织成纺织面料，这些都可以拿去售卖赚钱。

加乌乔放牧人

阿根廷跟美国挺像的，所以人们也常常把它叫作“南美洲的美国”。这两个国家每年都有一段时间比较炎热，有一段时间比较寒冷，而且四季分明。然而，它们有一个很大的区别，那就是当美国正值盛夏的时候，阿根廷却处于寒冷冰封的冬季；而当美国进入寒冬的时候，阿根廷却是炎炎盛夏。圣诞节期间，阿根廷艳阳高照；到了七八月份，它又处于冰天雪地之中。每年的一二月份，阿根廷鲜花簇拥，瓜果蔬菜纷纷上市，这时也是人们消暑放假的时候；到了七八月份的冰雪季节，人们就纷纷出来滑雪溜冰。

南美洲最大的城市是阿根廷的首都[1]，而北美洲最大的城市是纽约。于是，人们把阿根廷的首都叫作“南美洲的纽约”。它的名字是“布宜诺斯艾利斯”，这是个来自西班牙语的名字，是“空气清新”的意思。布宜诺斯艾利斯位于拉普拉塔河畔，拉普拉塔也是个西班牙语名字，也是“银子”的意思。于是，我们可以说，白银之国流淌着白银之河，白银之河的河畔上有座空气清新的城市。

不明白看这里

[1] 如今，南美洲最大的城市为巴西的圣保罗。布宜诺斯艾利斯为南美洲第三大城市。

在南美洲的大多数国家里，印第安人以及印第安人和白人的混血后裔的人数要比白人的人数多多了。但在阿根廷，却是白人的人数占优。这也是阿根廷跟美国相像的又一个方面。可是，阿根廷人不说英语，他们说的是西班牙语。因为阿根廷以前曾是西班牙的殖民地。

沿着拉普拉塔河往北走，就会看见有2个被夹在大国之间的小国。这2个小国是乌拉圭和巴拉圭。它们在很多方面都跟阿根廷差不多，比如说，这些国家的人都放牧牛羊，都有身穿南美披风的加乌乔放牧人。巴拉圭人种植了一种树，他们用这种树的树叶做茶叶，并叫它“巴拉圭茶”。加乌乔放牧人最经常喝的饮料就是巴拉圭茶。其实不仅是加乌乔人，南美洲有许多人都喜欢喝巴拉圭茶，而不去喝真正的茶。这些喜爱巴拉圭茶的人也曾将它卖给别的地方的人。可是，别的地方的人对巴拉圭茶的兴趣不大，他们还是愿意喝普通的茶或者咖啡。这一点儿也不奇怪。因为在美国很多人喜欢喝苏打汽水，但是别的国家的人一般对苏打汽水没什么兴趣。没办法，成人其实跟孩子一样，喜欢就是喜欢，不喜欢的却怎么也爱不起来。

安第斯山脉把阿根廷和智利隔开了。智利是太平洋沿岸一个特别狭长的国家。智利这个国家细细长长的，有时也被叫作“细长条国”。智利的发音跟英语中“寒冷”这个词的发音很像[1]，然而智利并不是“寒冷”的意思，而是“白雪之国”的意思。智利的大部分地区都是山地，山顶终年积雪，白茫茫的。尽管高山阻隔着阿根廷和智利，但它们俩在历史上还是差点儿打起仗来。后来，它们达成协议，约定永远不向对方宣战，就跟美国和加拿大达成的协议一样。安第斯山峰上竖立着一座巨大的手持十字架的基督铜像，这尊铜像是把大炮融化了而制成的，铜像的底座上写着：“除非安第斯山崩裂，化为云烟，否则智利和阿根廷永不交战，两国在基督脚下共同起誓。”两国至此以后真的再也没有打过仗。这么简单的办法就阻止了战争的发生，如果可能的话，真应该推广到世界各地才好啊！

智利这个国家又细又长，还有那么多高山，似乎也不太值得为之打仗吧。可是，尽管它貌不惊人，却仍然很富有呢！如果我再告诉你，智利的北部地区是片沙漠，经常连续10年都

不明白看这里

[1] 在英语中，智利（Chile）与寒冷的（chilly）的发音一致。

下不了一次雨，你是不是更惊讶了？这片土地看起来着实不怎么好，但这里的的确确就是世界上最富有的地区之一。这是为什么？沙漠里肯定种不出什么作物来，而且智利也没什么黄金钻石。它到底是依靠什么才变得这么富有呢？它靠的硝酸钠。硝酸钠是什么？你可能从来没有听说过这个东西吧。它是一种海盐。全世界的农民都会用硝酸钠作为田里的肥料，好让作物长得更好。这也就是硝酸钠值钱的原因了。听上去真有点儿奇怪，出产硝酸钠的地方怎么什么作物也长不出来呢？因为那里的雨水太少了，作物没有水当然长不出来啦！不过好在那里不怎么下雨，不然的话，硝酸钠就会被雨水溶解了。智利这个地方真像一条长长的窄槽。它曾经位于海底，后来因为发生大地震，就隆出了海面，成为一条窄槽一样的陆地。后来窄槽里的水蒸发了，留下了硝酸钠这种曾经存在于海水中的盐。对了，智利还出产碘。你肯定知道碘是什么。当你受伤的时候，妈妈往你的伤口上涂的黄褐色的、让你觉得痛得要死的东西，就是碘。

智利有个天堂之谷，可惜这个天堂不是你脑海中的那个天堂，它是智利的主要海港，风景不怎么优美，气候也不怎么宜人。用西班牙语说这个地方就是“瓦尔帕莱索”。

智利的首都圣地亚哥位于高山上，气候比较凉爽。圣地亚哥的意思是圣雅各[1]。

以前，哥伦布曾尝试环游世界，但以失败告终。第一个驾船环游世界的人是麦哲伦，他也是从大洋彼岸来的。他一直朝前航行，直到碰到了美洲大陆。之后他顺着南美洲一路南下，试图找到一条能够通往太平洋的航线。他先沿着亚马孙河往上走，以为可以从那里穿过，但是不行。之后他又沿着拉普拉塔河朝上走，以为可以从那里穿过，结果还是不行。在他快要到达南美洲最南端的地方，终于发现一条能通往太平洋的水

不明白看这里

[1] 圣雅各，即公义者雅各，是早期基督教会历史中很重要的人物，耶路撒冷教会第一任主教。雅各因恪守犹太教律法而闻名，因此后人便以他为公义与虔诚的象征，称他为“公义者”。

道，也就是我们今天说的“海峡”。这条海峡曲曲折折的，人们叫它“麦哲伦海峡”。麦哲伦经过这条海峡的时候，曾看到在他左边的陆地上燃着大火，于是，他就叫那块地方“火之地”，也叫“火地岛”。然而，那些大火究竟是如今的死火山在当时喷出的火焰，还是印第安人放的大火，没有人知道。在麦哲伦航线的右边，今天阿根廷的南部地区，麦哲伦看到那里的印第安人有着一双大脚，于是，他就叫他们“大脚人”，用西班牙语说就是“巴塔哥尼亚人”。

几百年以来，大多数船都沿着麦哲伦航行的这条水道航行。尽管船只也可以绕到南美洲最南端的小岛航行，即绕过最南端的合恩角，但是那里暴风雨频发，路途充满艰难险阻，除非是迫不得已，多数船只都会沿着麦哲伦海峡行驶。在麦哲伦海峡边上，有个类似于高速服务区的小镇，它负责给来往的轮船提供用以保证继续前行的必需品，比如说食物。从大西洋绕过南美洲到达太平洋的这段航程实在是一条漫长的路，而附近再也没有什么地方能像这个小镇一样为船只提供必需品了，所以这个小镇的生意一度很兴隆。这个小镇的名字是“蓬塔阿雷纳斯”，也是一个来自西班牙语的名字，意思是“沙尖”。它是全世界最靠南的城市了[1]。现在，大部分的船只都通过巴拿马运河往来于两个大洋之间，蓬塔阿雷纳斯的生意变得相对冷清了。不过，当地人又找到了新的生意，并且正慢慢用这个新生意来代替原来的服务区生意。原来，当地人开始在火地岛养羊，把羊毛运到蓬塔阿雷纳斯，再从蓬塔阿雷纳斯把羊毛输送到世界各地。

不明白看这里

[1] 现在一般认为全球最靠南的城市是阿根廷火地岛的首府乌斯怀亚。

24
越过大西洋

如果想要去欧洲，除了车票和行李，你还得带上两样重要的东西。能想到是什么吗？没错，其中一样是钱，但不是美国用的钱，而是要带够对方国家用的钱，如果你带美国的钱到了那边可一点儿用都没有。另一样东西是护照。护照长什么样呢？它就是个没几页的小本子，里面有一张你自己的照片。注意，护照里面的内容可不是故事，而是准许你去对方国家的凭证。护照的作用就像是一张入场券——只允许护照持有人进出那个国家。没有护照，你就上不了船，坐不了飞机，而且人们也不会让你进入另一个国家。

新大陆上最大的城市纽约跟旧大陆上最大的城市伦敦之间，相隔大约有3000英里的航程。

哥伦布花了1个多月的时间才从欧洲越过大西洋到达美洲。

现在，我们坐船用不到1星期的时间就能到。

如果是坐飞机，连1天都用不了就能到。

还有一个东西比飞机还快，并且每天都会越过大西洋，而且一直能准时准点到达。能猜到这是什么吗？答案是太阳。太阳每天从伦敦

什么东西可以5小时横跨大西洋，而且每天都要这样做

越过大西洋来到纽约，只需花5小时，而且从不晚点。

当太阳挂在最高点时，伦敦人就把钟表设置为正午12点。过5小时以后，太阳来到纽约，纽约人也把钟表设置成正午12点。所谓的正午12点，就是说太阳挂在空中最高点的时刻。太阳在不停地走，时间也在不停地流逝，当纽约到正午12点的时候，伦敦已经是17点了。换句话说，伦敦的钟表比纽约的钟表快5小时。

假如你是乘船去伦敦，那么每晚入睡前你都得记着把表调快一点儿。这样做是为了保证你到达伦敦以后，手表上的时间跟伦敦时间是一样的，也就是说，你的手表上的时间比出发地的时间快了5小时。同样的道理，如果你是乘船返回纽约，你就得把时间调回来。假如你在美国上午10点给伦敦人打电话，问他们伦敦是几点，他们就会告诉你是15点。

轮船上的钟表看起来跟我们家里的没什么分别，但是它报时的方式跟家里的钟表很不同。我们都知道，家里的钟表是1点钟的时候敲1下，2点钟的时候敲2下，依此类推，最多的时候敲12下。然而，船上的钟表是1点到4点每小时多敲2下，就是说1点敲2下，2点敲4下，3点敲6下，4点敲8下。每逢半点的时候，还得敲一次。超过4点就再重新来一遍，也就是4点半的时候敲1下，5点时敲2下，6点时敲4下，如此反复，每次报时绝不会超过8下。

轮船昼夜不间断地行驶，而船员们不可能一直保持清醒，因此他们就轮流上岗开船，也就是我们常说的值班。船员值班的时候，必须时刻保持警醒，绝不能有一丝睡意。他们分工明确，有人负责操纵引擎，有人负责掌舵控制方向，有人专门负责瞭望四周以保证本船只不会撞到别的船只。

在纽约前往伦敦的航程中，面临的是茫茫大海。这片大海有时风平浪静、顺风顺水，有时却波涛汹涌、风狂雨疾，还

有的时候被浓雾笼罩。大海上没有任何指路的标记，船长又是怎么来确定方向以保证航线正确的呢?

原来，轮船的前方装着一个盒子，盒子里面有一根始终指着同一个方向的指针，不管轮船怎么颠簸动荡，指针所指的方向永远不变。这就是指北针。你知道磁铁吧，就是那种跟个马蹄铁似的，能把钉子啊、针啊吸起来的小东西。北极附近有个地方就跟磁铁一样，尽管那块地方并没有一块跟马蹄铁一样的磁铁，但它就是能让世界上的指北针都指向它所在的方向[1]。那块地方叫作“磁极”。如果把世界想象成一个苹果或是一个橘子的话，那么这个磁极就位于橘子柄或者苹果柄的地方。

船长通过指北针来辨别去英国的方向。注意，他可不是跟着指南针所指的方向走，不然，他就把船开到北极去了。

天气晴朗的时候，船上的乘客们也能有段快乐的时光。大家玩游戏、跳舞、拍照、写信、写明信片、读书，甚至一天享受五顿大餐，裹着毛毯躺在甲板上看大海、聊天或者是睡觉。海面上不时有海豚跃起，它们一会儿在船侧一会儿在船头，一会儿跳出海面一会儿又钻到水下，好像在跟轮船比赛似的。偶尔也能遇到比轮船大好多好多倍的冰块在水面上漂浮，大得像山一样，这些冰块叫“冰山”。冰山是从北冰洋漂浮过来的浮冰。有的时候，甚至还能看见有如小岛大小的鲸鱼浮出海面，喷出水柱，之后又消失在海洋之中。

有的时候，但真的只是有的时候，海面波澜不惊，像是面大镜子，只有当轮船行驶在上面时才能掀起一点儿小浪花。所以，有的时候，大西洋也被叫作“大水塘”。但是风平浪静过去以后，风高浪急的时刻就来了，大雨倾盆，波涛滚滚，一浪接着一浪，一浪高过一浪。此时，轮船就会随着风浪不停地左右摇摆，上下起伏。这时为了不让餐桌上的菜肴滑落，就得

不明白看这里

❶ 指北针与指南针：在中国，人们更习惯于用使用指南针的说法，大概是因为中国四大发明之一的指南针的前身——司南，其杓柄是指向南方的。但现代磁针为菱形，磁针两头分别指向南北，“指南针”或“指北针”的说法都是可以的。在照顾上下文连贯性的基础上，尊重国际上广泛认同以北为上（如地图）的观念，在正文处采取“指北针”的说法。

在餐桌边上装起小围栏。很多人会在这个时候感到眩晕不止。轮船虽然很大，但是人们也可能觉得时刻有翻船的危险，因为轮船不停地从一个大浪滑到另一个大浪。其实，轮船侧翻或沉没的可能性并不大，除非是撞上了冰川或者是别的轮船，才有可能翻船或沉没。

恶劣的天气还算不上最让船长担心的事情，他最担心的就是遇上浓雾，特别是当他知道周围还有其他船只的时候。因为浓雾一出现，就会挡住人的视线，使人辨不清方向。这时的轮船就像在黑暗中摸索着向前走的孩子一样，但孩子还可以用两只胳膊摸索周边的东西，轮船可是没有胳膊的啊。这个时候，船长会把船开得特别慢，慢到好像随时要停下来似的。他也会鸣响轮船上一只由发条控制的大喇叭，差不多每分钟这个大喇叭就要鸣响一次，昼夜不停，直到浓雾散去。有的时候，海面上的浓雾要持续好几天。在浓雾笼罩的这段时间里，船员们认认真真地值守岗位，不敢有一丝懈怠。他们认真倾听，仔细观察，但往往能听到远处传来的鸣响，却看不见近在咫尺的其他轮船。待大雾终将散去的时候，也许就离登陆不远了——是啊，英国就在那里。

实际上，我们在还没有看到陆地的时候，就已经知道离陆地不远了。那么，我们是怎么知道的？因为海鸥已经飞出来迎接轮船了，但它们可不是来迎接朋友的，而是在找能填饱肚子的食物。它们还挺聪明的，知道船上的厨房在靠岸前要往海里倾倒人们吃剩下的食物。靠岸之前，有个人会乘着小船驶向轮船。轮船上的人沿着船舷放下一个用绳子做的软梯，小船上的人就抓着绳子，把小船踢到一边去，然后顺着梯子爬上轮船。这个人是谁？轮船为什么要让他上船？原来他是轮船的新“船长”，他叫“领航员”。他要做的就是领着轮船进港。远洋轮船一般都很大，大到自己都驶不进港口了，必须得依靠着

几条小船把它拽到港口里去。这些小船就叫作“拖船”。进入港口之后，轮船上的人会放下宽大的跳板，乘客们带着行李就像走过小桥一样走过这些木板，从甲板上走到码头上来。英国人说着跟美国人一样的语言，尽管美国人听他们说话会觉得怪怪的，英国人听到美国人说话也会忍不住发笑，但他们还是能听得懂对方在说些什么，所以遇到什么问题都可以用英语问对方。上岸后，你得出示护照，也会有人要求你打开行李让他检查，没有问题的话，你才被允许通过。所以在你的行李中，绝对不能装你不想他看到的东西。这个检查行李的人就是海关官员。你可能还得为你携带的某种东西付钱，这个钱便是关税。

25
盎格鲁人的领土（上）

英格兰是一个岛国。

盎格鲁人曾经生活在这里。而在英语里，盎格鲁人（Angles）的拼写跟天使们（Angels）的拼写很相近，千万别弄混哦!

这个岛为盎格鲁人的领土，我们现在把它叫作“英格兰（England）”，而非“盎格兰（Angleland）”。

岛上原先还有2个国家，分别是威尔士和苏格兰。我们把整个岛叫作“大不列颠”。在大不列颠岛的旁边，还有一个岛，就是爱尔兰。

轮船抵达英国以后，不能随意停靠，要停在专门的地方。因为有些海岸的海水太浅，若轮船靠近则存在侧翻的危险；有些海岸石头太多；还有的海岸周边都是悬崖，地势太高了。很多抵达英格兰的人都从岛屿西侧的一个地方登陆，这里便是利物浦。利物浦在英语里的意思很吓人，它是“肝脏池”的意思[1]；有一些人也会从南安普敦登陆，从南安普敦这个名字，我们就能知道这个地方肯定在英格兰的南边了；有一些人还会从位于英格兰东部的伦敦登陆。如果人们要在伦敦登陆，轮船还得沿着泰晤士河往上游行驶。泰晤士的发音跟它的单词拼写有点儿出入[2]，英国人就是这样，单词拼写跟发音总是对不上号。泰晤士河流经伦敦，不过大型轮船最远只能到达伦敦桥。你玩过“伦敦桥要塌落”这个游戏吗？实际上，伦敦桥确实塌过好几次，又重建过好几次。我想现在的伦敦桥不会再塌了吧!

不明白看这里

❶利物浦在英语中为“Liverpool”，分开则为“Liver”，即肝脏；“Pool”，即池塘。

❷泰晤士在英语中为“Thames”，其中“th”的发音并不规则。

基督降生的时候，伦敦就已经是城市了。只不过那时的伦敦面积很小，而且地处偏僻，因此基督耶稣从来就没听说过还有这么个地方存在。后来的伦敦一度发展成为全世界最大的城市，甚至在我写这本书的时候，它还是世界上最大的城市呢。

纽约高，伦敦宽。纽约在不断地向上发展，那里的高楼耸入云霄，有50层、70层甚至100层那么高。而伦敦的楼大部分也就盖个几层高，但是它不断向周遭各个方向蔓延，一英里一英里地不断蔓延。伦敦市内交通主要依靠公共汽车，它的公共汽车基本上都是双层的。与此同时，伦敦也有地铁供人们出行。

英国的首都就是伦敦。英国的国会大厦——是的，他们也有一个国会大厦——位于伦敦市内的泰晤士河畔，叫“议会大厦”。说得简单点儿，也就是可供谈话的大楼。人们在谈话大楼里不仅仅谈话，还会制定英国的各项法律法规。英国有个国王，但是英国人仍然要选派代表去议会参与制定法律。我在华盛顿待了很长时间，几乎天天都能看见美国的国会大厦，我以为全世界所有的国会大厦都跟美国的一样，都有着圆圆的屋顶，好比是牛总得长角一样。所以当我看到英国的国会大厦时简直吓了一跳，他们怎么能用一个没有圆屋顶的建筑来当自己的国会大厦呢？他们的国会大厦上只有方方的塔楼，他们给其中一个塔楼装了座大时钟，那就是可用于报时的大本钟。

大本钟每小时都会报时

不过，在伦敦还真有一幢有着圆屋顶的大楼，跟我们的国会大厦一样。那幢大楼是个教堂，它叫“圣保罗大教堂”。据说，人们是照着这个教堂上面的圆屋顶来建造华盛顿国会大厦的。因为这个大教堂的出现远远早于华盛顿国会大厦，也远远早于乔治·华盛顿的诞生，甚至远远早于美国建国。伦敦历史上曾经着过一次大火，城市的大部分都被这场大火烧毁了，人们现在仍然管这场大火叫“伦敦大火”。不过这事发生在距今300多年以前。这场大火之后，有个叫“雷恩”的人——克里斯托弗·雷恩，在废墟上重建了被毁掉的城市。他建造了美丽的教堂及其他建筑。所以人们说大火烧毁了旧城也不失为一件好事，因为这给了他们一个建造更美城市的机会。在雷恩建造的众多教堂里就有圣保罗大教堂。

这个建筑跟美国的国会大厦一样有个圆屋顶

第二次世界大战期间，德国人用炸弹毁掉了伦敦大量的建筑，其中就有很多雷恩所建造的教堂。不过，幸亏雷恩真的造了许多的教堂，否则我们就看不见他的作品了。德国人制造的可怕轰炸被伦敦人称为“闪电空袭”。很多很多人因此而遇难。在以后的数百年里，人们会像记住伦敦大火那样牢牢铭记这次空袭。与大火不同，从来没有任何人说这次空袭给伦敦带来了好处。这次灾难带来的唯一好处就是让伦敦人在世界面前展现出了勇敢无畏的精神。

伦敦还有一座非常古老的教堂，叫“威斯敏斯特教堂”。这座教堂并非雷恩所建。威斯敏斯特教堂里埋葬着很多名人。教堂里安葬着英国历史上最有名的人，他们是英国的国王和王后、伟大的作家、伟大的诗人，还有伟大的音乐家和伟大的军事家。第一次世界大战后，一名战死法国却默默无闻的士兵被人们埋葬于威斯敏斯特大教堂，人们这样做是出于纪念那些为了伟大事业而默默奉献甚至牺牲生命的无名英雄们。后来那个地方就被人们称为“无名英雄之墓”。

在威斯敏斯特教堂里，有一把历任英国国王加冕时坐的椅子，因此它也被称为“加冕椅”。加冕椅下方有块大石头。为什么要放一块大石头呢？原来，在好几百年前，当英格兰北边的苏格兰还是一个独立的国家时，苏格兰的国王加冕时，坐在了一块大石头上面。后来，苏格兰和英格兰合并成为一个国家，苏格兰的石头就被人们放在英格兰加冕椅的下面了，这也就象征着国王加冕时，是同时掌有英格兰和苏格兰这两个地方的。

伦敦大火发生之前很久，伦敦最古老的建筑就被建好

了，它叫“伦敦塔”，听上去好像是隶属于某座建筑物的一部分。伦敦塔是个监狱，里面曾关押着许多著名人士。甚至有些王子和王后也曾被关押于此，有的还被判处了死刑。不过这都是很久以前的事了。现在的伦敦塔早就不是监狱了，而是一座博物馆，里面藏有很多以前的稀奇古怪的东西，比如说士兵铠甲、马或狗用的铠甲；过去砍囚犯头用的垫头木和斧子；国王王冠上的奇珍异宝——大钻石和跟核桃一样大的红宝石。女王的王冠被置于一个白绸缎枕头上，王冠上镶着一颗硕大的钻石以及很多别的宝石，那个大钻石被称为“科依诺尔钻石”，意为“光芒山”。据说，这颗大钻石会给每个拥有它的男人带来不幸，因此它被镶在了女王的王冠上。看守伦敦塔的人是皇家卫兵。如果有人强行打开珠宝箱，伦敦塔所有的门就会自动合上，盗贼也就成了瓮中之鳖，只能束手就擒。

你是不是也爱好收集石头、蝴蝶或者硬币等小玩意儿？大人们也爱好收集东西，他们把很多有意思的东西收藏在博物馆里。而伦敦人把来自世界各地的奇珍异宝收藏在一个非比寻常的博物馆里，那就是大英博物馆——世界上最大的博物馆。

国王同时坐两把“椅子”

有人说，如果把伦敦市所有的街道都连起来，那就能绕地球一圈儿了。没有谁能记得住伦敦全部街道的名字，警察也记不住。人们常常认为，伦敦的警察无所不知。但他们随身携带着导游指南，因为好多街道的名字都得通过导游指南才找得到。不过，有些街道的名字可是人尽皆知的，这些街道要么很出名，要么就很有意思，比如说针线街和便宜街；还有蓓尔美尔街以及皮卡迪利大街。在皮卡迪利大街，有很多漂亮的房子，还有酒店、俱乐部和宫殿什么的。此外，伦敦还有舰队街、滨海大道、摄政街和邦德街，这些都是有名的购物一条街。除了街道，还有牛津广场和皮卡迪利广场，英国人的广场就是一处很大的道路交叉口，跟咱们所说的环岛差不多。

26 盎格鲁人的领土（下）

不明白看这里

❶牛津的英文为"Oxford"，其中"ox"为牛，"ford"为浅滩的意思，在古代汉语中即"津"。因此，译为"牛津"，而非"奥克斯福德"。剑桥的英文为"Cambridge"。其中，"cam"为音译，译为"剑"；"bridge"为意译，意思是桥。因此，译为"剑桥"，而非"剑布里奇"。在英语中，牛津与吉尔福德的后缀都是"福德"，剑桥与坦布里奇的后缀都是"里奇"。

❷现在这个数字差不多已达到6000万了。

有一次，我问一个英国人是不是住在伦敦。

"怎么每个美国人都觉得英国人应该住在伦敦呢？"他是这样回答我的，听起来好像有点儿生气，"英国又不是只有伦敦一个地方，它还有好些地方呢！比如说：切斯特和曼彻斯特；诺里奇和哈里奇；牛津和吉尔福德；伯明翰和诺丁汉；剑桥和坦布里奇；北安普敦和南安普敦；普利茅斯、雅茅斯和韦茅斯……"

在这个英国人累得说不下去的时候，我大喊道："天啊，你是要把所有的里奇、福德和茅斯❶都数一遍吗？"

"我不数了，"他说，"不过，有3000多万❷英国人不住在伦敦，而我就是其中的一个。"

然而，几乎每个英国人，不论是住在哪里的英国人，一辈子总有几天会在伦敦居住。不管你从英国的哪个地方出发，在一天之内都能抵达伦敦。因为整个岛屿面积并不大，而火车的速度又挺快。

英国人发明了铁路，他们曾一度拥有世界上跑得最快的火车。英国人的火车看上去跟美国的火车不太一样，他们的火车更小、更轻快，而且跟没有隔断的车厢不一样，他们的车厢里隔出很多小单间。每个小单间里面是面对面的座位，所以有一半的乘客面朝着与火车行驶方向相反的方向随着火车前进。有些单间上写着头等座，不过更多的是写着三等座，头等座的

票价要比三等座的票价贵。头等座上铺着柔软的毯子，活动空间也相对较大。三等座就只有木头座位了，并且每个单间里乘客的人数也相应多一些。在英国，车辆都是靠左行驶的。多数美国人都是右撇子，所以选择靠右行驶，但多数英国人也是右撇子，可是他们偏偏要靠左行车。如果你在英国开车的时候，还跟在美国一样，那你就有麻烦了，因为警察会把你抓起来。

除了英国，还有哪些国家和地区的车是靠左行驶的呢？请列举3个国家的名字。

在美国，乡村公路两旁一般都设有围栏；在英国，乡村公路两旁一般都是树篱。有些树篱长得很密实，还很高，就跟《睡美人》里讲到的城堡外面的树篱一样。在长有树篱的路段，人们看不到树篱后面的东西，也无法将目光越过树篱往后看，也就是说，后面的房子基本都被树篱遮掩住了，顶多只能看见房顶而已。英国人的房顶有时候也跟美国人的不一样，他们用稻秆摞起房顶，这叫“茅草房顶”。你很难相信茅草房顶也能遮风挡雨吧，它的确能呢；你或许会觉得这样的茅草房顶很容易失火吧，但其实也没那么容易。因为英国的木材很匮乏，全用来建房子是完全不够的，所以他们很少用木头来建房子。他们用地下的石头或者用泥土烧成的砖来建造房屋，差不多所有的房屋都是如此。英国的木材这么少的原因在于，英国几乎没有什么大森林，而那些小森林也都被留着当成公园了。英国的历史悠久，本国的树木几乎都被砍伐了，剩下的树木就变得异常珍贵，使得人们不舍得用剩下的树木来建房子了。在美国，木头房子是相对便宜的，比石头或是砖头建的房子都要便宜。在英国，恰恰相反，木头房子要比石头或砖头建的房子贵。

在英国，值得一去的景点挺多的，包括非常多的教堂和大教堂。在美国，出现一个有着100年历史的教堂，那可是非常罕见的。但是在英国，几乎没有哪座教堂没个几百年的历史，很多大教堂甚至拥有超过1000年的历史。大多数英国人都是圣公会教徒，英国的大部分教堂也是圣公会教堂。因此，英国圣公会被人称为是“英国国教会”。

英国有两所闻名世界的大学。这两所大学之间经常举办足球赛、板球赛以及划船比赛。是的，他们不举办棒球比赛。一所大学在泰晤士河畔，那里以前曾是牛群蹚水过河的地方，所以被称为“牛津”，而那所大学就被称为“牛津大学”。另外一所大学在剑河河畔，有座桥横跨剑河，叫作“剑桥”，而那所大学就被称为“剑桥大学”。

除了正文中列举的英国伟大作家、诗人威廉·莎士比亚外，再列举3位著名的英国作家及他们的代表作。

作家	代表作

世界上许多伟大的作家都曾在英国生活。你应该已经读过他们写的故事，也学过他们作的诗歌了。世界上最伟大的英国作家、诗人威廉·莎士比亚就曾在埃文河畔的斯特拉斯福小镇居住。

其实，在英国，最主要的行业还是制造业，这跟我们前面讲过的新英格兰的情况差不多。然而，新英格兰既不产煤也不产铁，生产所需要的煤和铁都得依赖进口。在老英格兰——英国，却不是这样。英国有着丰富的煤铁矿藏。人们烧煤使机器得以运转；冶炼铁矿，则能用铁制造各种产品。英国人制造出各种各样的铁器，大到发动机小到折叠刀，各种用品一应俱全。有个地方叫“谢菲尔德”，那里生产大量的餐刀和镀银的盘子，人们叫这些餐具“谢菲尔德银餐具”。说不定你家里的餐刀和那些镀银的盘子就产自谢菲尔德。

英国人也制造大量的布料，他们不光用英国产的羊毛织布，也用棉花织布。但是，棉花就不是英国产的了，而是从美国进口的。

在英国，农田的数量很少，本国农田所产的粮食还不够英国人吃上一天的呢。所以，他们大部分的粮食都是从大洋彼岸的国家进口的。羊肉和牛肉也是英国人的食物。在很多歌曲和故事里都说到过“老英格兰的烤牛肉顶呱呱”。有个故事说

的是英国的某个国王认为用牛腰上的肉做牛排最可口，他称呼牛腰肉就像是称呼一位爵士或者勋爵一样——他把牛腰肉叫作“牛腰先生”。你注意到了吗？英文中牛腰肉这个单词就是牛腰和先生这两个单词合在一起构成的[1]。不过前面说的这个故事可信度不太高，很有可能是人们杜撰出来的。

英国国王统治的土地很大，可不仅仅局限于大不列颠岛。以前，英国人曾经征服很多遥远的地方，把这些地方都变成了自己的殖民地。在过去，英国在每个大洲都有自己的殖民地。最开始，殖民地的法律都是由英国人在伦敦制定的。现在，其中的绝大多数国家已经宣告独立，实行它们自己制定的法律，自己管理自己的国家事务。尽管它们仍然会把英国国王看成自己的国王，却不再隶属于英国的范畴，而是属于英联邦国家。咱们前面讲过的加拿大，就是英联邦国家中的一员。

不明白看这里

[1] 牛腰肉的英文“sirloin”为“sir（先生）”及“loin（腰部）”合在一起构成的。

27
英格兰的邻居

不明白看这里

❶目前，新西兰霍克斯湾地区的塔乌玛塔山以92个英文字母组成的名字被吉尼斯世界收录为世界最长地名。

我知道的最长的英文名字，有58个字母："LLANFAIRPWLLGWYNGYLLGOGERYCHWYRNDROBWLLLLANTYSILIOGOGOGOCH"❶。这么一长串的字母，看起来就跟小孩子用打字机胡乱敲出的字母没什么分别。但是，这是一个真实存在的名字，它是威尔士一个镇的名字。它的意思是"圣玛利亚教堂位于一个长满白榛子树的山谷里，在教堂的附近有一个快速旋转的旋涡，还有一座靠近红山洞的是圣泰西里奥教堂"。小镇里的人，还有写信到小镇的人，就把这个长长的名字简称为"兰菲尔普尔"，这个简称其实还不够简，它还有5个字呢，也是够长的了。我倒挺愿意叫它"格格格赫"。威尔士和英格兰同处于一个岛上，威尔士在过去是独立的国家，现在已经成为英国的一部分。威尔士讲的语言跟英语不同，是一种很复杂的语言，包含很多长长的、非常难读的名词，还有很多黏在一起的字母，让人一见就觉得一头雾水搞不明白。

这个威尔士小镇的名字简直太长啦

有一位英国国王征服了威尔士，他为了安抚这些被征服的民众，就向这些人许诺，他会选择一位出生于威尔士，而且不会讲英语的人来做威尔士的国王。威尔士人一听，高兴极了，他们觉得国王肯定会从土生土长的威尔士人遴选这位领导者。结果，谁也没想到，国

王竟然选的是自己的儿子。当时，他的儿子刚刚出生于威尔士，小王子刚呱呱落地，自然是一句英语也说不出来。就这样，国王的亲生子成了威尔士的统治者，被封为威尔士亲王。打那时起，每位英国国王的长子都会被封为威尔士亲王。现在，会说威尔士语的威尔士人寥寥无几，因为所有的学校都在用英语教学。去威尔士旅行的人没有必要学习威尔士语，因为那里每个人都会说英语。

苏格兰位于英格兰以北，跟英格兰同处于一个岛上，过去曾是个独立的国家，拥有自己的国王。苏格兰是高尔夫球的故乡，它拥有不少世界上最好的高尔夫球场。苏格兰男人过去——现在也有人这么穿呢——经常披着一种颜色鲜艳的方披风，下身穿着裙子，而不是裤子。他们还把袜子向下卷着，即便是寒冬腊月，也裸露着膝盖。要知道，苏格兰可是个经常出现寒冷天气的地方。苏格兰的家族被称作“宗族”，每个宗族的人都穿着专属的格子花呢披风和裙子，这种带格子的花呢被称作“彩色格子呢”。苏格兰英语中有很多单词跟美国人的不太一样，但是也差不了太多。比如说，他们把婴儿叫作“小孩儿”，叫男孩儿为“小伙子”，叫女孩儿为“小姑娘”，把漂亮的女孩叫作“漂亮妞儿”。

风笛

苏格兰人会演奏一种叫“风笛”的独特乐器。风笛的主要部分是一个用猪皮做的气囊，上面插着一个可以往气囊里吹气的管子。往气囊里吹气跟往气球里吹气差不多。在气囊上还连着几个喇叭。演奏者在演奏风笛的时候，把气囊夹在胳膊之下，用嘴往气囊里吹气，同时胳膊也使上劲儿挤出空气，气流就会吹响喇叭，发出一种尖锐短促的奇特动静，像是快要死的猪发出的声响。

世界上有很多远洋巨轮，包括那些最大的轮船，很多都是在一个叫作“格拉斯哥”的地方建造的。格拉斯哥位于

不明白看这里

❶格拉斯哥是现在英国第三大城市。

苏格兰西部，克莱德河河畔。格拉斯哥是大不列颠岛上第二大的城市[1]，但它并不是苏格兰的首府。苏格兰的首府位于苏格兰的东海岸，叫“爱丁堡”。长老会起源于苏格兰，就跟英格兰多数人都是圣公会教徒一样，苏格兰的大多数人都是长老会教徒。

白土豆有时候也被称作“爱尔兰人”，这是因为爱尔兰人不仅热衷于种土豆，而且也爱吃土豆。爱尔兰在大不列颠岛西面的一个岛上。从外形上看，爱尔兰岛的形状也跟个大土豆一样。然而，在哥伦布发现新大陆以前，爱尔兰没有土豆，爱尔兰人没见过土豆，甚至都没听说过土豆这种东西。土豆的原产地在南美洲，后来才被人带到爱尔兰。爱尔兰人由此开始种植土豆这种作物。

爱尔兰岛分为两部分。北边那个较小的部分叫“北爱尔兰”，它隶属于大不列颠及北爱尔兰联合王国。也就是说，不仅仅是英格兰、苏格兰和威尔士受管辖于英国国王，北爱尔兰也同样受管辖于英国国王。

爱尔兰人很擅长讲故事和写童话。他们会给你讲这样的故事：很久很久以前，有个住在爱尔兰北部的巨人，他造了座有魔力的桥，走过这座桥，你就从爱尔兰到了苏格兰。为了让你相信他们不是在说瞎话，他们还会指给你看那些像是用打桩机打到海里去的石头柱子——柱子从海岸上一直延伸到海里。他们会告诉你，当年的大桥也就剩下这些东西了。那些石头柱子叫作“巨人石堤”，也就是“巨人桥”的意思。

你有手绢吗？你的手绢是亚麻的还是棉布的？如果你的手绢是条参加宴会时用的手绢，那就很有可能是产自爱尔兰的亚麻手绢。人们用一种叫“亚麻”的植物纤维做成亚麻布。亚麻布要比棉布结实，也比棉布柔软，当然了价格也比棉布贵。贝尔法斯特周边的乡村盛产亚麻，而且那里的亚麻长得尤其

好。作为北爱尔兰的首府，贝尔法斯特在北爱尔兰的地位是不言而喻的。亚麻布产量最高的地方可能就是贝尔法斯特了。这里尤为值得称道的是出产品质最高的亚麻织品，比如说手绢、餐巾还有桌布。

同苏格兰人一样，多数北爱尔兰人都是长老会的信徒，也有一些人跟英格兰人一样，是圣公会的信徒。原来，很多年以前，北爱尔兰人的祖先从苏格兰搬到了北爱尔兰去居住。

爱尔兰岛的另一部分，也就是它的南部地区，过去也曾属于英国。然而，当地人一直不愿意受英国人统治，所以他们自己建立了国家，把都柏林作为自己国家的首都。人们常常说，都柏林人的英语比英格兰人的英语还要正宗。在爱尔兰共和国，人们还说另一种语言——爱尔兰语。爱尔兰语是很久以前爱尔兰人使用的语言。那个时候，他们还不懂英语。在爱尔兰的一些钱币和邮票上，就印着爱尔兰语。

爱尔兰人的国家是共和国，他们的国家领导人是总统。是的，被英国国王统治的日子已经过去了。

都柏林以南有个城市，叫“科克”，名字听起来挺怪的。在不远的地方，还有个叫“基尔肯尼”的城市。

科克附近有一座叫“布拉尼”的古老城堡，现在只有一些残垣断壁留在那里。不过，相传谁要是能吻到这里高墙上的一块石头，就能变得口齿伶俐，还能有曲意逢迎的“本领”。很多人都千里迢迢地赶到这里，为的就是亲一下这块石头。他们竭尽全力地俯着身体，几乎要做一个大头朝下的动作才能亲到这块石头。于是，当有人跟我们说了阿谀奉承的话，我们常常会说：“哎哟，你这么会说话，肯定是亲过布拉尼石头了吧。”

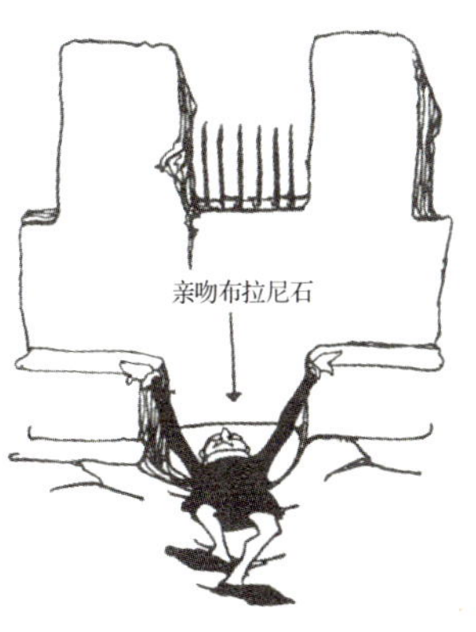

全世界的人都跑来亲吻布拉尼石

在爱尔兰共和国，差不多每个人都是天主教徒。这里的古老家族自基督降生之前就居住在爱尔兰，从罗马过来的牧师

早在1000多年前就在此传播基督教。

人们也常常把爱尔兰叫作“绿宝石岛”。爱尔兰降水丰富，遍地都是绿油油的。爱尔兰民族的代表颜色就是绿色。爱尔兰共和国的国旗也含有绿色，国旗的另两种颜色是白色和橙色。在爱尔兰，生长着一种苜蓿草，人们叫它“三叶草”，是爱尔兰的国花。

你听说过圣帕特里克吗？他是爱尔兰的守护神。传说就是他把蛇赶出了爱尔兰。3个交织在一起的十字组成了英国国旗。这3个十字分别代表着：英格兰的圣乔治、苏格兰的圣安德烈、爱尔兰的圣帕特里克。他们都是各自地区的主保圣人。

圣乔治十字

圣帕特里克十字

圣安德烈十字

28
你说法语吗（上）

我认识这么个小男孩，他没去过学校，而且一堂法语课也没上过，但是却能说一口非常流利的法语，而且他并不是传说中的天才小孩。那你说这是为什么呢？因为他就出生在法国呗，他本身就是个法国小男孩呀！曾经有一段时间，上流社会的人都会说法语，不管他的出生地在哪里。英国王室、贵族以及受过教育的人都说着一口流利的法语。只有在跟用人说话的时候，他们才讲英语。因为在跟用人说话时，他们用不着说上流社会的语言——这些用人是不可能懂法语的。

英法之间仅相隔24英里[1]，但是它们之间隔着的是大海，而且海上也没有连接两地的桥。隔着英法两国的这条海峡叫“英吉利海峡”，其实就算叫它“法兰西海峡”也没什么大碍，因为这条海峡既不是英国的，也不是法国的。世界上的许多游泳健将，不论男女，都尝试游过英吉利海峡。不过成功游过去的人数可谓凤毛麟角。如果是坐船，1小时左右就能横渡英吉利海峡；如果是坐飞机，那就更快了。

从英国去法国的人，大多是从英国多佛尔起程，在法国的加莱登陆，这条线路应该是最短的了。虽然实际距离并不长，但是这条路线经常出现惊涛骇浪，一路上人们都要承受上下颠簸之苦，差不多每个人都要晕船。因此，人们便感觉船上的时间煎熬难耐，原本短短的路途一下子变得漫长了许多。这条路线常常被称作“加莱—多佛尔”线。有一个老掉牙的引人

不明白看这里

❶英吉利海峡最窄处又称“多佛尔海峡”。据目前的统计数据，此处的宽度为34千米（约21英里）。

不明白看这里

❶英吉利海峡隧道已于1994年5月6日开通。

❷在2002年1月1日欧元发行后，逐步停止了法郎的流通，现在法国流通的货币是欧元。

上当的问题是这么问的："从英国去法国最短的线路是什么呢？"很多人因为表达习惯的原因，都会脱口而出："加莱—多佛尔线。"但这么说可就错了，因为这是从法国到英国的线路，从英国到法国的线路应该是多佛尔—加莱线。也有人愿意选择稍长的线路，从法国其他地方登陆，比如说阿弗尔。阿弗尔处于塞纳河的河口。或许，将来有一天，英吉利海峡的下面会挖通一条连接英国和法国的隧道，那样来往两国就更加方便啦。我在写这本书的时候，英吉利海峡还没有开通海底隧道。但是，我想你读到这本书的时候，那条隧道就会开通了吧❶。

来到法国以后，你就能看到各处飘扬的法国国旗。法国国旗跟美国国旗一样，也使用了红、白、蓝这3种颜色。但法国国旗只是把这3种颜色用3个竖条简单地并列排在了一起。这3种颜色从左到右依次是蓝、白、红。要注意，它们的顺序并不是红、白、蓝。法国的道路和建筑物上的标牌都写着法语，人们讲的语言也是法语。注意，不是英语。当然啦，他们用的钱也跟美国人用的不一样，他们用的是法郎❷。

也许有人对你说过"你跟你爸爸长得很像"或者说过"你跟你妈妈长得很像"这样的话。但是，他们肯定不会对你说"你爸爸长得像你"或者"你妈妈长得像你"这样的话。法国的首都，也是法国最大的城市，位于塞纳河的上游，它就是巴黎。据说世界上最迷人的城市就是巴黎。就像我们刚才说的道理一样，人们常常说这个漂亮的城市像巴黎，那个漂亮的城市像巴黎，但是他们可从来也不说巴黎像别的城市。

跟巴黎一样，伦敦也位于一条河的上游，但是伦敦离海更近，一般的大船都可以直接行驶到伦敦。不过，大轮船可开不到巴黎那么远的地方。巴黎地处塞纳河上游较远处，那里的

河水非常浅，河道也不宽，不过小船倒是有可能开过去。塞纳河流经巴黎，准确地说，塞纳河是蜿蜒淌过巴黎的，流经巴黎的这段河道是弯弯曲曲的。

塞纳河中间有个小岛，岛上建有一座教堂，那就是巴黎圣母院。法国人把巴黎圣母院叫作“我们的夫人”。巴黎圣母院修建于好几百年前[1]，这是一座用石头和彩色玻璃建造的教堂。它的前面有2座塔楼；教堂中间有个细细长长的塔尖，仿佛是指向天堂的手指；教堂屋顶是靠长长的石柱子支撑起来的，这些长长的石头柱子叫“飞扶壁”。如果人们拿掉这些柱子，那屋顶就会倒塌了。屋顶四周的边缘雕着很多奇奇怪怪的动物。这些动物长得很吓人，跟咱们在生活里见到的任何一种普通动物都不一样，它们看起来既像飞禽，又像走兽，更像魔鬼。这些石雕动物叫“滴水嘴兽”。人们尽可能地把它们往丑陋可怕里修造，然后放在房顶边缘上，据说它们能把恶鬼吓跑。

不明白看这里

[1] 巴黎圣母院距今约有800年历史。

还有一个著名的教堂也建在巴黎，这个教堂是为《圣经》里另一位玛利亚建造的。这位玛利亚是圣经里面说的“抹大拉的玛利亚”。法国人把为这位玛利亚建的教堂称为“玛德琳教堂”。在法语中，玛德琳就是抹大拉的意思。虽然这个教堂的修建时间晚于巴黎圣母院，但是现今看起来却更加古老。它的建筑风格似乎回溯到了耶稣降生以前人们修建寺庙的那种风格——在耶稣降生以前，教堂还没有出现呢。玛德琳教堂的周围立着石柱，但没有窗子、没有塔楼、没有飞扶壁、没有尖屋顶，也没有圆屋顶。

以前，法国有国王和王后、王子和公主。在塞纳河边，人们建起了很多漂亮的宫殿供王室居住。可是，现在的法国没有国王和王后，也没有王子和公主。现在的法国跟美国一样，选出了一个总统作为自己的元首。也就是说，法国也是个共和国，跟美国一样。那么以前给王室居住的宫殿现在做什么用了呢？那些宫殿现在都被用来当作博物馆、美术馆和图书馆了。卢浮宫是这些宫殿中最大的，里面收藏着许许多多闻名于世的绘画作品和雕塑作品。

照片拍得再逼真，一般也不会值太多钱，即使所拍的人是个名人也不会太值钱。可绘画作品就不同了，哪怕画得不太逼真，哪怕画的是个谁也不认识的小人物，都不会影响这幅画成为无价之宝。在卢浮宫，有一幅举世闻名的绘画作品，画的是一位微笑着的女士，这幅画就是《蒙娜丽莎》。《蒙娜丽莎》是世界上最值钱的画作之一。但是，你可能想不到，这幅画竟然曾被人从卢浮宫的墙上摘下来过。是的，它曾被人偷走过。可是，这幅画实在是太太太著名了，偷走它的窃贼没有胆量出售这幅画，他甚至都不敢拿出来让别人瞧见。全世界都在找丢失的蒙娜丽莎，直到很长时间以后，它才被人在另一个国家找到。之后，蒙娜丽莎才再一次回到卢浮宫里。

通过网络或书籍，欣赏一下卢浮宫收藏的作品，选出自己最喜欢的3个作品，并写出它们的名字和创作者。

作品	创作者

人们相信，在耶稣降生以前，世界上存在着各种神灵，有的是心地善良的神明，有的则是邪恶无比的魔鬼。人们依着自己的想象力，为这些神雕刻了很多塑像。卢浮宫里存放着全世界最有名的两尊雕塑：一尊是女神维纳斯的塑像，这是一尊大理石雕塑。女神维纳斯掌管着世间的爱情，是爱神。这尊雕塑的完成年代要追溯到距今2000多年以前。但是发现她的年代则距现在不是特别遥远，她发现于一个叫“米洛斯岛”的地方，所以人们也叫她“米洛斯的维纳斯”。另一尊雕塑是胜利女神，她的形象是一个大张着翅膀的天使。这尊雕塑的年代也可以回溯到耶稣降生以前了。这两尊雕塑都是残缺的，爱神维纳斯雕像没有双臂，胜利女神雕像没有头。即便是这样，她们还是美不胜收，甚至比大多数身无残缺的真人要美得多。

法国的国会大厦既没有美国国会大厦的圆屋顶，也没有英国国会大厦的塔楼。然而，巴黎并非没有带有圆屋顶的建筑，有一幢建筑上就带着像美国国会大厦和伦敦圣保罗大教堂那样的圆屋顶。但它不是国会大厦，也不是教堂。它是两位著名士兵的陵墓。其中一位是拿破仑，他跟乔治·华盛顿是生活在同一个年代的人。在法国实行总统共和制以前，他曾当过一段时间的皇帝。他的遗体被人们放在圆屋顶下面的一个大理石的箱子里。另一位是第一次世界大战中的军队首领福煦将军。

全世界最高的铁塔——埃菲尔铁塔[1]，位于巴黎的塞纳河河岸，它差不多有1000英尺[2]那么高。整个塔身都是用铁做的，塔身由4只大长铁腿支撑着，整个塔就像是立在铁腿之上顶天立地的巨人一样。

不明白看这里

[1] 目前，世界第一高塔为东京晴空塔，又译为“东京天空树”，位于日本东京都墨田区。东京晴空塔于2008年7月动工，2012年2月竣工，高度为634米，于2011年11月获得吉尼斯世界纪录认证为“世界第一高塔”。

[2] 1000英尺为304.8米。

29
你说法语吗（下）

即便你一句法语也不会讲，但我保证有2个法语单词你绝对是知道的。它们就是“Boulevard”和“Avenue”，没错，就是大道和大街。它们经常出现在英语中，以至于你会觉得它们本来就是英语单词吧。但是，它们的确是法语单词。巴黎有很多林荫大道，还有一条全世界最漂亮的大街。那条漂亮街道的两旁都栽有郁郁葱葱的树木，整条街道直直地向着太阳下山的方向。这条街道完全有理由成为“天堂”中才有的街道，因为它实在太美了。人们叫它“香榭丽舍大街”，意为“天堂中的田野”。

伦敦的广场被人们叫作“Circus”，即环形广场；巴黎的广场则被人们叫作“Place”。协和广场是巴黎最美丽的广场，在广场中央竖立着一座用一整块石头做的纪念碑——克娄巴特拉方尖碑。香榭丽舍大街的一端是协和广场，另一端则是一个漂亮的大拱门。这个横跨在大街上的大拱门叫作“凯旋门”。你很容易从字面上就猜到凯旋门的意思，没错，凯旋门就是胜利之门。虽然叫它“门”，但是汽车和马车都不能从这个门通过。原来，凯旋门的路面以下是块墓地，埋葬着无名战士。墓地里昼夜不停地燃烧着一束火焰。人们用这束火焰来纪念在战争中牺牲的法国士兵。

凯旋门的下方葬着法国的无名烈士

法国人最喜欢漂亮的东西了。他们喜欢精美的绘画、优美的雕塑还有迷人的建筑。在这些方面，他们都很擅长。所

以，世界各地的年轻人都慕名前来巴黎，跟法国人学习艺术，梦想着有朝一日能成为画家、雕塑家或建筑家。

法国著名的大厨差不多都是男人

除了绘画、雕塑和建筑，法国人的爱美之心也展露于日常生活当中。比如说，他们十分注重帽子啦、服装啦、烹饪啦以及待人接物的礼仪等。法国的帽子、时装、美食和法国人的翩翩风度都是举世闻名的。说来也怪，在法国，最有名的服装设计师和最有名的厨师几乎都是男的。服装设计师们要到巴黎去学习和效仿那里流行的服装和帽子的风格样式，高级酒店和餐馆也要请来法国大厨才上得了档次。可能你已经注意到了，很多餐馆的菜单都是用法语写的。因为美国的厨师不仅仅照搬人家的烹调方式，还把人家的菜名也给照搬了过来。法国人用一块普通面包和一根普通的肉骨就能做出一碗味道鲜美的汤。在美国，汤的名字又普通又简单，就叫一个字“汤”。可是在法国，人们把汤叫作“浓汤”或者“肉味清汤”，这些名字听上去就好听多了吧。名字越好听的菜，人就会越期待它的味道。通常来说，这两样事物还是成正比的。

美国人吃饭的时候，基本上都是在室内吃的。这样，他们既看不着别的人，也不会让别的人看着他们。而法国人则不同，他们常常选择在户外吃饭。有时候在人行道上吃，有时候在一些能看到人行道的地方吃。所以，吃饭的人常常能看着周边的人，周边的人当然也能看着吃饭的人。在法国，有好多有名的餐厅都是这样设计的。

法国人就餐的时候，常常喝很多佐餐的葡萄酒，就跟我们每天喝很多牛奶啊、咖啡啊、茶啊一样。葡萄几乎遍布法国各地，大部分都被用来酿制葡萄酒。那些种植葡萄的田地也被

称为“葡萄园”。

很多材料都能织布，比如说亚麻、棉花、羊毛以及真丝等东西。用亚麻、棉花或者羊毛织的布比较普遍实用，而真丝布料一般是作为装饰而出现的布料。爱尔兰产的布主要是用亚麻织的，英国产的布主要是用羊毛或棉花织的，可是，为了漂亮，法国人用丝织布。亚麻和棉花都是从植物身上来的，羊毛是从绵羊身上来的，真丝则是从一种小毛毛虫身上来的。这种小毛毛虫就是蚕宝宝。其实蚕宝宝并不算是真正的虫。因为真正的虫从生到死就只是个虫子，而毛毛虫长大后能蜕变成蝶。可是，一般的虫子老是吃掉绿色植物的叶子，所以我们总是在设法消灭它们。但是，蚕宝宝却是一种珍贵的毛毛虫，人们主动喂它吃树叶，悉心照顾它，就跟农民养鸡一样。蚕宝宝很喜欢吃一种特别的叶子——桑树的叶子。在法国的罗讷河山谷，人们专门种植了很多桑树。人们可不是为了得到桑葚才种这些树的，而是为了得到用以饲养蚕宝宝的桑叶才种植它们的。

蚕宝宝吃了桑叶，会从体内吐出一根根的丝，就跟会吐丝织网的蜘蛛一样。蚕宝宝吐出来的一根细丝，差不多有0.25英里那么长。蚕宝宝吐出一圈一圈的细丝，把自己缠在里面，直到把自己裹成一枚像花生一样的蚕茧为止。蚕宝宝就在蚕茧里面睡觉，等到它醒来的时候，就成了一只破茧而出的飞蛾。但是，在它睡眠的时候，人们就用水煮蚕茧，直到蚕茧变软，再把缠在茧上的丝线取走，制成丝绸布料、丝质袜子、丝质带子等一切女人喜欢的丝织品。欧洲最大的丝绸产地位于罗讷河畔，那就是里昂。

罗讷河一路南下，直至流入一个叫作“里昂湾”的海湾。里昂湾位于地中海。马赛是里昂湾所在地区最重要的城市，也是法国第二大城市，而且历史比巴黎还要悠久。马赛在

很久很久以前就是个停泊航海轮船的港口，现在仍然是法国很重要的港口。马赛并不正好位于罗讷河的河口，而是位于比较靠近河口。

女人还喜欢另一个东西，那就是芬芳扑鼻的香水。法国制造的香水驰名世界，法国人也以制造香水而蜚声海外。法国人用花朵、香草，以及不知名的草来制作香水。法国香水的价格非常昂贵，因为用一整块田的鲜花只能做出几瓶香水。用1美元只能买到几滴香水。我觉得，用来自泥土的花朵制作香水很神奇。想想看，瑰丽的颜色和芳香的香水都来自泥土中呢！

除了种植酿酒的葡萄、做香水的鲜花以及饲养蚕宝宝以外，法国的农民还种植别的东西，也饲养别的动物。跟美国农民一样，法国农民也种植很多作物。跟美国农民不同的是，法国农民不住在农场的农舍里，而是住在乡村的房子里。他们住的地方往往跟田地有一段距离，因此每天都得往返于田地和家之间。

女孩子们都喜欢去巴黎
买帽子和衣服

30
海平面之下的国家

钟表和战场看起来像是两个风马牛不相及的东西，可是法国以北的一个国家，就同时跟这两样东西有着密不可分的关系。这个国家就是比利时。

在比利时，不管是教堂，还是市政厅，抑或别的建筑物的塔楼，都挂有大钟。一到整点，大钟就会鸣响报时，而且除了报时，它每个小时（有时也不到一小时）还会鸣奏美妙的音乐。在礼拜日或者是别的节假日里，鸣钟人会坐在一个键盘旁边，就跟坐在风琴旁边似的。这个人会通过键盘在大钟上演奏曲子，城镇里的人足不出户就能欣赏到悦耳的旋律。这些美妙的声音并非通过电台播放，而是靠大钟发出的。一组钟有的时候是由多达50个大小不同、声音不同的钟组成的。在这些钟里，小一点儿的钟负责高音部分，大钟——有的大钟有一个人那么高——则负责低音部分。钟本身的位置不动，不停动的是钟锤。人们把钟锤用金属线固定在像钢琴键或者风琴键那样的键盘上，当演奏人一敲击键盘，钟锤就被牵引着击打钟壁。每当钟表奏出音乐的时候，附近的街道就禁止一切嘈杂，汽车不再鸣笛，人们不再喧哗，好让那些聆听钟表音乐会的人安心欣赏音乐。

战场！比利时曾是欧洲的主战场，但并不是比利时人自己在这里打内战，而是欧洲其他国家在这里打仗。两次世界大战中，比利时都是法德两国交战的主战场，战争使这里

千千万万的建筑毁于一旦，带来了不可估量的损失。距今100多年以前，著名法国将军拿破仑，就是那个被埋葬于巴黎的拿破仑，在比利时的滑铁卢打了著名的滑铁卢战役[1]。当时，拿破仑在此被击败，简直可以说一败涂地，惨得不能再惨了，所以我们现在还用“滑铁卢”这个词来形容惨败——不管是真的打败仗还是球队赛场失利，都能用“遭遇滑铁卢”这个表达方法来形容当时惨败的状况。

不明白看这里

[1] 滑铁卢战役发生于1815年，到2015年为其200周年。

比利时在英文中的首字母是“B”，比利时的首都布鲁塞尔的英文也是由字母“B”开头的。或许你以前就听说了布鲁塞尔蕾丝、布鲁塞尔地毯，以及布鲁塞尔炖菜等东西。没错，它们的家乡都在布鲁塞尔。

比利时还有一个城市的英文名也是以字母“B”开头的，它是布鲁日。在布鲁日城，有好多河道，河道上搭建着各种各样的桥，河道里有来往穿梭的船只。不过，那里也有路面上的街道。数一数比利时有多少个用“B”打头的东西：

Belgium比利时

Bells钟

Battle-fields战场

Brussels布鲁塞尔

Bruges布鲁日

Bridges桥

Boats船

在比利时，靠近法国的地方是丘陵地区，但另一边与荷兰交界的地方地势则很低。“荷兰”这个词在英文中本身就是低洼地的意思，因为在荷兰有很多地方的地势都比海平面还要低。在这种情况下，人们不得不修很多用以拦防海水的堤坝，还不得不在堤坝里侧建起张开叶片的大风车，让随之带来的能量把水抽出去。那里的地势已经低到水都没办法流走了，所以人们只能用风车把水抽走。

在荷兰，拦防海水的堤坝必须建得牢固高大，这样才能受得了海浪的侵袭。因为任何一个蝼蚁之穴，都有可能让大堤一溃千里，从而让整个国家陷入洪涝之中。因此，他们一直派专人严守大堤，一旦发现裂缝就会马上进行修缮。

距今很久以前，差不多700年前，一场巨大的风暴使得北海决堤，数以万计的人被洪水卷走，村庄和房屋化为乌有[1]。真是桑田变沧海啊！如今，轮船和鱼往来于原来的村庄之上，是的，这里形成了一片内陆水域，它是南海，荷兰人也把它叫作“须德海”。不过，荷兰人正准备再次建起隔断北海的大堤，把海水抽出去，化沧海为桑田。有一天，也许并不需要等太多年，须德海就将不复存在，人们将再次在这里建造房屋、开垦农田[2]。

我们有街道和马路，荷兰有的则是运河。夏季，船只在运河里来往穿行；冬季，人们就在运河上滑冰。小孩子滑冰去上学，大人滑冰去上班。想想就觉得很有意思！

以前在荷兰，马的数量很少。人们用狗拖运东西，或者骑自行车搬东西。狗吃得没马多，也用不着住马厩（自行车也用不着车库）。狗经过训练，也可以像马一样拉着带轮子的小货车。这些小货车能装得下一个个牛奶瓶。不过，要是路上遇到了猫，可就麻烦了。

荷兰的马不多，但奶牛却不少。那里的奶牛长着黑白相间的毛色，被叫作“黑白花牛”。黑白花牛的产奶量比其他任何奶牛的产奶量都要高。那里的人们会用牛奶制成奶酪。荷兰产的奶酪可是相当有名呢。大块大块的奶酪被涂上一层薄薄的蜡，这样就能保存好长一段时间了。荷兰还有专门售卖奶酪的奶酪市场。

荷兰人的房子很干净。他们的厨房一般也有客厅和餐厅

不明白看这里

❶13世纪，海水曾大幅抬升，淹没了荷兰西北的大片土地，并与这里原来的湖水河流汇合，形成须德海。

❷须德海工程自1920年开始，主要包括拦海大堤和5个大垦区，将千余平方千米的区域改造为圩田。

风车在“大翅膀”的带动下将水抽走

的功能。荷兰人一遍一遍不厌其烦地清洗着房前屋后的地方，甚至连人行道都擦干净了。一般来说，他们把奶牛棚也当作自己房子的一部分，所以收拾得一尘不染。奶牛棚里装有挂着白窗帘的窗子，还有专门的挂钩，挤牛奶时可以把牛尾巴挂在挂钩上。荷兰是一个很潮湿的国家。当地人经常穿木头做的鞋。他们在进屋前把木鞋脱在门口，跟我们在进屋前把靴子脱在门口一样。在荷兰的某些地方，男人们穿着跟枕套一样肥大的裤子，女孩子们则穿着裙摆很大的裙子，戴着白色帽子。不过在大城市里，他们的着装跟我们是一样的。

如果路上遇见了猫，
牛奶就遇到麻烦了

在荷兰，“丹”（dam）就是“堤坝”的意思。荷兰的堤坝很多，所以好些城镇的名字都叫什么什么丹。比如说，阿姆斯特丹和鹿特丹。这是荷兰最大的两座城市。

阿姆斯特丹是钻石之城，不过，它的钻石并不是产自本国的，而是从非洲运过来的。钻石刚从非洲的钻石矿里采出来的时候，看起来跟钻石扯不上一点儿关系——它们看起来就跟鹅卵石一样。你肯定想不到这些灰头土脸的石头有朝一日竟能成为闪烁夺目的钻石。在阿姆斯特丹，这些石头摇身一变，被制成我们熟知的那种闪耀非常的漂亮宝石。世界上最坚硬的东西就是钻石了，钢制工具、砂轮、砂纸、锉刀都奈何不了它，甚至无法在它上面擦出痕迹。能够切割或打磨钻石的东西就是钻石自己了。在阿姆斯特丹，人们用钻石切割另一块钻石，把原始的石头变成一个多切面的宝石。刚刚打磨成型的宝石身上会披满钻石粉末。

31 西班牙城堡（上）

> **不明白看这里**
>
> ❶原文中“castles in Spain”直译即“位于西班牙的城堡”，在英语中还有“幻想、空中楼阁”之意。

小的时候，我常常幻想自己以后有钱了会住上什么样的房子。我幻想自己以后的房子应该是这样的：阁楼上有个健身房，地下室里有个养宠物的动物园，会客厅有一个收藏着奇珍异宝的博物馆，餐厅里最好有个汽水喷泉。我妈妈常常说我幻想中的房子就是西班牙城堡。我问她：“为什么要叫‘西班牙城堡’呢？”她就会说：“因为那是个只能出现在白日梦里的房子❶呀。”

虽然西班牙城堡是指幻想出来的东西，但西班牙却是个真实存在的地方，是一个真实存在的国家。在西班牙，即便是现在，仍然有一些真实存在的城堡。

欧洲的地图就跟个拼图似的。如果你把地图转过来或者从侧面看，你就会看到一个弯腰驼背的老太太，头大大的，还戴着一顶帽子，伸着长腿把一个球踢到了海里。老太太的头就是西班牙，头上戴的帽子是葡萄牙，衣领处是一条山脉——比利牛斯山。

西班牙不仅仅在地图上看起来像是欧洲的头，实际上，曾经有一段时间，西班牙就是欧洲的头领，拥有欧洲很大一片土地。在哥伦布发现新大陆以后的一段时期里，西班牙甚至成了全世界的头领。当时，西班牙同时拥有北美洲的大片土地以及除巴西以外的南美洲所有土地。它是当时世界上最大的国家。然而在今天，西班牙甚至都没有完全占领老太太头部的区

域。从地图上看，西班牙和非洲就好像两个刚见面的人互相蹭着鼻子打招呼呢。看起来像是西班牙的鼻子的地方，叫作“直布罗陀”，现在被英国控制。

从地图上看，直布罗陀就跟人的鼻子长得差不多，但如果你在地中海航行的时候，又会觉得它像一大块高高长长的岩石。一条极其狭窄的水域把直布罗陀和非洲分开，它叫作“直布罗陀海峡”。直布罗陀海峡大概只有13英里[1]那么宽，其宽度只有多佛海峡的一半[2]。虽然直布罗陀海峡不怎么宽，但是大西洋上的凶猛海流从这里进进出出，弄得巨浪滚滚。也就是最近一段时间，才有人成功游过了这条海峡。英国人在直布罗陀山里凿了通道，建了房间，安上窗子，还在窗子边放上了远程步枪，派士兵密切监视海面上的动静。战争期间，如果有人未经允许擅自渡水，士兵们就会开枪射杀。

很久以前，地中海沿岸的人以为地中海就是整个世界。水手们普遍认为，直布罗陀海峡这道大门以外的世界异常危险。而且，传闻说，他们还真的在海峡两岸立起了门柱。他们叫这些门柱“赫拉克勒斯之柱”。他们还在此挂上警示牌，上面写着“严禁外行”，以警告人们禁止越出直布罗陀海峡。人们相信，如果越出了赫拉克勒斯之柱，就会到达海洋的边缘，人会掉下去的，直至坠入万劫不复的深渊。航海家哥伦布才不相信这些无稽之谈，他从赫拉克勒斯之柱以外的帕罗斯扬帆起航。正如你所知道的，他在海上一路西行，无所畏惧，直到后来抵达美洲大陆。

在哥伦布起航之前，一群摩尔人在西班牙生活居住。他们是从对面的非洲来到西班牙的。摩尔人和欧洲人不一样。他们信奉的是一个叫“穆罕默德”的人和一个叫“安拉”的神，而不信奉基督。摩尔人建造了漂亮的宫殿，但这些宫殿跟基督徒所建的不同。格拉纳达山中的某一处宫殿就曾是摩尔王子的

不明白看这里

[1] 13英里约为20.92千米。

[2] 直布罗陀海峡最窄处仅13千米（东端），最宽处为43千米（西端），中部约宽22千米。

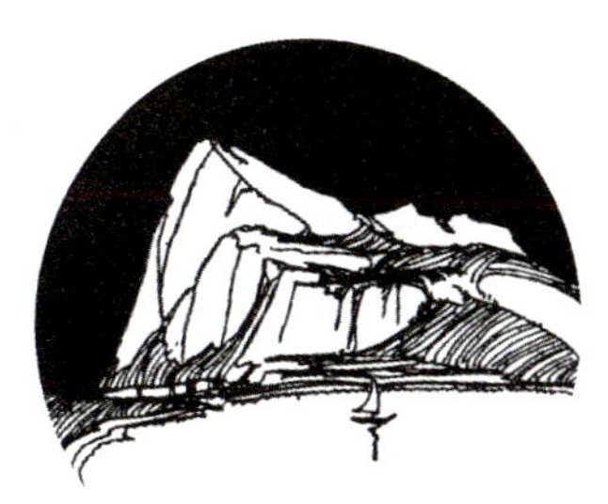

在直布罗陀海峡岸边岩壁的堡垒中，曾有拿枪的士兵驻扎过

宅邸，那里离直布罗陀不太远。格拉纳达的宫殿被称作“阿尔汉布拉宫”。

西班牙的基督徒们非常不喜欢摩尔人，他们之间经常发生摩擦冲突，直到有一天摩尔人被基督徒们赶出了西班牙，一直被赶过了直布罗陀海峡，回到非洲老家。西班牙的王后曾经在阿尔汉布拉宫里接见过哥伦布，并曾在他扬帆起航的时候为他送行。不过，现在阿尔汉布拉宫里没有人居住。当然它仍位于格拉纳达山上，还保持着原来的风貌，只不过变成了一处供游人参观的地方。宫殿墙壁未经粉刷漆饰，而是贴满了彩砖。宫殿的门不是方的，而是马蹄形的。在庭院里，有水花四溅的喷泉和修有围墙的水池。过去，摩尔公主就是在这里而不是在浴缸里洗澡的。

西班牙女人会在头上高高地别一把梳子，头纱覆盖了头和肩

在西班牙的塞维利亚城，有一个世界排名第二的大教堂。这个教堂肯定是在摩尔人被赶出西班牙以后建立的。为什么？因为这是一个基督教教堂，而且就建在原来摩尔人建立教堂的地方。据说，这个教堂里安放着哥伦布的骨灰，但很多人觉得那个骨灰根本不是哥伦布的，而是他儿子的。很多人相信哥伦布的骨灰还留在海地。这个咱们在前面已经讲过了。

在过去，摩尔妇女经常戴着面纱。假如她们不用面纱把脸遮住就走出家门，就会被认为是失礼的、不稳重的。现在的西班牙妇女也经常戴面纱，不过她们不是为了把脸遮住而是把面纱戴在头上遮阳用。这些面纱制作精美，价格自然也不菲。西班牙女子的头发里常常插着一把大梳子，在肩上披着颜色鲜艳的披肩，到了夏天还要拿着优雅的扇子。塞尔维亚的夏天很热，可以说是非常非常热，人们一般尽量不在日头正烈的中午出去。小孩子经常在白天里要睡个午觉，在西班牙，大人在吃过午饭以后也要小睡一会儿，他们还美其名曰“午后小憩”。

32 西班牙城堡（下）

小时候，有一次我翻过篱笆，跑到了一片田地里去玩。但是，还没等我开始玩儿呢，就有一头公牛向我疯跑过来，吓得我赶紧又从篱笆上翻回去了。真够惊险的！差点儿就被牛顶到了。我可没发现这事儿有趣。可是，在西班牙，一到礼拜天和其他节假日，人们就摩肩接踵地挤到一个像露天剧场一样的地方观看斗牛表演，这个地方叫“斗牛场”。

在斗牛场的中间是一块沙地，沙地四边都围着栅栏，人们就坐在栅栏外面的座位上观看斗牛，而不用担心自己被公牛顶到。通往中央沙地的大门一打开，一头气势汹汹的公牛就出场了。有个叫“斗牛士”的人不停地挥舞着一块大红色的斗篷来迎接公牛的出场，这可把公牛给气坏了。于是它低着头，用角对准红斗篷，狂奔过来。眼看就要顶到斗牛士了，可那人又敏捷地跳到一边，公牛来不及刹闸就从人身边擦过去了。斗牛士一次一次地戏弄着公牛，直至最后用一柄利剑刺死公牛。这就像是猫在用尽各种方式戏弄老鼠之后再把老鼠杀死一样。这在我们看来，是个非常残忍的游戏。

斗牛士用一块红色的布“挑衅”公牛

斗牛士非常骁勇，而且也很讲究技巧。他的脚绝不能在沙子上打滑，否则就会因为无法避开公牛，从而惨死于牛角之下。在西班牙，几乎所有的城市都有斗牛场，这就跟几乎每个美国城市都有棒球场或别的什么体育场一样。斗牛在西班牙是一项全民娱乐活动，就跟棒球和橄榄球运动在美国是全民娱乐活动一样。甚至就连小男孩也会玩斗牛游戏，当然了，在游戏中，一个男孩假装是牛，一个男孩假装是斗牛士。

手持响板跳舞的女孩子

似乎每个国家都有一些特定的受到人们喜爱的运动。西班牙的女孩子不跳绳，她们跳舞，一边跳一边唱还一边跟着节奏用套在手指上的响板打拍子。她们用的那种响板的样子像个栗子，所以西班牙语中响板也有“栗子”的意思。女孩子或是两人一对或是四人一组地结伴在人行道啊、公园里啊或是广场上跳舞，只要是咱们跳绳或者玩“跳房子”的地方，她们都可以跳舞。甚至在塞维利亚教堂里，也有人跳舞。在某些宗教节日里，唱诗班的男孩子就会拿着响板在圣坛前面跳舞。那里应该是世界上唯一能在教堂里跳舞的地方了。

西班牙的房屋通常既没有前院，也没有后院，连边上的侧院也没有，但是有一个周围都是房间的内院。这样的院子被叫作“天井”。西班牙人通常把天井作为客厅和饭厅来使用。

在西班牙搭火车旅行的时候，车窗外有一种长得很奇特的树可能会引起你的注意。这种树跟任何一种美国的树都不一样，这种树被称为“软木橡树”。你可别以为那些软木塞子就像樱桃或桃子一样结在软木橡树上面。那些软木塞子是用软木橡树的树皮做的。人们把大块大块的橡树皮割下来，然后切成大大小小的软木塞子。被割过皮的橡树会再长出来一层新的树皮。只是这层新的树皮再次长到同样的厚度需要9年的时间。因此，你现在看见的每一个软木塞，它的年龄都和你差不多大，甚至有的比你的年龄还大呢！

软木橡树的寿命很长，远比人类的寿命要长。但软木

橡树不是最长寿的，在西班牙你还能见到另一种寿命更长的树——橄榄树。橄榄树结出的果实看上去很像是绿颜色的樱桃。听说有人曾见到过1000年历史的橄榄树，而且还能长出橄榄呢。早在《圣经》时代，甚至远早于它，橄榄就被人们当作食物了。不过很多人是经过一段时间以后才能习惯橄榄的味道。我们还可以用橄榄压榨出橄榄油。橄榄油就是我们拌沙拉用的那种油，它是最佳的食用油。西班牙人常常食用橄榄油，而不是奶油。人们还利用橄榄油制作肥皂，叫“卡斯蒂利亚肥皂”，说不定你以前已经用过啦。

很久以前，人们会给比赛的获胜者戴上用橄榄叶做成的花冠。而且在打仗的时候，传递和平信息的使者常常携带一根橄榄枝。有时候你在西班牙坐了一整天的火车，一天到晚看见的除了橄榄树，还是橄榄树。你可能要问了，种这么多橄榄树干吗用啊？西班牙人自己就能用掉大量的橄榄，因为橄榄对他们来说就意味着面包和奶油、肉类和蔬菜，而且他们不光自己用，还把数不清的橄榄和橄榄油出口到世界上别的不产橄榄的地方。

好多城市的人都说自己的城市跟巴黎一样，住在西班牙首都马德里的人，也不例外。马德里几乎位于西班牙的中心。旧马德里的街道细窄，房屋低矮。而新马德里就有着宽敞的林荫大道和整齐的高楼大厦，如果不是听到西班牙语的话，你还真的以为自己就在巴黎或纽约呢。以前，西班牙人很爱说“明天吧，明天吧”，能拖到明天的事情绝对不会在今天做。但是，现在的西班牙人爱上了说“立刻动手做吧”。如果你在马德里跟人说自己是住在美国的，那他们十有八九会以为你说的是南美洲，而且还觉得你肯定会说西班牙语。他们觉得，美国就是南美洲[1]。一个在南美洲发了财的西班牙人，总会衣锦还乡回到马德里居住，因为对他来说，马德里的房子才够得上当

不明白看这里

[1] 在英语中，“America”一词既可以表示美国，也可以表示美洲。

他的“西班牙城堡”呢。

两兄弟成家以后分开住，反而能把关系处得更好。葡萄牙和西班牙就像是住在同一个屋檐下的两兄弟。尽管他们说的语言很相近，生活习惯也差得不远，并还会偶尔跟对方表示出己方的善意举动，但他们似乎总是合不来。这两个国家的人都热爱舞蹈和音乐，都种植软木橡树和橄榄树，而且都喜欢斗牛。只不过葡萄牙的斗牛士不会把公牛杀死。他们会把公牛的犄角包起来，免得斗牛士被公牛戳死。

33
天空里的国度

在欧洲，地势最低的是荷兰，地势最高的是瑞士。

在荷兰，几乎连一座小山都找不着，全国都平坦得跟个球场一样。

在瑞士，也几乎连一座小山都看不见，因为你能看到的都是些高山，而且它们都属于西欧最高的山脉——阿尔卑斯山脉。在这些高山顶上终年都覆盖着皑皑的白雪。

但是，就像甜甜圈的中心总会有个洞一样，有山的地方也总会有山谷。瑞士这个国家的山顶上常年都是白茫茫的，但山谷里却常常是绿油油的。带着铃铛的奶牛还会悠闲地在田野里吃草。消融的高山雪水化作美丽的瀑布和汩汩的溪水，从山顶流了下来。

你有没有见过房顶上厚厚的积雪突然滑落下来摔到地上？这种现象就是雪崩。想想看，如果在一个有1英里那么长的山坡上覆盖着的雪，突然一下子全都落到山谷里，这会是怎样的情景呢？瑞士就有可能发生这样的雪崩，有时雪崩会把人和房屋都深埋雪下，甚至把整个村庄都吞没了。

在有些又长又宽的山谷里，满是结冰的积雪，就像是一条被整个冻住的河。我们把这些山谷里的冰叫作“冰川”。有些大冰川就跟河流一样有着自己的名字。

大多数河流的源头都是泉水，然而在瑞士，河流的源头往往源自冰川底部融化的冰川水。罗讷冰川是瑞士最大的冰

世界上地势最高的国家：

世界上地势最低的国家：

川之一。罗讷冰川源自冰洞融水涌出后形成的潺潺溪流。小溪沿着山谷一路向下，与其他冰雪消融后所形成的小溪汇合在一起，逐渐形成了一条越来越宽的大河。这条河被称为“罗讷河”。罗讷河没有停下脚步，而是继续向前，最后流进了一个宽宽大大的山谷。河水不断涌入山谷，最后在这里形成了一个湖——瑞士最大的湖，日内瓦湖。

罗讷河并没有停歇在日内瓦湖，它从湖的另一边淌出来，一路奔腾，流经法国的里昂。没错，这就是我们前面介绍过的里昂，还记得我们说过里昂的丝绸制造业吗？罗讷河一路流经桑树林、养殖蚕宝宝的农场还有制造丝绸的工厂，最后汇入地中海。

有一条河的名字跟罗讷河非常相像，就差了1个字母，它是莱茵河[1]。莱茵河也是从冰川底部发源的，但它一路向北，流经法德两国之间，穿越荷兰，最后注入北海。

不明白看这里

[1] Rhone（罗讷河）和Rhine（莱茵河）只有1个字母不同。

有很多人都觉得登山是一项非常好的运动。山越高，越难爬，越充满危险，人们就越爱爬。勃朗峰是阿尔卑斯山脉最高的山峰，意思是“白色的山峰”。勃朗峰并不是全都位于瑞士境内，它的顶峰是位于法国的。一到夏天，勃朗峰以及阿尔卑斯山脉的其他山峰就会迎来不计其数的登山爱好者。登山者们带着一种末端有钉子可以抓住冰面的登山杖，穿着沉重的钉子鞋，请来熟悉地形的导游带路。一大队人都用绳子绑在一起，这样做的话，一旦有人发生坠落，其他人就能把他拉住。然而，年年夏天还是会有人因登山而丧命，有人滑倒坠落致死，有人遭遇雪崩被掩埋在深雪之下。

在瑞士的所有高山里，最难攀爬的可能就是马特洪恩山了。它看起来像个大尖角似的。只有那些熟悉登山技巧且极富探险精神的人才敢于挑战这座山峰。人们冒着生命危险爬越山顶，只为了看一看这壮丽河山的美景。不过，很多人之

所以要挑战这座山峰，是为了让自己说出“我能行”这句话而已。

人们不畏艰险
爬上山顶

还有很多人到瑞士去不是要去爬山，而是为了去欣赏一下银装素裹的群山。只要是有美景的地方，瑞士人都建了酒店，让游客们得以好好欣赏高山流水以及别的什么奇妙景观。在瑞士，有几千家这样的酒店，看起来瑞士人的主要营生就是管理酒店了。是的，他们在这方面确实很在行。难怪有人说瑞士人是最会管理酒店的老板。除了酒店，瑞士当然还有别的有名的东西。比如说，你可能已经吃过瑞士产的牛奶巧克力；中间有个大洞的瑞士奶酪，说不定你也吃过啦；瑞士产的手表和军刀；瑞士产的木雕；还有像布谷鸟自鸣钟、牛铃和音乐盒这样有趣的东西……

大多数国家都有保护国家安全的陆军或海军，就跟我们有警察和监察机构一样。要知道，在世界上少数几个没有海岸线的国家里，就有瑞士。因此，瑞士没有海军。其实它也用不着有多少陆军，因为那里的山就跟高大的城墙似的能把进犯的敌人挡在外面。在两次世界大战中，尽管别的国家已经打得不可开交了，瑞士始终都能够保持中立。

瑞士被别的国家环抱着，这边是法国，那边是德国，另一边是意大利。瑞士没有自己的语言，靠近意大利的地方，人们就说意大利语；靠近德国的地方，人们就说德语；靠近法国的地方，人们就说法语。有很多瑞士人甚至会说意、法、德3种语言。

人们如果想要进入或者离开瑞士，抑或是从瑞士境内的一个地方到另一个地方去，他们并不需要翻山越岭——人们可以穿行于高山之间相对低洼的地方。其实很多这样的低地海拔不低于1英里。这些相对低洼的地方叫“山口”。拿破仑，就是我前面说过的那个法国将军，曾经带领部队穿越一个叫“辛普朗”的山口走到了意大利。今天，很多高山的下面或者山体中间都挖了长长的隧道，所以人们可以直接从山下或者山中穿过。

圣哥达隧道是瑞士最长的隧道之一。当时修建这条隧道的工人是从山体的两端同时开工的，两端的隧道在山中间碰了头。据说两端的隧道都有数英里长，从山的两端开挖，最后竟然能准确地会合，实在是太奇妙了。不过挖隧道的工人们却说：“如果两边的隧道没有会合，那才奇妙呢！我们又不是盲目挖地道的土拨鼠，我们早就计算好了，当然知道怎么挖能碰上头啦。”

全世界最长隧道之一的辛普朗隧道位于辛普朗山口的下方[1]。隧道的这面是瑞士，那面是意大利，长度超过12英里[2]。我曾坐火车穿越了这条隧道，也曾徒步走过这个山口。坐火车穿这条隧道只要16分钟，而徒步穿越差不多花了我2天的时间。

靠近辛普朗山口的顶部有个救济院。我曾在那住过一晚上。这里是修道士住的地方。之所以把救济院建在这里，就是为了给旅客们提供一个庇护所，万一途遇暴风雪，就可以住在那里。

现在，几乎没什么人徒步翻越山口了，因为隧道既方便快捷，安全系数又高。但是在还没有隧道的时候，想要从意大利进入瑞士，就非得翻越山口不可，因为再没有其他的路可供通行了。无论冬夏，暴风雪（暴风雨）都是这里的家常便饭，经常会发生旅客走失冻死的情况。救济院里的那些修道士就是这里的“救世主”。他们沿着山口修建了一些小屋子，

不明白看这里

❶目前，位于瑞士的圣哥达基线隧道全长超过57千米，于2017年投入使用，将成为世界最长隧道。目前已投入使用的隧道中，要属日本的青函海峡隧道为第一长，全长约54千米。

❷12英里约为19.31千米。

伯纳犬可不会伤害你，它可是人类的好朋友呢

还养一种叫作“圣伯纳犬”的大狗。圣伯纳犬不仅高大强壮，而且异常聪明。在遭遇暴风雪（暴风雨）天气的时候，经过训练的圣伯纳犬就从救济院出发去搜救那些可能迷路、休克或者被埋在雪里的旅客。圣伯纳犬的脖子上挂着一个装着面包和酒的小桶。这种狗的嗅觉很灵敏，就算人们被深埋在积雪中，它也能闻到他们的气味，并把他们摇醒，拖到最近的木屋里，在那里等待救援，直至风暴停止。辛普朗山口的救济院是世界上为数不多的免费救助站，任何人——不论富贵还是贫穷，不论圣人还是罪人，都能在那里免费获得食宿与照料，而且也不会有人来盘问你的过往。

你听说过威廉·退尔[1]的故事吗？瑞士的湖很多，其中最漂亮的湖被称作“卢塞恩湖”，意思是“光芒之湖”。就在卢塞恩湖的岸边，有一个小教堂。据说这个小教堂的所在地，也就是当年威廉·退尔把他儿子头顶上的苹果射落的地方。

不明白看这里

[1] 威廉·退尔是瑞士乌里州的英雄。14世纪，哈布斯堡王朝在当地实行暴政，总督立了一根柱子，并在柱顶挂着代表奥地利皇家的帽子，规定居民经过时一定要向帽子敬礼，否则将遭到重罚。威廉·退尔因没有向帽子敬礼而遭到逮捕。总督要求退尔射中放在退尔儿子头上的苹果才释放他们，否则两人都会遭到重罚，结果退尔成功射中了苹果。不过，退尔将第二箭瞄向总督，但射偏了。以至于总督大怒，将退尔和他儿子囚禁了起来。由于哈布斯堡王朝在瑞士实行的暴政，于是人民发动了起义。退尔在混乱中逃出来，最终用弓箭射杀了总督。

34
靴子的顶端

找一找罗马位于意大利这个大靴子的哪个位置？

A.靴子顶部

B.靴子尖的部分

C.靴子的鞋跟部分

D.靴筒的中间部分

有没有听过这样一首儿歌：“有个老妇人住在鞋子里，孩子这么多，应该怎么办？”世界上还真有这么一只靴子，里面住着好多好多孩子不说，还住着数不清的大人。这只靴子就是意大利。意大利是这个世界上最大的靴子了，可还是装不下它的孩子，所以有很多孩子就去了美洲。在这些孩子中，最先抵达美洲的就是克里斯托弗·哥伦布，那已经是距今500多年以前的事情啦。哥伦布是从西班牙起航的没错，但是他出生于意大利，曾住在大靴子顶部一个叫“热那亚”的地方。现在的热那亚还完好保存着哥伦布的故居，热那亚的火车站外还树立着哥伦布的塑像。直至今天，仍然有很多船只从热那亚出发前往美洲。不过，这些船都知道自己的航线和目标，而当年的哥伦布可不清楚自己的前方是什么地方。

还有个小城市位于大靴子顶部的另一边。这个小城市不在水边，而是整个“站”在水里的。整座城市就建在许多小岛之上，它的街道就是那些小河，小河上面还架着很多小桥。这里就是威尼斯。威尼斯城中的那些小河也被称为“运河”，其中最大的一条河就被叫作“大运河”。如果给大运河铺上路面，那它就会成为一条非常宽阔的树荫大道了。在威尼斯，人们的交通工具不是汽车也不是马车，而是船。这些漆成黑色的小船中间有个船舱，就跟封闭的小汽车没什么两样。有个带着很多齿的怪东西竖立在船头，就像是个立起来的大梳子。这种

小船被称为“凤尾舟”。船夫站在船舱的后面，用一只长船桨划动小舟。运河的交叉口是没有红绿灯的，当小船划到这里的时候，船夫就会大喝一声，听上去很滑稽。如果这个时候还有别的小船从横着的运河划过来，那他也会大喝一声作为回应。这么两声，基本上就能保证小船不会互相撞到了。在威尼斯，听不到嘟嘟的鸣笛声，也听不到隆隆的车轮响，除了歌声和音乐外，整个威尼斯基本上是寂静无声的。

很多年之前，在现在威尼斯所在的地方，只有小岛，没有城市。有一个叫“威尼西亚”的民族由于不堪北方部落的不断侵扰，来到这些小岛以躲避那些扰人的部落。威尼西亚人用不容易被腐蚀的雪松木在水中搭起木桩，并在木桩上建起了房子。威尼西亚人的主要食物是鱼。捕鱼对他们来说简直易如反掌，只要在房门前往下丢一根渔线或者撒一张网，就能抓到鱼。他们的鱼多得根本吃不完。那怎么办呢？他们就在鱼上筛海盐，制作腌咸鱼。这样就能把鱼保存下来了。

因为威尼西亚人住在水上，所以必须得掌握航行的本领。实际上，他们也确实很擅长航行。他们把船开到地中海的各个角落，用卖腌鱼和海盐的钱买回丝绸外套、毛毯以及珠宝等东西。之后，欧洲各地的人又跑到威尼斯去购买当地人用腌鱼和海盐换回来的东西。慢慢地，威尼斯发展成了欧洲最大的商业市场，威尼西亚人也就逐渐改名为威尼斯人了。威尼斯人逐渐变得越来越富裕，还在运河沿岸的地方建造了很多漂亮的宫殿。威尼斯人觉得是一位叫“圣马可”的圣人给他们和威尼斯城带来了好运，于是就建了一座教堂来纪念这位圣人。他们还把据说是圣马可的遗骸存放在教堂的祭坛下面。圣马可教堂的样式跟咱们以前讲过的教堂都不一样，这座教堂拥有5个圆屋顶，四周各有1个小圆顶，中间有1个大圆顶。不过这5个圆顶跟圣保罗大教堂和美国国会大厦上面的圆顶不太一样——它们就像5颗洋葱头一样。

喂鸽子的小朋友

我们一般见到的画都是用颜料画成的，你应该没见过不是用颜料画出来的画吧？然而圣马可教堂里外都有很多不是用颜料画的画，它们是用彩色的石头、金子还有彩色玻璃粘贴而成的，这叫“马赛克画”。与颜料画不同，马赛克不会褪色也不会脱落，更不会被水洗坏。

你可能会养个小狗作为宠物，据说圣马可养了头狮子作为宠物。于是，威尼斯人在圣马可教堂前面的圆柱子上，立了一头长着大翅膀的狮子青铜雕像。有4匹马站在教堂门的上方，它们当然不是活的马，它们“走”了很远的路才来到这里。大约是耶稣在世的时候，人们用青铜铸造了这4匹马。它们被不同的统治者从一个地方带到另一个地方，最后才回到威尼斯。

在圣马可教堂前，有一个铺着砖石的广场，这是威尼斯最大的空地了。成群的鸽子栖息在广场上，它们性情温良，总是飞到人们的手上或者肩膀上等待人来喂食。而人们也愿意用相机记录鸽子们飞到头上、肩膀上和脚边的情景。在很久以前，是一只送来重要情报的信鸽使威尼斯免受敌人的袭击，从而得以保全下来的。从那以后，鸽子就被威尼斯人视为神圣之物，任何伤害鸽子的人都会被抓起来接受惩罚。你有没有听说过“鸽子发现了新大陆”这样的说法？别觉得奇怪，因为意大利语里面的哥伦布，就是“鸽子”的意思。所以，克里斯托弗·鸽子才是哥伦布真正的名字呢。

现在，威尼斯不过是一座城市罢了。而在以前，威尼斯可就跟一个小国家一样，它有自己的货币，还有自己的统治者。以前统治威尼斯的人被称为“总督”。总督其实就是“君主”的意思。总督像总统那样统治着威尼斯，他像国王一样住在自己的宫殿里，还像一个大法官那样惩罚有罪之

人。总督府对面就是监狱，它们之间隔着一条运河，在运河上架着一座带篷子的桥。被判了刑的人会跨过这座桥前往监狱。因为犯人总是一边叹息一边过桥，久而久之，这座桥就被叫作“叹息桥”了。

威尼斯城的剧院区有时也被称作“里阿尔托”，但这个里阿尔托说的并不是剧院，而是跨在大运河上的一座桥，桥两边全是商店。咱们前面说到整个威尼斯就像是欧洲的商业街，而这个里阿尔托就是商业街里的百货商店，在这里各类商品琳琅满目。英国著名戏剧家莎士比亚就曾写过一部叫《威尼斯商人》的著名戏剧，讲的就是一个在里阿尔托开商店的人的故事。

最开始，威尼斯人用腌鱼和海盐这两样普普通通的东西来发家致富。后来，他们还用到了身边另一种普通的东西——沙子。沙子似乎根本不值钱，但威尼斯人用沙子混合另一种东西制成了玻璃。他们还发现，熔化的玻璃可以像吹泡泡一样吹成各种各样的形状，于是他们制出了各种漂亮的酒瓶、花瓶、珠子以及酒杯。制作玻璃的匠人犹如能作出精美图画的画家和能演奏动人音乐的艺术家一般，而且他们不仅是出了名，还赚了钱。因为很多人都想要拥有那些漂亮的玻璃艺术品，即便花高价也愿意购买。他们成了威尼斯城里最重要的人。一位优秀的玻璃工匠的地位甚至跟总督一样，一位玻璃工匠自己就当过总督呢，还有些工匠的女儿嫁给了王室。

威尼斯人为圣马可建造了一座教堂，希望他能给自己带来好运

现在的威尼斯只是意大利的一座城

市，作为独立国家的时代已经一去不返了。不过，这并不影响人们从世界各地前来威尼斯游玩的热情。在威尼斯，人们参观圣马可大教堂和总督府，去附近一个叫“利多”的漂亮海滨游玩，乘坐凤尾舟在城内的运河上徜徉，在月光如水的夜色中倾听音乐家的歌声和琴声。全世界的女孩子都希望将来有机会去威尼斯度蜜月。

有一位美国女孩在寄给家人的明信片上写道：“我现在就在威尼斯。这里真是太梦幻了。这里有金色的宫殿、瑰丽的落日，还有醉人的音乐。我现在正乘着凤尾舟，享受着这里的美好。”当形容一个人对知识或美貌的渴望时，我们会说“迫不及待”，而对于人们渴望饱览大运河的美景时，“迫不及待”同样恰当。

意大利这个大靴子位于地中海，环绕威尼斯的那部分海域被称为“亚得里亚海”。由于威尼斯的惊人美丽，人们也把威尼斯称为“亚得里亚女王”。这位女王的声名和财富可是来自鱼、海盐、船和沙子！

你去过威尼斯吗？描绘一下你见到或是想象中威尼斯的样子吧！

35
天国的大门和穹顶

犹如海怪脊背的亚平宁山脉由北向南纵贯了整个意大利。想要从意大利的这边越到另一边，那你要么得从上面翻过亚平宁山脉，要么得从山底下钻过去，再要么就是从山中间穿过去。上述3种办法，火车能都办到。不管是在山脉的上面、下面还是中间，都有许多让火车钻进钻出的隧道。从威尼斯城穿越亚平宁山脉到达佛罗伦萨，中间就要经过45条隧道。

佛罗伦萨是女孩子的名字，是“花朵盛开”的意思。火车开到佛罗伦萨，围着城市绕弯，如果这个时候你从车窗往外看，就能看见在靠近市中心的一大片屋顶上，有个像是轮毂一样的大圆顶，而火车正是围绕着这个圆顶转弯的。在这个大圆顶的旁边，有一座高高大大的方形塔楼。塔楼和圆顶都建于哥伦布出生以前。我们不说这个圆顶像圣保罗教堂或者美国国会大厦上的圆顶，而要说圣保罗教堂或者美国国会大厦上的圆顶像它，实际上世界其他圆屋顶也差不多都像它。因为这个圆屋顶是最先建成的，世界上所有跟它一样的圆屋顶都是根据它的样子造出来的。

再列举3个世界闻名的圆顶建筑吧！

过去，人们造的圆顶都是小小的、平平的。后来佛罗伦萨人在建造某个教堂的时候，想要推陈出新，造一个不同寻常的圆顶出来。他们想要的是一个比其他任何圆顶都要更大、更好的圆顶。他们就这么想着，可是根本没有人知道到底应该怎么建一个那么大的圆顶。圆顶一般都是用一块块的石头垒起来的，就像架桥或者修建拱门一样，石头虽然盖着下面的空间但却不会掉下来。任何水泥都没有那么强的胶合力能使得石头相互粘住而不往下掉。那人们是怎么把石头放在上面的呢？原来人们先用木头做的架子顶着石头，一直到人们把每一块石头都放到各自的位置上，然后把下面的木头架子抽走，而这时每块石头一起向下挤着所产生的合力紧紧地“黏”住了它们，所以也就不会掉下来了。这就像是有一大群人想要同时挤过一扇门，他们你推我我推你，结果谁也过不去一样。

然而，想要建一个人们想象中的超大圆顶，并非易事。因为在当时，没人知道该怎么把那么大的圆顶撑起来。也许需要砍掉整片树林才能建一个足够大的木头架子。有的人出主意说：“我们干脆堆个土山吧，在土里埋上硬币，然后利用这个土山建起圆顶。等到圆顶建好了，人们为了得到那些硬币，就会想办法把土移走，这样我们的圆屋顶就可以立在那里了。”幸亏没有人尝试这个愚蠢的办法。

有两位艺术家曾说自己知道如何修建这个大圆顶，然而他们一直互为对手，哪一个都不愿意说出自己的想法。其中一位艺术家的名字是“布鲁内莱斯基”，这名字真复杂，我们就简称他为“布先生”吧。另一位艺术家的名字是吉贝尔蒂，我们就叫他“吉先生”好了。布先生被任命为建造这个屋顶的总工程师，而吉先生就被任命为他的助理。吉先生一听自己只是当个助理，心里一百个不愿意。于是，他到处跟人说布先生根本不知道怎么修建大圆顶，他肯定建不出来人们想要的那个大圆顶。

布先生带领工人们干了一段时间，把圆顶的四周都建好了，就等着用石头来把顶部的口子填上了。这是建筑过程中最难的部分，因为要合拢在一起的圆顶下面是悬空的，下面什么支撑都没有。而这个时候，吉先生还是四处造谣，甚至笑话布

先生的工作。直到有一天，布先生忍无可忍地装病停工了。时间不停地流逝，没有完成的圆顶就那么一直搁在那里。而布先生呢，则一直待在家里。这个时候，吉先生就开始说："老布可没有生病，他是在装病，就跟不想上学的孩子那样谎称自己生病了。因为他实在是不知道该怎么继续修建啦。"佛罗伦萨人决定去布先生家里请布先生继续主持修建事宜。

"我生病了，"布先生说，"吉先生不是也很擅长建圆顶吗？你们还是去找他吧。"

于是，人们就让吉先生负责后面的工程。然而，吉先生只主持修建了一点点，就再也进行不下去了。

于是，人们再一次回到布先生那里，恳求他出山。

"好吧，如果那个吉先生能保持安静，不要继续絮絮叨叨的，"布先生说，"那我就回到工地上。"果然，布先生说到做到，他建了世界上第一个大圆顶，也是同类圆顶中最美丽的。但是，直到现在，人们也无从得知他当时到底是怎么建造这个大圆顶的。

只有布先生知道如何修筑这个最棒的大圆顶

在建圆顶这件事中，吉贝尔蒂似乎是一个心胸狭窄之人。但他并非一无是处，他是一位出色的雕刻家。就在布先生建造的那个圆顶教堂的对面，有一座小巧的六角洗礼堂，供孩子们在这里接受洗礼。洗礼堂的门是用青铜建成的，吉贝尔蒂就在这些门上雕了许多青铜人像以及《圣经》中的故事情景。其中有一幅青铜画，画的是亚伯拉罕正遵照上帝的旨意准备将自己的亲生儿子放在祭坛上献给神的故事。

"这简直就是天堂的大门！"佛罗伦萨的另一位艺术家如此赞叹洗礼堂的大门。这位艺术家就是米开朗基罗，他和哥伦布同处于一个年代。哥伦布几乎没时间待在意大利，因为他忙着在外面的世界发现新大陆。而米开朗基罗正好相反，他几乎一生都没有离开过自己的家——意大利。他把一生都奉献

不明白看这里

❶大卫，特指《圣经》中用石头战胜巨人歌利亚的牧羊人大卫。

给了那些精美的素描、油画、雕塑和建筑。在那个年代，艺术家就是多面手，他们不仅要深谙绘画、雕刻等艺术创作，还懂得如何制作别的艺术品。这些艺术品的种类繁多，大到一座教堂，小到一根项链，无所不有。

有一天，米开朗基罗看到了一块被人丢弃的大理石，这块大理石身上有着明显的瑕疵。但是，米开朗基罗却说自己在这块石头中看到了年轻大卫[1]的身影，于是他就拿起凿子叮叮咣咣地凿了起来。后来，这块石头就真成了那个年轻牧羊人的形象。佛罗伦萨还有两个巨大的大卫仿制品，比真人大出好多倍。世界上有很多小型的大卫石膏雕像，这些都是佛罗伦萨的大卫雕像仿制品，说不定你家里就有这么个小雕像呢。

这些美轮美奂的艺术品有很多都存放在原本是宫殿的建筑里。在佛罗伦萨，宫殿看起来就跟监狱似的。为什么要把宫殿建成那样呢？是为了防止有人闯入。以前，有钱的家族都住在宫殿里。但这些家族之间总是无法和平相处，彼此间总发生摩擦冲突，为了保证自己人的安全，人们就把宫殿建得跟堡垒一样坚固。

维琪奥桥

这座被意大利人称为“老桥”的桥上有出售纪念品的商铺

佛罗伦萨可没有威尼斯城那么多的河道，不过，还是有一条河流经佛罗伦萨的，它叫“阿尔诺河”。在阿尔诺河上，架着几座桥。在其中一座被称为“维琪奥桥”的桥上，有许多商店，这里就跟威尼斯的里阿尔托差不多。很多商店里都卖用银子、马赛克、皮革或者乌龟壳做的小装饰品和小纪念品。这些东西就是如今的佛罗伦萨人做出来的艺术品，好来赚游客们的钱。

一般来说，所有的塔建好以后都是笔直竖立的，跟孩子们挺直的身体一样。然而，在离佛罗伦萨不算远的比萨城，却有一座朝一边倾斜的奇特斜塔，它就是著名的比萨斜塔。其实，这个塔刚建好时也是垂直站立的，但是后来塔的基座朝一侧发生了下沉，所以塔就开始慢慢朝一边倾倒，仿佛随时都要倒下来似的。几百年来，斜塔就这么斜站着，它在不停地向下倾倒，如果没人帮帮它的话，它总有一天会摔倒在地。

比萨斜塔

还记得咱们说过大理石是怎么来的吗？对，它是从海洋动物的骨头变来的。不是所有的大理石都是一模一样的，有些大理石质地很粗糙，你甚至能清楚地看见石头里面的骨头。但在比萨城附近的露天石矿场出产的大理石，质地则光滑细密。这种大理石叫“卡拉拉”，是以当地的地名命名的。差不多自耶稣降生时起，人们就在这里开采大理石了。当世界上其他地方的人想要用优质大理石盖大楼、砌壁炉，或是完成一个雕刻作品的时候，他们就会让人到这里来采购卡拉拉大理石。

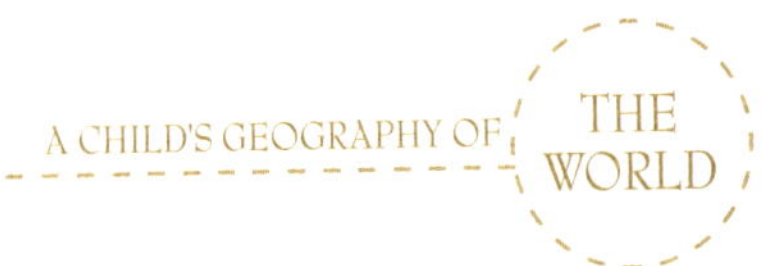

36 罗马，衰落与重生

在2000年以前，不管你从地球上的哪个角落里的哪一条路出发，只要你坚持不停地走，那你最终都会到达伟大的罗马城。“条条大路通罗马”，说的就是这个意思了。在那个年代，罗马城是世界上最大、最富、最美的城市了。那时候的罗马是世界的首都。

罗马城建于7座小山之上，“7”这个数字被认为是个吉祥数。有一条叫“台伯”的河流经罗马。罗马人相信，台伯老人是掌管着该河的神灵。他们向台伯老人祈福，请他保佑罗马人不会被水淹死，也不会遭遇船难。

2000多年前的罗马古城如今已经荡然无存，剩下的无非是些废墟。然而，人们也说，罗马是不会消亡的，因为罗马是永恒的。取代古罗马的是新罗马。但是，新罗马如今不再是全世界的首都了，它只是意大利的首都而已。

不过，罗马依旧是全世界天主教的中心，掌管全世界天主教教会的“领袖”就住在罗马。人们尊称这位领袖为“罗马天主教皇”，教皇有“父亲”的意思[1]。

人们相信，被钉死在十字架上的圣彼得的遗骸就埋葬在罗马。据说，自从圣彼得生活的时代到今天差不多1900多年的时间里，人们每天都会在这里举行宗教仪式。最初，人们在夜晚秘密举行这些仪式，因为当时大多数的罗马人都不信奉基督。如果发现有信仰基督的人，他就会被抓起来甚至会被宣判

不明白看这里

[1] 在拉丁文中，“教皇”有“父亲”之意。

死刑。然而，许多世纪过去之后，人们却在这个地方修建了圣彼得教堂。对，全世界最大的教堂圣彼得教堂就修建于此。

圣彼得大教堂是世界上最大的教堂之一

圣彼得教堂的顶部是个巨大的圆顶，它是按照佛罗伦萨的布鲁内莱斯基设计的圆顶式样修建的，但它比佛罗伦萨的那个圆顶还要大得多。圣彼得教堂的圆顶是咱们前面说过的那个伟大的艺术家米开朗基罗修建的。咱们曾说过，米开朗基罗不仅仅是雕塑家和画家，还是个伟大的建筑师。圣彼得教堂非常大，它的顶部还造了很多房间，里面住着教堂的神职人员。

不论是白昼还是黑夜，圣彼得教堂的前门永远都是敞开的。但是，就在这扇敞开的大门的右边，有一扇青铜门却是每隔25年才会被打开一次。这扇青铜门被称为“神圣之门”。人们还用石头筑成墙把它围了起来。在每一个第25年的年尾，人们都会把这堵石头墙推倒，好打开后面的青铜门。

圣彼得教堂到底有多大？它大得可以在里面同时举行30场互不影响的弥撒[1]。为了跟这个大教堂相得益彰，教堂里的每个东西都不得不比平常的大一号。比如说，天使雕像的大小就跟巨人差不多，鸽子有如老鹰一般大小。教堂里仅有几个跟真人一般大的雕像，其中有一座是圣彼得的坐像。从世界各地赶来的虔诚信徒会聚在圣彼得大教堂，他们还会亲吻铜质雕像的脚。因为前来朝拜的人特别多，以至于雕像上的脚趾都差不多被亲没了。

不明白看这里

[1] 弥撒，亦称“感恩祭”，是天主教纪念耶稣牺牲的宗教仪式。

在复活节或别的宗教庆祝活动里，人们会在圣彼得教堂的内墙上挂起深红色的丝绸，点燃数以千计的蜡烛。唱诗班的男孩子们吟唱着圣歌，祭坛旁的侍者们则轻轻摆动着点燃的香使得缕缕青烟不断升起直至教堂穹顶。数百位穿着华丽长袍的牧师，头戴红帽子、身穿红色长袍的红衣主教们以及穿着白袍子的罗马教皇组成神圣庄严的队伍，他们沿着主通道一直走到高高的祭坛。在1900多年前，圣彼得就在教堂祭坛下的这个位置被钉死于十字架上。在那时，所有的基督徒都在担惊受怕，不敢露面。

教皇住在毗邻圣彼得教堂的一个叫作“梵蒂冈宫”的大房子里。如果你家有12个或者20个房间，就可以说住在大房子里。然而，据说梵蒂冈宫里有1000多个房间呢。谁知道呢，很可能也没人数过吧。很多大房间里都放满了塑像和名画。这些大房间就是一个个的艺术馆，人们可以进去参观。其中有个房间是教皇的私人礼拜堂，这个房间被称为“西斯廷礼拜堂”。在西斯廷礼拜堂里面的穹顶和内墙上都画着米开朗基罗的画作。想要舒舒服服地欣赏穹顶上的画，那你最好是躺下来仰望穹顶，再就是手上拿个镜子反照穹顶也行。

在圣彼得生活的时代以前，人们信仰很多神灵。罗马在当时就有一个寓意为献给众神的建筑物。这个建筑物至今依然存在，叫作“万神庙”。万神就表示所有的神。万神庙也有个圆顶，但是它跟圣彼得教堂的不同。圣彼得教堂的圆顶就像是个倒扣着的杯子，而万神庙的圆顶则更像是个倒扣着的大茶碟。万神庙里一扇窗户也没有，但是在“大茶碟”的顶上有个大孔。这个朝天的孔叫作“神之眼”。阳光和雨水都能穿过这个大孔。然而，由于这个穹顶离地面太高了，以至于雨水还没滴落到地面上就蒸发了。

提图斯凯旋门

那些建于2000多年前的古罗马建筑，如今几乎都成了废墟，但万神庙却如它刚修建时一样好。在那些古老建筑的周围，2000年来的尘土和废物越积越高，以至于那些被荒废的建筑比现在的城市低了至少20英尺[1]。人们真的有必要把它们挖出来了。

不明白看这里

[1] 20英尺约为6.1米。

很多年以前的罗马城，有一个非常非常大的市场，它是罗马大广场。广场四周是漂亮的皇宫和宫廷建筑，还有寺庙和拱门。以前，那些打了胜仗凯旋的将领会骑着战马，神采

奕奕地穿过拱门。这些拱门也叫“凯旋门”。其中有一个拱门被称为“提图斯凯旋门”。提图斯是很久之前一位罗马皇帝的名字，他曾带兵摧毁了犹太人的耶路撒冷，于是人们就修建了这座拱门以示庆贺。另外，还有一个拱门被称为“君士坦丁大帝凯旋门”。君士坦丁是第一个信奉耶稣的罗马皇帝，不过那时候已经是耶稣死去300年以后了。

古罗马竞技场

古代的罗马人有一种很特殊的取乐方式。他们很喜欢观看人与猛兽的搏斗，把观看人与猛兽的互相残杀当作一件乐事。那些猛兽都是像狮子、老虎这样凶残的大型动物。与这些动物搏斗的人，要么是在战场上俘获的俘虏，要么就是被罗马皇帝宣判死刑的基督徒。巨大的“体育场”被修建起来了。古罗马人坐在这个大体育场里观看人兽之间的搏斗，跟我们现在看足球或棒球比赛差不多。这个大体育场叫“古罗马竞技场”。它的一部分已经残缺不堪，但大部分还是伫立在那里。今天，人们依然能看见当年关押野兽的地方。

在那时，信奉基督的人由于担心被人看见，所以不敢光明正大地在地面上举行宗教活动。于是他们就躲在像地下室一样的房间里举行宗教仪式。在罗马城外的地面之下，那种像地下室一样的房间连起来有数十英里长。基督徒们就是在那样的地方祈祷，而且他们自己死了以后也被掩埋在那儿。那里被叫作“地下墓地”，数以百万计的基督徒被埋葬在那里。

37
1英里高的灰土堆

有谁会觉得一堆灰好看？如果家里后院有一堆灰的话，那肯定是丑到家了吧。在意大利的那不勒斯的“后院”里，就有一堆几乎高达1英里的灰，然而，没有人说它不好看。这堆灰位于环境优美的那不勒斯海湾。人们在那不勒斯海湾周围修建了房屋和酒店，为的就是能看到这一大堆灰。人们把它叫作“维苏威火山”，尽管它并不是真正的山。

当大人们还相信神话故事的时候，也就是很久以前，据说有个住在地下的铁匠，腿部有残疾，他在地底下烧着一个大熔炉，为的是把他干活用的铁烧红。别人管这个铁匠叫“法尔坎”[1]。从地底下冒出来的浓烟和火焰，还有那些堆在地上的灰据说就是从他的大熔炉里出来的。在英语里，火山（volcano）这个单词的拼写就和法尔坎（Vulcan）这个名字的拼写有点儿接近。没错，人们就是用法尔坎这个名字来给那些不断冒火的山起名字的。

世界上有好多火山，但维苏威火山是最出名的。人们现在知道了，火山是地底下烧得滚烫的大火炉。同时人们也知道，在地下根本没有烧火炉的人和神仙。在别的地方，一些火山已经烧得差不多了，基本上不会再喷发了，可维苏威火山不一样，它还没有燃烧殆尽，仍在继续燃烧，并且不断地冒出烟。人们在白天能看见烟和蒸汽从山顶处冒出来，夜晚还能看见山顶处喷出的火光。然而，跟能冒出烟的大烟囱没什么两样

不明白看这里

[1] 法尔坎是古罗马神话中专司火和冶炼的神。

的维苏威火山并不会给人们带来什么实际的损害。不过，山顶处时不时地会有些猛烈喷出的火焰，将已成为细小粉末的岩石和灰尘冲向空中。这些岩石灰和尘埃能在空中飞好几个月，甚至能飞到几千英里外的其他国家去。说来也真奇怪，这些从火山里迸发出来的尘埃往往会给落日披上一层瑰丽的色彩。

火山里燃烧的火可比咱们人类生的火焰热好多。咱们点着的火能熔化铜和铁，但是熔化不了岩石。而火山火能轻而易举地把岩石给熔掉，就跟熔化一块黄油一样。熔岩就跟烧开的水一样溢出山顶，像小溪一样流下来，最终又因为冷却而变回石头的样子。这些岩石叫作“火山岩”。那不勒斯周围有大量的火山岩，所以那儿的人就用火山岩来铺马路。

几年前，我曾来到那不勒斯，正好赶上维苏威火山刚喷发不久。马路上好像铺满了灰色的雪。其实，它们是从火山上掉下来的火山灰。它们当然不会像雪那样自行消失，所以人们用大卡车把它们拉走，倒在那不勒斯海湾里。我很好奇火山里面到底是什么样的，于是就想上去看看。但是，所有通往山顶的铁路都被毁了，我只好花了半天的时间从山脚下爬到山顶上。在上山的路上，我每挪一步就会踩进厚厚的火山灰中。我沿着火山口的边缘，朝烈火灼烧的火山肚子里探头张望。我不得不经常把头抬起来好躲避那些不时被喷射出来的石头。后来我周围落了不少石头，所以我决定赶紧下山往回走。但我不是步行下山的，而是跳着下来的，我感觉每一步都像是从房顶上向下跳，差不多每跳一步我就摔倒一次。不过，我倒是没怎么

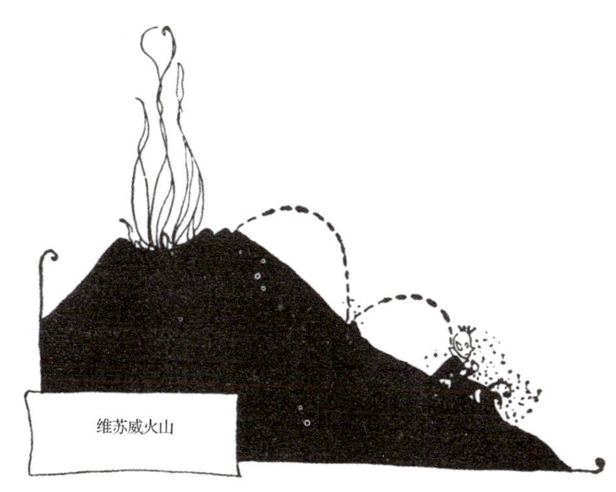

火山口热得不得了，我赶紧跳着下山去了

受伤，因为每摔一次我都会陷在厚厚软软的灰尘里。我的膝盖、腰，甚至连我的脖子都陷在灰尘里啦。这经历真是有趣极了，就像是跳进了一个松松软软的大草堆里。不过，这实在太脏啦！我用了半天的时间上山，用了10分钟的时间下山，最后用了好几个小时来洗澡。衣服呢？别提了，都毁了。

有些鸟会把窝安在烟囱顶上，但如果人类把家安在一座随时准备爆发并有可能吞没家园的火山脚下，那就太奇怪了，不是吗？可是，就在很多很多年以前，人们就在维苏威火山旁边建造了一座叫“庞贝”的城市。当时的庞贝城比今天的那不勒斯离火山还要近。某一天，维苏威火山突然爆发了。在庞贝人还来不及知晓，还来不及从工作和休息的地方撤退的时候，火山那致命的熔岩、火山灰以及气体就迅速吞没了庞贝城。顷刻间，每个人就在他待着的地方丧了命。火山灰埋没了整个城市。庞贝城和庞贝人被埋在火山灰中几近2000年。就在不久之前，人们把这座古城挖掘出来，原来的建筑物才得以重现天日。如今，游客们进入这座废墟，在以前的街道上行走，还可以进到2000年前的房子和商店里。2000年前，人们就是在这块地方生活的，当时的他们为了生计奔波，也为了琐事而发愁，可是谁也没想到灾难就在一瞬间找到了他们。

没人知道维苏威火山哪天还会再次爆发，但那不勒斯人可从来不担心这件事。是的，他们一点也不担心，他们每天都高高兴兴地在大街上边走边唱。实际上，人们在街上边走边唱的城市为数很少，而那不勒斯就是其中的一个。

在美国，人们或许能听到有人在街上一边走一边吹口哨，但几乎没发现有人会在街上边走边唱。唱歌或许不能代表快乐，不过那不勒斯人总是不停地唱着歌，特别是晚上：计程车司机在唱，穿着破破烂烂的小淘气包们在唱，就连乞丐们也在唱。大家唱的都是那些音乐会或歌剧里的曲目。有一位已经

去世的著名歌唱家——你现在也许还能从老唱片中听到他的歌声，他就是一个曾经出现在那不勒斯街头的小淘气包。他后来去了美国，他就是卡鲁索[1]。

意大利语仿佛就是为了歌唱和音乐而生的。曾有人这样形容意大利语：“说意大利语的人在说话的时候总是不由自主地想唱歌。”美国的乐谱往往是用意大利语谱写的，演奏的说明也常常用意大利语写。在意大利语中，几乎所有的单词都是用元音结尾的。比如说，意大利语中的“钢琴”“大提琴”“女高音”，还有“女低音”等单词都是用元音结尾的，就连“那不勒斯”这个词也是用元音作为结尾的。

山羊这个词听起来可不怎么好听，而那不勒斯海湾对面有个小岛就叫“山羊岛”，在意大利语中它的发音为“卡布里”。你听过一首叫作《美丽的卡布里》的歌吗？对，用英语说它就是《美丽的山羊岛》。

在卡布里岛满是岩石的岸边，有一个海上洞穴。想要进入这个洞穴，你只能划着小艇从一个低矮的洞口进入。那个洞口特别小，小到你都得低着头才能顺利通过。如果海浪来得高了一点儿，你就完全进不去了。人们把这个洞穴称作“蓝洞”，因为在这个岩洞里，海水是那么湛蓝明亮，以至于你都觉得自己乘坐的小船是飘浮在蔚蓝的天空中的。它的水为什么这么蓝呢？假如你用小瓶子把这里的水带回家——当然啦，我知道有很多人都这么做呢——你就会发现这瓶水跟家里浴缸里的水没什么两样，它们都是无色的。这真是太奇怪了！

不明白看这里

[1] 卡鲁索（1873—1921），被称为“不朽的男高音歌唱家”，他还是世界上第一个把歌唱录制成唱片的歌唱家。

38
战争与童话

尽管德国人和意大利人同样喜欢音乐。但是，德国音乐和意大利音乐的风格是截然不同的。部分德国音乐气势磅礴、音域宽广、曲调激昂，使人联想到战争；部分德国音乐则温柔舒缓、甜蜜温馨。德国人谱写了最著名的摇篮曲和圣诞歌，家喻户晓的《平安夜》就是其中之一。音乐剧被叫作“歌剧”，一些世界上最伟大的歌剧也是由德国人谱写的。

人们似乎不会把摇篮曲、圣诞歌和战争联系在一起。然而，德国人却是如此。除了喜爱音乐，德国人也非常好战。大家都知道世界上发生过两次可怕的战争，它们就是第一次世界大战和第二次世界大战。大多数国家都被卷入了这两次世界大战。而在两次大战中，德国几乎都是所有参战国的共同敌人，甚至世界上那些没有参与战争的国家也都把德国视作敌人。在两次世界大战中，德国都差一点儿赢了。

第二次世界大战以后，制服德国的那些国家为了防止德国再次挑起战争，就把德国分开了。德国的东部受苏联托管，德国的西部则分受英、法、美三国托管，于是，德国被划分成东德和西德两部分[1]。

童话和真事，你更喜欢哪一个？一些世界最著名的童话故事都是在德国创作的。德国人写了好多的故事、诗歌、歌曲和歌剧，他们写童话里的虚构人物，也写曾在德国莱茵河畔的山上和洞穴里居住的真人真事。瑞士阿尔卑斯山脉的冰川是莱

不明白看这里

[1] 1990年，东德（德意志民主共和国）正式并入德意志联邦共和国，两德统一。

茵河的源头，莱茵河沿着德国的西边一路向北，流经荷兰。

德国给世界奉献了最棒的童话

莱茵河畔都是些险峻的山和石头，山顶上有许多历史悠久的城堡。一些强盗贵族修建了这些城堡。这些人把城堡建在山上，主要是为了抢劫山下的人，同时又能躲避敌人的袭击。山谷里的可怜人只好把自己辛苦种植的一部分东西送到山上来，不然，这些山上的强盗就会率人冲下山来，抢夺他们的东西，践踏他们的房屋。可怜的人们实在是没办法反抗这些强盗，因为强盗们的坚固城堡能将任何外人拦住。由于维修难度极大，并且那些欺凌穷人的强盗们已经不复存在，这些昔日坚不可摧的城堡如今多数已成废墟。

科隆香水味道浓烈呛鼻，它的名字源自莱茵河畔一座城市的名字——科隆。科隆是“殖民地”的意思，因为科隆市曾经是古罗马的殖民地。你不知道吧，人们花了7个月的时间才将我住的房子盖好，而在科隆，人们花了近700年的时间才将一座大教堂盖好。这座教堂是全世界工期最长的建筑了。

科隆以大教堂而闻名于世，但它不是德国最著名的城市。柏林是德国最著名的城市。第二次世界大战以前，柏林是世界上公认的最漂亮整洁的城市之一。柏林有着绿树成荫的宽阔马路，有美丽的公园和石头建筑，还有漂亮的雕塑。德国的首都就是柏林。然而，在第二次世界大战结束时，柏林已变得面目全非，它的大部分地方都被战火摧毁。很多最美丽的建筑被空投的炸弹炸毁，成了废墟。柏林地处苏联人控制的德国东部，但柏林并不仅由苏联人掌管，而是由美、英、法、苏4个国家共同托管。第二次世界大战期间，美国和苏联是盟友，但到了战争结束的时候，苏联和美国、英国的关系就不好了。苏联人甚至说，控制德国西部的国家不允许使用通向柏林的公路和铁路。可是，生活在柏林的人又非常需要生活援助，于是，美国和英国只好每天都用飞机把成吨的食物和煤炭送到柏林。这种状况一下子就维持了1年半。在此期间，这种投送物资的方式就被称为“柏林空运”，因为所有物资都是靠飞机空运到柏林的。终于，苏联人意识到要把美国人和英国人挡在柏林以外，基本上是不可能的，所以他们开放了通向柏林的铁路。

花了近700年时间才修好的科隆大教堂

在地图上，有个地方看起来就像是德国伸出的拇指，但这个小拇指并不是德国的领土，而是一个小国家，叫“丹麦”。丹麦的两边分别是北海和波罗的海。德国临着北海和波罗的海。如果德国人想要从北海沿岸城市去到波罗的海沿岸城市，那他们就非得绕过丹麦不可。可这样做又很麻烦，所以德国人决定在“拇指”的底部挖一条运河，把拇指截断，省得绕路。这条运河叫作“基尔运河”。

39
了不起的丹麦人

我叔叔不耐烦的时候，老是喊一句话："斯卡格拉克和卡特加特！"我那时候觉得很纳闷儿，不知道他是什么意思。现在我知道啦，斯卡格拉克和卡特加特是绕着丹麦的一条窄窄的水道。这条水道从北海一直伸到波罗的海。卡特加特说的是猫的喉咙，而斯卡格拉克则是斯卡格的喉咙的意思。

丹麦主要包括两块地方，一块是像拇指一样的日德兰半岛，另一块则是紧紧挨着日德兰半岛的雪兰小岛。在日德兰半岛上，曾经居住着一个叫"朱特"的民族。丹麦首都哥本哈根就在雪兰岛上。你知道雪兰是什么意思吗？它指的是海洋上的陆地。哥本哈根的意思是商人的港湾，因为在那里停泊着很多从北海前往波罗的海的商船。不过，现在的船只基本上都不再经过斯卡格拉克和卡特加特了，而是取道更近的基尔运河，所以哥本哈根的船只没有以前那么多了。丹麦唯一的大城市就是哥本哈根，在这里没有比哥本哈根再大的城市了。

你听说过大丹狗吗？是一种来自丹麦的大型犬。丹麦人也跟这种大狗共用一个名字呢。你肯定知道一个伟大的丹麦人，因为你肯定读过他写的《卖火柴的小女孩》和《丑小鸭》。这些童话故事的作者就是住在哥本哈根的汉斯·克里斯蒂安·安徒生。丹麦人特别喜欢叫克里斯蒂安这个名字，光算国王就有10个叫克里斯蒂安的。

克里斯蒂安是"基督徒"的意思，然而在1000多年前的

《安徒生童话》你喜欢吗？想一想你读过哪些《安徒生童话》中的童话，写出3个你最喜欢的童话人物的名字吧！

丹麦，人们并不信奉基督。那时候的丹麦人好多都是在大海上横行的海盗，动不动就去别的地方抢劫。当然了，现在的丹麦人不再当海盗了，不过他们依旧擅长航海。一些小镇上的人几乎个个都是水手，他们要么建造船只，要么就是干一些别的跟船有关的工作。

不出海打拼的丹麦人大多干些跟黄油和鸡蛋有关系的工作。他们通过养牛来得到黄油，通过养鸡来得到鸡蛋。之后再把黄油和鸡蛋出口到那些缺乏这两样东西的国家。在丹麦，每枚鸡蛋上都印着生产日期，人们一看就知道哪枚鸡蛋新鲜，哪枚鸡蛋不新鲜。丹麦出产的黄油质量非常好，价格自然也比较贵。

丹麦是全球生活方式最健康的国家之一。丹麦人的寿命往往比其他国家人的寿命要长[1]。所以，想长寿，就去丹麦吧！

虽然丹麦是个小国家，但它也曾有过2个比本土面积大上10倍的岛。这2个岛都位于远离丹麦的寒冷北方，小一点儿的叫“冰岛”，大一些的那个叫“格陵兰岛”。格陵兰岛目前仍归属于丹麦，但冰岛已经成为一个独立的国家了。很多人都想不明白，为什么丹麦想要这2个岛呢？冰岛上尽是些火山，哦，也有好多温泉。说来也怪，冰岛虽然叫冰岛，但是岛上却有很多火山。要知道冰火不容啊！格陵兰岛上面则尽是些冰。依我看，还不如把格陵兰岛叫作“冰岛”，把冰岛叫“火山岛”得了。我以前认识个小男孩，明明长得很胖，可他的所有朋友都管他叫“小瘦猴”。这就像人们把明明是冰天雪地的格陵兰岛[2]说成绿色的陆地，所以我觉得他们好像在开玩笑呢。我们只能在格陵兰岛边缘的一侧看到些露出来的土地。覆盖格陵兰岛的冰层厚度差不多达到0.25英里了，而且有如教堂般大小的大冰块经常跌落下来，漂浮在海洋上。人们把它们叫作

不明白看这里

❶目前，世界上国民最长寿的国家是日本。

❷格陵兰岛在英文中为“Greenland”，意为“绿色的陆地”。

"冰山"，意思是像山一样的大冰块。

爱斯基摩人居住在格陵兰岛上。你一定很好奇格陵兰岛上的爱斯基摩人平时会吃些什么吧。因为格陵兰岛上可是种不了什么可以吃的东西。爱斯基摩人主要是靠打渔和捕猎为生的。在那里有一种叫作"海雀"的海鸟，数量简直多得不得了，它们飞得很低，于是爱斯基摩人就像网蝴蝶一样网住它们。他们能抓到够吃上几个月的海鸟，而且想保存这些鸟也很方便——用不着天天都等着卖冰块的人来，因为户外就是个天然大冰箱，他们可以把抓住的鸟直接放到冰上保存。格陵兰岛上的温度有时候甚至会降到-56℃左右，所以需要很保暖的衣服。海雀柔软细密的羽毛可以被做成用来保暖的衣服衬里，穿上的感觉也非常舒服。另外一种鸟——绒鸭，长着更软的绒毛。鸭绒是这世界上最柔软、最轻的东西之一。就是因为鸭绒又保暖又轻，所以它们是被子最好的填充物。绒鸭蛋也是爱斯基摩人的食物，他们一次能采集到上千枚绒鸭蛋。

爱斯基摩人吃不到咱们吃的那种普通牛肉，他们吃的是一种叫作"麝牛"的牛肉。麝牛的角就跟钩子一样，它们的毛又长又粗，能在冰雪环境中抵御酷寒。麝牛皮毛非常蓬松，使得它看起来像是体型非常庞大的动物。然而，当它被杀死剥皮之后，就会发现麝牛其实就是一只瘦瘦小小的可怜动物。

还有另外一种动物也成了爱斯基摩人口中的食物。这种动物既能在水里生活也在陆地上生活，它们还长着长长的像象牙一样的长牙。它们是海象。爱斯基摩人捕捉海象不仅仅是要食肉，还为了得到海象那对伸出嘴外的大长牙。

爱斯基摩人喜欢吃肥肉，而不是瘦肉。肥肉对于爱斯基摩人，就像香蕉对于我们一样，绝对是顿美餐。饱含脂肪的食物能使人体保持温暖。神奇的大自然把肥肉变成了爱斯基摩人的美餐，让他们不畏惧严寒。然而，温暖国度的人就不喜欢吃

除了文中列出的几种动物，格陵兰岛上还生活着什么动物呢？

爱斯基摩人和他们的海豹皮船

肥肉，因为肥肉提供了多余的热量，让他们在想要凉爽的时候偏偏感到浑身发热。

海豹的皮毛是女性穿着的最值钱的皮草种类之一。海豹跟海象一样，也是既能在水中也能在陆地上生活的动物。海豹皮被爱斯基摩人制成供夏天时使用的帐篷。格陵兰岛上有些地方常常刮大风，人们就用大石头来压住帐篷，免得帐篷被大风刮跑。冬天，如果有石头，人们就用石头来建房子；如果没有石头，那人们就用冰块来建房子。用冰块搭建的房子长得像个碗，最高处还没有一人高，而且通常也就只能有一个不带窗户的房间。爱斯基摩人在外面的地面上生火照明，或者是用油灯来照明。他们的油灯是用一个空心石头制作的，灯芯是在动物油脂中浸过的。

爱斯基摩犬算是爱斯基摩人接触的唯一一种比较温顺的动物了，它们长得跟狼很像，没准儿它们就是狼的亲戚呢。爱斯基摩人把爱斯基摩犬拴在雪橇上，瞧，这就是他们的汽车和马车呢。人们把4只、8只抑或更多的爱斯基摩犬拴在一起，组成一个拉车的队伍。别的狗都很喜欢玩水，只要有机会，就会跳到水里去。然而爱斯基摩犬却很怕水，虽然它们也会游泳，但除非你拿鞭子抽它们，否则它们永远都会离水远远的。爱斯基摩人可不怕水，即便水里有大块浮冰，他们也不怕。爱斯基摩人能制作一种叫作“海豹皮船”的独木船，这种船除了中间能坐人以外，剩下其余地方都是密封并且防水的，即便发生了翻船事故，也不会进水。爱斯基摩人很擅长划船，他们用一种特别的水上项目来炫耀自己的划船天分，那就是故意把船打翻，继续不停地划桨。

40
鱼、峡湾、瀑布，还有森林（上）

你的想象力够丰富吗？我是说，你能把天上的云朵看成巨人吗？或者是看成奔驰的马匹、长耳朵的兔子或是别的东西？

把地图转一转，有没有看到什么特别的东西呢？我看到了。我看到了一头张着大嘴的鲸鱼，好像要把丹麦吞下肚呢，斯卡格拉克和卡特加特就差不多在大鲸鱼的咽喉部位。

我学习过的那些地理知识告诉我，这条大鲸鱼就是斯堪的纳维亚半岛。名字真够长的，不过像鲸鱼这么大的动物也应该配个长点儿的名字，不是吗？鲸鱼的背部是挪威，另一边则是瑞典。挪威和瑞典加起来就是整个斯堪的纳维亚半岛了。

为什么我会觉得斯堪的纳维亚半岛像头鲸鱼？或许跟挪威附近海域真的有鲸鱼相关。鲸是目前世界上最大的鱼，不不不，它并不是鱼。鱼类，就跟鸡呀、鸟呀这样的动物一样，它们是下“蛋”的，只不过鱼产的“蛋”又小又多罢了[1]。然而，鲸妈妈生的可不是蛋，它跟猫妈妈生猫宝宝一样，生的是鲸宝宝[2]。而且，鲸每隔一段时间就要浮出海面来呼吸空气，就跟人类在游泳时在水面之上呼吸空气一样。而鱼类是不需要这样做的，而且鱼也无法做到。所以，现在你知道了，鲸不是鱼。

鲸吃的是一种叫作“鲱鱼”的小鱼，而且它一张嘴能连骨带皮地吞掉好多好多鲱鱼。大海里的鲱鱼多得数也数不完，

不明白看这里

[1] 绝大部分的鱼类都是卵生动物，以产卵的方式繁殖后代。

[2] 鲸是世界上体型最大的哺乳动物。

不明白看这里

❶英文单词“school”既有“学校”的意思，也有“鱼群”的意思。

它们通常是一大群一大群地在一起生活。英语里的鱼群跟学校用的是同一个单词[1]，但是，要知道一大群的鲱鱼可比全世界所有学校加起来的学生数量还要多得多呢。所以虽然鲸吃掉了很多鲱鱼，但海洋里还是有足够多的可以供人类食用的鲱鱼。挪威人用渔网捕捞鲱鱼后，会用盐腌、烟熏或者是风干来处理这些鲱鱼，总之是把各种方法都用上以确保鲱鱼不会变质。之后，他们就把鲱鱼干卖到世界各地去。你别说，今天早餐的时候我还吃了一条鲱鱼干呢，没准儿这条被我吃下肚的鲱鱼多年前就在挪威海域游来游去呢！是的，它很有可能一直被保存到了现在。

对了，今天早餐时，我还吃了1000枚蛋呢。你肯定觉得不可思议吧！但这是真的。只不过我吃的不是鸡蛋，而是鲱鱼的“蛋”。在鲱鱼妈妈的肚子里，有成千上万枚“蛋”。实际上，我们不把鲱鱼蛋叫蛋，而是叫它们“鲱鱼卵”。

在挪威，海岸不像其他国家的海滩那样平平整整，因此，它的海岸做不了海滨浴场。挪威海岸上的山是直接“插”在水里的，山谷里充满了海水。我们把这样的山谷叫作“峡湾”。

挪威在那么遥远的北方地带，那它峡湾里的海水到了冬天一定非常寒冷吧？我们都知道，水在非常寒冷的时候会凝固结冰。但是，让人觉得纳闷儿的是，挪威峡湾里的水从来不结冰。这是为什么呢？这是因为数千英里以外墨西哥湾的海水受到了温暖阳光的照射。哎呀，数千英里以外的墨西哥湾跟挪威峡湾结不结冰又有什么关系呀？别着急，我给你举个例子来解释一下这个问题，虽然人们把锅炉装在地窖里面，但是离地窖最远的房间也能有暖气，因为锅炉一燃烧能够把管道里的水加热，管道连通每一个房间，房间自然就暖和了。同样的道理，墨西哥湾就像个大锅炉，太阳光照射着墨西哥湾的海水，使得大锅炉里的水升温，被加热的海水形成了一股温暖的洋流，这

股洋流叫作“湾流”。湾流就像是流淌在海洋里的河，它从遥远的墨西哥湾出发，穿越大洋，一直流到了挪威海岸，让峡湾里的水变得暖和起来。这也是为什么挪威海域出现了大量鲱鱼群的原因，温暖的峡湾吸引了大量鲱鱼，当然也吸引了鲸和渔民。

全球最北的城市就在挪威，它叫“哈默菲斯特”[1]。墨西哥湾流到达挪威时会把一些木头推上哈默菲斯特，有的木头就像是在小河里顺流直下的玩具船一样，是顺着湾流从墨西哥湾一路漂浮过来的。挪威人把这些漂流而来的木头都收集起来用作烧火。普通的木头点燃后只会发出黄色的火焰，但这些木头却能发出蓝色、绿色还有紫色的火焰。这是因为它们在海水里浸泡了太长时间，以至于吸收了海洋中的盐分，进而使得燃烧后的火光呈现出不一样的颜色。燃烧这些漂流木的壁炉里经常蹦跳着美丽的火焰。

你肯定吃过鱼肝油吧？那种味道真的不怎么招人喜欢，但是人们经常说，它对健康有好处。实际上的确如此。鳕鱼的个头比鲱鱼大多了，当然了，它还是比鲸小得多得多。挪威的罗弗敦群岛周围是盛产鳕鱼的地方之一。为了使人们都能有个健康的体魄，渔夫们一船一船地打捞着鳕鱼。因为瓶子里的鱼肝油就是从鳕鱼的肝脏中提取出来的。鳕鱼的骨头派不上什么用场，所以人们就把鳕鱼骨剥下来，再把鳕鱼肉晾干做成鱼干。剔鳕鱼骨可不是什么容易的事儿，因为鳕鱼的骨头实在是太多了。有这么一个有意思的句子：“有条鳕鱼在罗弗敦群岛附近游来游去一个月以后它身上所有的骨头都没啦。”注意，你得给这个句子加上标点符号，它的意思才能说得通。试试看，你会把标点符号放在哪个位置呢？

不明白看这里

[1] 全球最北城市有三说，一为正文中的哈默菲斯特，二为霍宁史维格，三为朗伊尔城。三地皆属挪威。

41
鱼、峡湾、瀑布，还有森林（下）

位于挪威一个峡湾里的城市恐怕是这个世界上最有“鱼”味儿的城市了。城市和峡湾的名字一样，都叫“卑尔根”。罗弗敦群岛和峡湾里的渔民们把整船中各种各样的鱼都运到卑尔根，这些大鱼、小鱼、胖鱼、瘦鱼、白鱼、黑鱼就从卑尔根被运送到世界各地。

除了是最有“鱼”味儿的城市，卑尔根还有另一个最——它是欧洲最潮湿的城市。当地人不管到哪里去总是随身携带雨具，因为在那里几乎就看不见太阳。即使这一分钟没下雨，没准儿下一分钟就下了。如果我们想用桶接1英寸高的雨水，那可是得有很大的降雨量才行。或许你曾注意到，有时暴雨大到路面都会被雨水淹没，十字路口的积水还会没过你的鞋面。但是，如果我们用桶接的话，雨水很有可能还超不过1英寸呢。街上的积水那么多是因为雨水是从很多地方会聚而来的，而在桶里则不会有这种情况。年降雨量能超过几英尺的城市寥寥无几，而卑尔根的年降雨量能达到6英尺[1]呢。幸亏这说的是年降雨量，要是这么多的雨水是一次降下来的，那全城的男女老少都得被淹死了。

不明白看这里

[1] 6英尺约为1.83米。

在美国，几乎所有的家庭都有汽车。而在挪威，几乎所有的家庭都有船。从过去到现在，挪威人向来是以擅长航海著称的。

在很久很久以前，人们把挪威的水手叫作“维京人”，

维京人就是“峡湾人”的意思。在这些维京人中，有一个最伟大的人，他叫“莱弗”。他是著名海上探险家艾瑞克的儿子。他的全名是莱弗·艾瑞克森。莱弗生活的时代距今有1000多年了，他曾和手下的人漂洋过海到达过美洲大陆，这比哥伦布发现新大陆早了500年！但他似乎对美洲大陆不怎么感兴趣。在回到挪威以后，他也很少跟人提及美洲。

后来，挪威还出现过许许多多著名的海上探险家。挪威离极地非常近，以至于挪威人总想着要一直北上到地球顶端的那个点上去。如果你站在那个点上一动不动，那你每24小时都会转上一圈儿。这个点就是北极点。曾有很多人冒着生命危险试图到达极点处，其中有不少人因此而丧命。两位著名的斯堪的纳维亚探险者就试图到达北极点处，他们是南森和阿蒙森。他们没有丧命，但也没有到达北极点。第一位到达北极点的人是一位叫“皮里”的美国人。然而，前面的那个阿蒙森却是第一位成功到达南极的人。打那时起，一些飞机，还有一架挪威的飞船飞跃了北极，但是它们都没有在那里停留。后来，阿蒙森驾着一架飞机朝北极飞，之后我们就再也没有他的任何消息了。

雪天，你最好穿上套鞋再出门。而在挪威和瑞典，人们穿的是一双很长的、木制的滑雪板。人们要出门的时候，就把滑雪板绑在鞋上。人们踩着滑雪板在雪地里滑行，仿佛就跟踩着雪橇一样。路面平坦的时候，人们就用两根手杖一样的棍子撑着向前滑。

人们自制滑雪板

有人见过白颜色的黑鸟吗？肯定没有。那么，有人见过白颜色的煤吗？有，在挪威和瑞典有很多白色的煤。那里的山顶上有很多大片的冰雪，它们就像是冻在一个大蛋糕上的厚糖霜。冰雪沉到山谷中时，消融成水，水不断下落形成滔滔不绝的瀑布，就像雨水从屋顶流进排水槽一样。挪威人和瑞典人就利用瀑布下落的力量推动机轮，机轮带动锯木机和别的机器。

这就跟利用烧煤来发动蒸汽机，再用蒸汽机带动机器运转没什么区别。虽然挪威和瑞典没有什么煤矿，但是它们的瀑布能发挥同样的作用，所以，瀑布就是白色的煤。

然而，白色的煤也有做不到的事情，那就是产生热量。瑞典的北部出产品质很好的铁，适合用来制作锋利的刀刃。但是，没有黑色的煤，铁矿就无法被冶炼。于是，瑞典人只好用船把铁矿石运到英国去冶炼，因为英国的煤炭资源很丰富。在英国，人们用那些铁矿石冶炼出铁，再用那些铁来制作精致的刀具。

你一定见过矗立于雪地里的松树的照片吧，或者是那些覆盖着雪的松树的照片。松树似乎总能跟雪挂上钩。在挪威和瑞典，森林覆盖了大部分的国土，这些森林主要都是些松树林。长得又高又直的松树不仅能做出质量上乘的桅杆、旗杆、电线杆以及各种建筑用木材，还能做火柴梗。一棵松树能生产几百万根火柴梗呢。你家里的火柴盒上就有可能写着“瑞典制造”这几个字。小一点儿的树被瑞典人用来造纸，他们把树木磨碎做成木浆，再把木浆做成纸。现在几乎所有的纸，报纸也好，包装纸也好，写字的纸也好，都是用木浆做的。瑞典人把树砍倒之后，就锯成圆木，然后再把它们放进溪流中，让这些圆木漂流直下，漂到海上，之后就有人把它们用船装起来运往世界各地。瑞典人每砍伐一棵大树，都会种上小树，而且还会细心地照看这些小树苗。正因为如此，他们才能有取之不尽的木材。

42
午夜阳光

请简要解释一下为什么在挪威的最北端可以看到太阳围着屋子绕来绕去，而没有东升西落。

《爱丽丝镜中奇遇记》这本童话讲过一个海象与木匠的故事，这个故事是这么开头的：

阳光洒在海面上，

灿烂明媚……

好奇怪啊，

因为现在正值午夜时分。

午夜时分，还有太阳！这怎么可能？是在开玩笑吧？然而，这确实有可能，在挪威和瑞典的最北部确实有这种可能。挪威的最北端有一块伸进北冰洋的巨大岩石，它叫“北角”。虽然那里没有城镇，但是人们仍然从四面八方会集在北角。他们去那里做什么？原来，他们是去那里观看午夜阳光照耀在海面上的情景。

人们老是说太阳东升西落，实际上我们看到的也确实如此。但是生活在挪威和瑞典北部的孩子们可跟我们看到的不一样。那里的太阳不是从东边升起再从西边落下的。在那里，太阳基本上就是绕着房子转来转去，它一直低挂在空中，离地面不远，这样的状况要维持半年的时间。在这半年里，你看不到日落，是的，这期间的太阳从来不会离开你的视线，它就这么挂在空中6个月。随着太阳不断地转动，它逐渐距离地面越来越近，直到终于离开你的视线，落了下去。然后，你就有连续半年的时间看不见太阳了，这半年全是黑夜。

为什么会发生这样的事儿？难道那个地方的太阳是另一个太阳吗？

当然不是，我们只有一个太阳。我们生活在地球的这边，当太阳旋转到另一边的时候，我们这边就是黑夜了。但是如果我们一直向北走到北角所在的靠近地球顶点的地方，我们就能看到太阳一天到晚都在天上打转。我们来打个比方：如果你住在山的一边，有另一个人从山的这边绕过来再从那边回来。你在山的这边不动，能看见他从这边离开，又从山的那边回来。当他绕到山的另一边时，你是看不见他的。可是，如果你到山顶上去，那你就能一直看见他了。

地球的顶端常常被人们称为“午夜阳光之地”，因为即便在午夜时分，太阳依然挂在空中。当然你也可以叫它“晚上10点依然可以看到太阳的地方”，反正夜晚的每个小时里，阳光都在不停地照耀着，跟白天一样。你还可以叫它“正午黑暗之地”，因为太阳转到南半球后的时间全部是黑夜。

据说，在那片太阳不落山的地方，是圣诞老人和驯鹿居住的地方。在冰和雪的世界，除了苔藓以外，再没有其他植物可以生长了。驯鹿是唯一依靠苔藓为生的动物。那里也有人居住，他们是拉普人。拉普人看起来跟爱斯基摩人有点儿像，而拉普人和爱斯基摩人又都长得有点像中国人。所以，人们觉得，他们的祖先都有可能是中国人。拉普人和驯鹿生活在一起。在拉普人的生活里，驯鹿无处不在，驯鹿充当了拉普人的马、母牛、羊和狗。拉普人坐驯鹿拉的雪橇，喝驯鹿的奶，吃驯鹿的肉，还用驯鹿的皮来缝制皮衣和帐篷。

拉普人和驯鹿

挪威和瑞典其他地方的人，就跟我们没有什么不同了。不过，也许他们当中的一些人比我们更聪明，也接受了更好的教育。我就认识一个会说12种语言的瑞典人；我听说有个瑞典人发明了用不着把奶油撇出去就能给牛奶脱脂的方法；我还听

人说两个瑞典男孩发明了用加热的方法制造冰块的机器。

瑞典和挪威以前曾经同属于一个国家，拥有同一个国王。现在，它们变成了独立的国家，各有各的国王，也各有各的首都。

你爷爷那辈人的地理书上，把挪威的首都称作“克里斯蒂安尼亚”，这个名字现在已经改了，它现在叫“奥斯陆”，就在地图上“鲸”的咽喉深处。在英语里，瑞典的首都是用“s”作为打头字母的，跟瑞典（Sweden）这个词一样，它的首都叫“斯德哥尔摩（Stockholm）”。奥斯陆和斯德哥尔摩都靠着海，不过咱们前面讲过的湾流并不经过这两座城市的附近海域，所以这两个地方海港里的水一到冬天就全结冰了，使得轮船无法在此通行。斯德哥尔摩的别称是“北方的威尼斯”，因为这个城市就跟威尼斯一样，有很多水道。

你所居住的城市有没有别称呢？这些别称是怎么来的呢？

美国的父母在给自己孩子起名字的时候，往往偏爱用约翰和玛丽这两个名字。同样地，生活在斯堪的纳维亚的人在给孩子选名字的时候，也有一些特别偏爱的名字。他们很喜欢用“奥利”“汉斯”“艾瑞克”和“彼得”这几个名字。有的时候，美国人会在名字后面加上一个字使它变成一个新的名字，比如说，“约翰”加上个“逊”字，就成了“约翰逊”。这里的人常常在名字后面加上一个“森”字，比如说，什么“奥利森”“汉森”“艾瑞克森”，还有什么“彼得森”“南森”“阿蒙森”等。如果你翻开威斯康星州和明尼苏达州的电话黄页，你就会发现那两个州里有几千个这样的名字。因为很多瑞典人和挪威人移居到了美国的这两个州，这两个州的环境有点儿像他们的祖国。

挪威语里有好多单词跟英语里的单词很像，但又不完全一样，有的多个字母，有的少个字母，好像拼错了单词似的。不是他们的语言像英语，而是英语像他们的语言。因为在好多年以前，挪威的水手们到达英格兰并在当地定居下来，当地人就将一些挪威语中的单词沿用了下来，甚至到今天都没有发生多少改变。比如说，英语中的灯为“lamp”，挪威语中为“lampe”；英语中的房子为“house”，挪威语中为“hus”；英语中的母牛为“cow”，挪威语中为“ko”。

很久很久以前，斯堪的纳维亚居民脾气暴躁，非常好斗。他们常常喝一种叫作“蜂蜜酒”的烈酒，用敌人的头骨当酒杯。他们信仰神话里各种各样的神。在他们眼中，托尔是雷神，蒂乌是战神。他们还用神的名字来命名星期二、星期三、星期四和星期五。说来也怪，英语中表示这些日子的单词也是按照他们的命名方式来命名的。因为信仰这些神的人可是我们中很多人的老祖宗呀！“战神蒂乌的日子（Tiu's day）”是星期二，“雷神托尔的日子（Thor's day）”是星期四，“和平之神弗雷亚的日子（Fria's day）”是星期五，“主神沃坦的日子（Woden's day）”是星期三。现在你知道为什么星期三（Wednesday）这个英语单词中有个“d”了吧，因为沃坦的名字里面是有“d”的。只不过因为星期三这个单词前面的“d”是不发音的，所以人们老是忘了把它写出来。大多数人早就忘了一星期里的日子基本上都是按照非基督教神的名字命名的，也有一些人没有忘，他们主张放弃这些名字而直接使用数字来表示一星期里的日子，因为他们不想使用这些非基督教神的名字。

达纳炸药的作用是炸毁东西，是多年前的一个瑞典人发明的。他离世的时候，留下了一大笔钱。他在遗言中称，这笔钱的利息要留作奖励那些每一年在各个领域为世界做出最大贡献的人，而且不论这些人来自哪个国家。评审团的评委们每年都要认真挑选和审核该年度内为世界做出最大贡献的人，然后授予他们奖金。留这笔钱的人叫“诺贝尔”，这个奖项就被称为“诺贝尔奖”。只要你的贡献足够卓越，就有可能被授予诺贝尔奖。你觉得自己将来能不能获得诺贝尔奖呢？

43
熊的故乡

一则关于俄罗斯狼群的故事，是我小时候最喜欢的故事。故事说的是一群驾着雪橇的俄罗斯人在穿越雪原的时候，突然遭遇了一群饿狼。人们赶紧快马加鞭，企图甩掉这些狼，然而狼群不断加快速度，几乎就要赶上他们了。就在这千钧一发之际，雪橇上的人灵机一动，赶紧扔下了一些食物，于是，狼群就停止追逐雪橇转而去争食地上的食物，人们才得以继续向前。然而，故事并没有结束。狼群很快又追上来了，人们只好又扔下一些食物。然而，狼群吃完后很快又追上来了，于是人们再次扔下食物，直到最后扔完所有的食物……猜猜看，最后故事的结局是什么？或者你来为这个故事写个结局？

听过这样的故事以后，我一直觉得俄罗斯就是狼的故乡。直到后来我才知道，俄罗斯其实是熊的故乡。

俄罗斯是地跨欧亚大陆面积最大的国家。它地域宽广，面积相当于欧洲其他国家面积的总和。在俄罗斯的北部地区，气候寒冷，那里有狼、有雪，也有雪橇。但在俄罗斯的中部地区，气候并没有那么寒冷。而南部地区的气候，甚至还算很温暖呢。

俄罗斯最冷的地方在____________，有记录的最低温度是__________。

俄罗斯的北部到底有多冷？即便到了盛夏时节，尽管地面上的冰雪已经消融，表层已经解冻，但地下仍然冻得硬邦邦的；尽管绿草冒出地面，甚至鲜花已经盛开，但地下几乎就是一个冻得结结实实的大冰坨。这些冻层被叫作“冻土带”。在

不明白看这里

❶在英语中，阿尔汉格尔斯克即“Archangel”，这个词也有“大天使、天使长”的意思。

❷1712年，彼得大帝下令迁都圣彼得堡，因此这件事距今已有300多年了。

俄罗斯的北部地区，分布着几千英里这样的“冻土带”。

从地图上看，俄罗斯的上方有一片海，人们叫它“白海”；俄罗斯的下方也有海，人们叫它“黑海”。我猜想，之所以叫它白海，原因可能是因为它在大部分时间里都被白茫茫的冰雪覆盖着。夏天里有那么几个月，是冰期结束、水面解冻的日子，在此期间，很多船只也能开到白海里面去了。这些承载着各种货物的轮船的目的地是一个位于白海的大港口——阿尔汉格尔斯克。这座城市的名字用英语写出来，很容易让人联想到天堂❶。

你也许会问，人们为什么要住在这么偏远的地方呢？他们为什么不到环境更好的地方去住呢？其实人们在那边也只是拣能住的地方住而已，一开始那里只有几处房屋，后来才慢慢发展成了城市。在离阿尔汉格尔斯克较远一点儿的南部，有一个大城市并不是像阿尔汉格尔斯克这样慢慢发展起来的，而是遵照命令一次性建成的。命令的发布者是俄罗斯曾经的统治者，他是沙皇彼得。彼得想要住在临海的地方，以便于满足他随时出海的需要，彼得那时候的想法就跟你有时候突发奇想蹦出来的想法差不多——你有时候也会突然很想去海边驾船出海吧，彼得的想法跟你是一样的。于是，彼得下令在海边建立一座城市，就像别的城市有街道、商店、房屋和宫殿一样，这座城市也一样都不能少。因为他是当时的沙皇，所以他怎么说人们就得怎么做。之后他还命令别的地方的人迁移到这座新建的城市去住。他给这座城市取名“圣彼得堡”，原因是因为他自己的名字是根据圣彼得这个名字取的，所以他也想要一座叫圣彼得的城市。这是距今200多年以前的事了❷。

第一次世界大战时，圣彼得堡人说要为自己的城市重新取一个名字，因为德国人总是把城市叫什么什么堡，而且他们当时正在跟德国人交战，他们可不想让自己的城市跟德国人的

城市叫类似的名字。于是，圣彼得堡被改名为“彼得格勒”，而彼得格勒在俄语中的意思仍然是“圣彼得的城市”。后来，人们被战争所累，不想继续打仗了。他们发起革命，处决了沙皇，建立了一个自己的政府。为了纪念这场革命的领导人——列宁，人们又决定将这座城市改名为“列宁格勒”，即“列宁的城市”。也就是说，人们先后用了“圣彼得堡”“彼得格勒”“列宁格勒”这三个名字来命名之前的俄罗斯首都。后来因为列宁格勒所在的地方气候寒冷，所以人们决定将首都再往南迁一点儿，结果迁到了莫斯科——一个曾经当过首都的地方。

革命军占据了富人们的宫殿和房屋，把它们改为医院和公共场所。他们还征收了富人们的土地，并把土地租给农民和工人。这些革命军就是我们大家所熟悉的共产党。人们把所有省份和地区都联合起来，成立了苏维埃社会主义共和国联盟，首都设在莫斯科[1]。

克里姆林宫位于莫斯科，它是一处被围墙围起来的宽敞地方，里面有房子、宫殿，还有教堂。其实，克里姆林宫一直以来就是俄罗斯的统治中心，克里姆林宫也是莫斯科的国会大厦。不过与美国国会大厦不同的是，克里姆林宫是一大片建筑群，而美国国会大厦只是一栋建筑。克里姆林宫里的那个教堂不再作为教堂，而是被革命军变成博物馆和政府大楼，就跟他们把富人们的宫殿变成医院一样。

红场是一块很宽阔的广场，位于克里姆林宫附近。红场的一边有一个平顶建筑，那里是列宁的陵墓。苏联军队很庞大，人们经常在红场举行阅兵仪式。届时，苏联的领导人们就站在列宁陵墓的平顶上，检阅军队。

这个广场之所以被称为“红场”，原因是红色象征了革命。除此之外，苏联的领导人还将红色指定为领导人的颜色。

不明白看这里

[1] 1991年12月25日，以时任苏联领导人的戈尔巴乔夫宣布辞职为标志，苏联最高苏维埃于次日通过决议宣布苏维埃社会主义共和国联盟（即苏联）停止存在。这也就意味着苏联正式宣告解体。

苏联的国旗是红色的，共产党的革命军也被叫作“红军”。共产党人不是基督徒，他们不信奉任何宗教。

苏联人非常热爱音乐和自己的国家，创作了很多世界上最经典的音乐。一群人在一起工作时，总会不约而同地唱起歌来。士兵们行进时在唱歌，工人们工作时在唱歌，水手们航行时唱歌，甚至那些被关押在监狱里的可怜囚犯也在唱歌，只不过囚犯们的歌声往往充满了悲伤。

44
面包篮

俄罗斯的北部，是一片被白雪覆盖的土地。

俄罗斯的南部，土地的颜色几乎和煤一样黑。那里的土地非常肥沃，也许那里是世界上土地最肥沃的地方了，因此也被称为“黑土地”。在美国的一些地方，肥沃的土壤也就只有几英寸那么厚，沃土下面就是几乎长不出任何植物的岩石或者黏土了。可是在俄罗斯的黑土地上，沃土非常非常厚，甚至有些地方的沃土能有你身高的三四倍那么厚。美国的很多农场都被逐渐废弃了，因为农场里的肥沃土壤太薄，差不多就要被耗尽了。英格兰的许多农场便是如此，被使用了200年的土地已经变得非常贫瘠，种不出什么东西了。当地农民无奈之下，只能搬离农场，另觅家园。然而俄罗斯的肥沃土壤似乎是取之不尽耗之不竭的。那里的庄稼地已经种了好几千年了，可是仍然有能提供足够营养的土壤。

大量的小麦被种植于黑土地上，小麦能制作面包，所以俄罗斯的黑土地又被喻为“面包篮”。在那里，人们还种植着大片大片的向日葵。听上去有点儿奇怪，种向日葵做什么呢？人们可不是为了向日葵花，是为了收获向日葵的种子——葵花籽。俄罗斯人吃葵花籽，就跟咱们吃花生一样。不过，俄罗斯人种向日葵不仅仅是为了吃葵花籽，还为了榨油。葵花籽可以用于榨油，榨出来的葵花籽油很适合拌沙拉，而且还可以用于制造肥皂和别的东西。

中国的东三省也有着肥沃的黑土地，请列举出3种当地出产的农作物。

里海是世界上最大的咸水湖，还记得世界上最大的淡水湖是哪个湖吗？

A.苏必利尔湖

B.鄱阳湖

C.贝加尔湖

D.安大略湖

全世界最大的咸水湖就位于俄罗斯的边境，靠近黑海。这个湖只有流入的河流，却没有流出的河流，所以是个咸水湖。它叫“里海”，因为它就像是陆地里面的海洋一样。

《爱丽丝漫游奇境》里有个三月兔，它说：“既然你能从水井中打水，那你肯定也能从糖浆井中打糖浆。”同样的道理，人们还可以从油井中打油。里海边上的巴库盛产石油，在那里有好多油田，似乎那里的什么东西都能和石油沾上边儿。在那里，石油随处可见，甚至是随处可闻、随处可摸、随处可尝的。在那里没有流入海洋的河流，所以，船只也无法把石油从巴库运送到海岸去。大家得想个办法，将石油运出去送到能装船的地方才行。船所能到达离巴库最近的地方是黑海边上的巴统，而巴统距离巴库700多英里。于是，人们铺设了长达700多英里的管道，利用这条管道将石油从巴库输送到巴统，再在巴统装船运送到其他地方。

俄罗斯有欧洲最高的山和最长的河。最高的山脉是比阿尔卑斯山还要高的高加索山脉，它位于俄罗斯南部的边境，黑海和里海之间。

大多数河流中的水都是不断涌动的、湍急的，而欧洲最长的河流中的水却似乎是不慌不忙的。它就是伏尔加河。伏尔加河的水流速极缓，以至于你都无法判断河水的流向。它迈着最慢的步子最终汇入里海。伏尔加河里生活着一种叫“鲟鱼”的大鱼。用鲟鱼子制成的鱼子酱是一种美味，不过，要适应它的味道还得花上一段时间。鱼子酱应该是世界上最昂贵的食物了，一磅鱼子酱的价钱差不多是一磅牛肉价钱的100倍，我想这也是人们为什么这么喜欢它的一个原因吧。

世界上最珍贵的金属是什么？不是黄金白银，而是铂金。铂金的颜色像银，储量很少，所以它的价钱比黄金还要高。在俄罗斯边境，同时也是欧洲东部边境上有一条叫作“乌

拉尔”的山脉。乌拉尔山地势不算太高，甚至没比丘陵高多少，不过不管怎么样，人们在乌拉尔山脉中发现了铂金。

在俄罗斯有一种非常特别的岩石，它很像是一缕缕的线，人们甚至可以用它织布。它叫“石棉”。石棉织的布不会起火，因为它本身是岩石做成的。在很久以前，有一位国王拥有一块石棉桌布。他每次用完餐后就直接把桌布扔到火里，不一会儿再把它从火里拿出来，每次桌布都是完好无损。国王的客人们看见了，简直是惊得合不拢嘴。因为那个时候的人还不了解石棉的性能，所以觉得很惊奇。现在人们利用石棉不会燃烧的特性，用它来缠绕热力管，也用它来做消防员的制服，还用它来做屋顶。人们在美国和加拿大的一些地方，也发现了石棉。

45
东欧国家

这世界上有千千万万座城市的名字是你没有听说过的，但这些城市却被千千万万的人称为“故乡”。实际上，你所居住的城市，也有可能是别人从来没有听说过的地方，而它却是你不可替代的故乡。

和俄罗斯接壤的国家有很多，请写出它们的名字。

与俄罗斯的西侧领土比较近的是9个小国家。这9个国家中，有一些国家看起来似乎并不是很重要，但对住在这些国家里的人而言，这些国家都是非常非常重要的地方，这里就是他们的故乡。可是对于很多不住在这些国家的人来说，甚至一辈子都没听说过世界上还有这样的国家。当然，要排除那些爱集邮的人，他们什么地方都知道。这些国家中有6个国家的英文名字都是以“ia”结尾的，还有2个国家的名字是以“land”收尾的。

紧挨着俄罗斯的分别是芬兰和波兰这两个国家。芬兰是这些国家中面积最大的一个，它夹在俄罗斯和斯堪的纳维亚半岛之间。芬兰意为“湿地”，顾名思义，它有很多湿地与湖泊。芬兰和挪威、瑞典在某些方面很像。比如说，它们都有峡湾，它们都可以造纸和生产火柴。而且，芬兰也是一个共和国，它的统治者也是总统。

波兰意为“平地”，它的面积跟芬兰差不多。波兰拥有大片的农田，还拥有一些煤和铁。波兰是许多优秀音乐家的故乡。

在英语中，有个国家的名字听起来很有意思，它的名字似乎有点儿像咳嗽（cough）和打喷嚏（sneeze）——Czechoslovakia[1]。不过，翻译成中文以后就变得比较普通了，即捷克斯洛伐克。这个国家位于波兰以南的地方，是个狭长的国家。捷克斯洛伐克过去曾制造了大量的瓷器和玻璃制品。我就有一套盘底印着“捷克斯洛伐克制造”的瓷盘。

奥地利和匈牙利现在是两个独立的国家，不过在以前，它俩是一个国家，被称为“奥匈帝国”。有一条几乎跟莱茵河一样出名的河流，名叫“多瑙河”，流经奥地利和匈牙利。跟莱茵河两岸一样，多瑙河的两岸上也有很多高高的城堡，这些城堡也曾是贵族们的宅邸。世界上有好多描写多瑙河的童话、诗歌和音乐作品，其中有一首音乐作品的名字就是《蓝色多瑙河》。多少年过去了，这首作品仍然是全世界最有名的华尔兹舞曲之一。“蓝色”的多瑙河最终汇入了黑海。维也纳是奥地利的首都。维也纳以餐馆和烹饪享誉盛名。或许你还没有去过奥地利，但你或许已经吃过维也纳的面包卷了，再或者你已经去过维也纳风味的餐馆了。因为维也纳面包卷在美国也能买得到，维也纳风味的餐馆在美国也能找得到。

在英语里，匈牙利（Hungary）这个单词可没有饥饿（hungry）的意思，不过听到这个国名的时候，有没有点儿饥肠辘辘的感觉。当然了，匈牙利其实是匈人的故乡的意思[2]。匈牙利这个国家几乎跟饥饿扯不上什么关系，因为这个国家种植了大量的小麦。对了，你吃过匈牙利红烩牛肉杂烩汤吗？这道菜里面有好多的胡椒和香料，所以味道格外浓烈。在美国也有能吃到这个菜的餐馆。在这些餐馆里，甚至还有能演奏匈牙利音乐的管弦乐队呢。匈牙利的音乐风格跟吉卜赛舞蹈伴奏曲的风格很接近，时而缓慢悠扬，时而奔放激烈。

你有没有让人看过你的手相，或是请人帮你算过命呢？

不明白看这里

①捷克斯洛伐克共和国存在于1918—1992年，1993年1月1日分裂为捷克共和国和斯洛伐克共和国。

②匈人，在英语中为“Huns”，曾被认为是指匈奴人，也有认为是指马扎尔人。后一种说法支持者更多，且被匈牙利史学界广泛认可。马扎尔人，原居于乌拉尔山一带的游牧民族。

有些吉卜赛人会给你算命

吉卜赛人浪迹天涯，四海为家，靠着给人看手相或者给人算命赚钱为生。很多吉卜赛人都来自匈牙利的邻国罗马尼亚。罗马尼亚毗邻黑海。据说，在很久以前，罗马人来这里安家落户，他们按着罗马的名字给这个国家取名为“罗马尼亚”。即便是现在，罗马尼亚语跟意大利语还有点儿像呢。

保加利亚位于黑海边上，它是一个拥有很多森林、山脉和农田的国家。熊、野猫和野猪经常在保加利亚的森林里出没。除了熊、野猫和野猪之外，还有一种被称为“北山羊”的野生山羊，以及另外一种长得很像山羊的岩羚羊。这两种动物也生活在保加利亚境内。你见过我们用来擦拭汽车的岩羚羊布吧，它是一种非常柔软的皮革。我们以前用岩羚羊皮做这种面料；不过现在，我们也用其他材料来做仿岩羚羊布。

香水制造业是保加利亚一项重要的产业。人们种植大片的玫瑰花田，用玫瑰花调制一种非常精致、非常昂贵的香精——玫瑰精油。做一小瓶子的玫瑰油，就要用掉整屋的玫瑰花瓣。现在你知道玫瑰精油价格高昂的原因了吧。

阿尔巴尼亚是一个很小的国家。大部分的阿尔巴尼亚人都是靠耕耘田地和饲养牛羊为生的。在阿尔巴尼亚的某些地方，男人们穿着裙摆大大的及膝裙。苏格兰的男人们是穿着深颜色的裙子，而阿尔巴尼亚的男人们则是穿白颜色的裙子。

隔着亚得里亚海，与意大利遥遥相望的地方是南斯拉夫[1]，它拥有非常丰富的森林和铜矿。实际上，南斯拉夫曾是欧洲国家中产铜量最多的国家了。

在我听到一个地名或人名的时候，我总是能立刻想到跟这个地名或人名配套的东西。尽管我想到的那些个东西也没什么用。

听到“乔治·华盛顿”，首先出现在我脑海的是樱桃树。

不明白看这里

[1] 自1991年起，南斯拉夫已逐步独立出6个主权国家：斯洛文尼亚、克罗地亚、波斯尼亚和黑塞哥维那、塞尔维亚、黑山、马其顿。另外，科索沃于2008年单方面宣布独立，不过尚未获得所有国家的认可。

听到“纽约”，我立刻想到了高楼大厦。

听到“芬兰”，我就想到了湿地。

听到“波兰”，我就想到了音乐。

听到“奥地利”，我就想到了维也纳的面包卷。

听到“匈牙利”，我就想到了蓝色的多瑙河。

听到“罗马尼亚”，我就想到了吉卜赛人。

听到“保加利亚”，我就想到了岩羚羊和香水。

听到“阿尔巴尼亚”，我就想到了穿着裙子的男人。

听到“捷克斯洛伐克”，我就想到了瓷器和玻璃制品。

听到“南斯拉夫”，我就想到了铜。

46 众神之地

读一读希腊神话，了解希腊诸神，选出给你留下最深印象的一个，把他的故事写下来。

我最早看过的书就是《伊索寓言》。伊索曾是一个奴隶，他所生活的那个地方叫“希腊”。虽然身为卑微的奴隶，却并不妨碍伊索成为一个伟大的寓言家。很多著名的寓言都出自伊索的笔下。后来，伊索也因此而重获自由。我看过的那本《伊索寓言》是用英语写的，但最开始的《伊索寓言》是用希腊文写成的。

希腊的国土面积很小。从地图上看，它位于欧洲下方的一个小角落里，假如我用手去指它的话，它会完全被我的指尖盖住。尽管面积不大，但曾有一段时间，希腊一度是这个世界上最伟大的国家。在那个时期里，希腊人就是这个世界上最伟大的民族，希腊语就是这个世界上最伟大的语言。当欧洲其他国家的人还处于懵懂愚昧的状态时，希腊人已经走在了文明发展的前端，他们书写最伟大的著作，建造最美丽的建筑，雕刻最漂亮的雕塑，创办最出色的学校。有一本书的第一版就是用希腊文写成的，迄今为止，这本书已经被翻译成800多种语言通行全球各地。它是拥有最多读者的一本书。这就是《圣经·新约》。

最初，希腊人并不信仰基督，他们也不信奉《圣经》上的文字。他们信仰的不是一个神，而是许多神。他们认为，这些神住在奥林匹斯山山顶的云朵里。如今，奥林匹斯山依旧挺拔地矗立在那儿，然而你在它的山顶上却看不见什么神。阳

光灿烂时，希腊人说太阳神阿波罗正驾着他的金色战车飞越天空；雨水滴落时，希腊人说那是主神宙斯在为地球浇水；电闪雷鸣时，希腊人说那是宙斯因愤怒而产生的雷霆。在希腊人眼中，这些神各司其职，有司爱情的神，有司战争的神，当然也有主宰万物的神。

希腊的版图主要由两部分构成，看起来就像是一个微缩了的南北美洲。这两部分曾经是由一块狭长的陆地连接起来的。这块陆地宽度只有4英里[1]，它叫“科林斯地峡”。希腊的北部有一个城市，这个城市不管是过去，还是现在都是一个伟大的传奇。当然，将来它也很有可能延续自己的伟大，它就是雅典。雅典人相信，智慧女神雅典娜很是眷顾他们的城市，所以他们就用雅典娜的名字来命名自己的城市。为了纪念雅典娜，他们还在一座高山上修建了全世界最优美的神庙——帕特农神庙，神庙的名字也是参照雅典娜的名字而取的[2]。在帕特农神庙里，雅典人曾放置了一尊由黄金和象牙做成的巨大的雅典娜雕像。但今天的人们却无法前去瞻仰雕像，因为雕像不在那里了，而且没有人知道它的下落。神庙的一些雕刻品曾被人拆了下来，送到伦敦，如今这些珍贵的雕刻品被保存于大英博物馆之中。如果你想要去看看那些漂亮的雕塑，你不要去雅典，而是去伦敦！因为伦敦的藏品数量很有可能比雅典还要多。帕特农神庙，以及雅典其他的神庙，跟基督教教堂的建筑风格完全不一样，这些神庙既没有圆顶，也没有尖顶，有的是环绕四周的圆柱。

建造神庙和雕像所需的大理石，取自雅典附近的彭特利库斯山。有人说，雅典人之所以能在那么早的时候建造出令人惊叹的雕像和建筑，就是因为他们有着那么好的大理石可供使用。然而今天的彭特利库斯山仍然出产上好的大理石，可是再也没有什么人能制作出与当年那些雕像或建筑物相媲美的东西了。

不明白看这里

[1] 4英里约为6.44千米。

[2] 帕特农神庙之名出自雅典娜的别号“Pathenon”，即帕特农。

很久以前，人们常常去一个叫“神谕处”的地方算命。有一个非常有名的神谕处位于离雅典不远的德尔斐。在那里，地面上有一条不断冒气的裂缝。有一位叫“西比尔”的女神就安坐于裂缝之上，人们就在这里修建了一座小神庙。裂缝中升起的气会让女神进入睡眠状态，就像医生的麻醉剂让病人进入睡眠状态一样。女神在睡梦中会开口说话，她会含混不清地回答人们提出的问题。人们从四面八方赶来聆听神谕。然而，就跟雅典娜雕像一样，德尔斐的神谕处也失去了踪影，没人知道它是在什么时候消失的，也没人知道它是怎么消失的。

你知道吗，在英语中也包含着希腊语。当你用英语说音乐（music）、博物馆（museum）或者娱乐活动（amusement）这些词的时候，你说的其实就是希腊语。这3个单词源自9位女神的名字，她们便是缪斯女神[1]。德尔斐的一处泉水附近曾是9位缪斯女神的居所，那处泉水叫作“卡斯塔利亚”。据说，凡是喝了卡斯塔利亚泉水的人，都能拥有创作诗歌和音乐的天赋。如今，卡斯塔利亚泉水还在流淌，人、绵羊、山羊都会去饮它的水，然而，却没有哪个人因为饮了它的水而变得充满灵性，它现在不过就是一处能解渴的水源而已。

不明白看这里

①缪斯女神，指希腊神话中主司艺术与科学的9位文艺女神的总称，为艺术之神。

远在比耶稣降生还要久远的年代里，每隔4年，希腊就要举行一次运动会，叫“奥林匹克运动会”。来自希腊各地的田径、跳远以及别的项目的运动健将都来参加运动会，并努力争夺一个用月桂树叶做成的花环。那时候，雅典有一个专为举办运动会而建的大体育场，后来这个体育场也成了废墟。离现在不太久的以前，有一位发了财的希腊人，想为自己的家乡尽一份力，所以他就用大理石重新修葺了这座古老的体育场，于是，奥林匹克运动会又能如期在那儿举办了。

人们在雅典附近的另一座山——伊米托斯山上发现了非常美味的蜂蜜。据说这种蜂蜜吃起来的味道就跟鲜花的味道一

样，而且这种蜂蜜是神话中诸神食用的神馔。现在，雅典的餐馆里也供应这种蜂蜜供食客品尝。至于神仙是否还以它为食，我们就不得而知了。

过去的希腊是以诗歌、音乐、雕刻、建筑而闻名世界的，那么如今的希腊以什么而闻名呢？现在的希腊靠一种叫作“加仑果”的无籽小葡萄闻名世界。这种小东西，可以放在蛋糕和布丁里面。加仑果这个名字的由来，跟科林斯那块连接希腊南北的地带有关，准确地说，是那块曾经连接着希腊南北方的狭长地带。因为希腊人已经开凿了一条长4英里的运河，连通了科林斯地峡，如今再有船只通过，就不用绕远路了。

47
新月之国

亚洲（Asia）这个名字是怎么来的呢？你能把这个名字背后的故事写下来吗？

在地球上，你在每个地方的东边都能找到另一个地方，比如说，中国的东边是美国，美国的东边是欧洲各国。但是，唯一被冠以“东方”这个名字的地方，是位于欧洲东边的地方。那个地方就是所有大洲中面积最大的亚洲。

童话曾这样讲到欧洲，即欧罗巴洲名字的由来。在很久很久以前，亚洲有一个神爱上了一个名叫“欧罗巴”的美丽姑娘。然而，神是不能和凡人相爱的。为了避免灾祸，神就化成一头白牛。白牛让欧罗巴骑到自己的背上，想要带着她远走天涯。最后，他们来到了一条海峡，白牛背着姑娘游过了这条海峡，到达了一片新的天地。这片新天地就是欧罗巴洲，即欧洲。人们用姑娘的名字命名了这片崭新的大陆。

不过，也有人不相信这个童话故事，他们说欧罗巴只是个普通名字而已，意思是“太阳落山的地方”。而且，他们说童话里提到的亚洲，也就是欧罗巴和白牛以前所在的地方，代表着太阳升起的地方。

传说中那头白牛背着欧罗巴游过的海峡，我们叫它“牛涉水海峡”，用希腊语来说这个名字，就是“博斯普鲁斯海峡”。地图上面一般用的是后面这个名字。

在欧罗巴上岸的地方，人们建立了一座城市。大约过了1000年，有一位名叫“君士坦丁”的罗马大帝，也就是我们前面说过的第一位信仰基督的罗马皇帝，迁都于此。于是，这座

城市就被改名为“君士坦丁堡”[1]。

又是1000年过去了，一个从亚洲来的名叫“土耳其”的民族从罗马基督徒的手里抢走了君士坦丁堡。土耳其人的君主是苏丹王。在欧洲，大多数人都是信奉基督的，而土耳其人并不信仰基督。土耳其人追随的是一个叫作“安拉”的神和一个叫作“穆罕默德”的人。在他们眼中，安拉是无所不能的真主，他派往人间的使者就是穆罕默德。我们把这些信奉穆罕默德的人称作“穆罕默德的追随者”或“穆斯林”。

在很多年前某个黑漆漆的夜晚，敌军的部队正试图靠近君士坦丁堡。天色已晚，城里人对即将到来的危险毫不知觉。然而，月亮在这个时候从云层中跳了出来，城里的巡夜人借着月光看到了敌人，于是，马上拉响警报，通知所有人。后来，整个城市都得救了。从那时开始，土耳其人便把新月标志放在了他们的教堂顶上，就像我们把一个十字架放在我们的教堂顶上一样。就是因为月亮和星星给他们带来过好运，所以土耳其人的国旗上也印着一轮新月和一颗星星。所谓新月，就是我们常说的月牙儿。土耳其人跟我们一样，也有一个类似于红十字会一样的协会，但是他们不用十字标志，因为十字是基督教的标志，他们把这个协会叫作“红新月会”。

在土耳其人到来之前，君士坦丁堡拥有世界上最大的教堂。它叫“圣哲教堂”，用希腊语说是“圣索菲亚教堂”。也许你就认识一个叫“索菲”[2]的女孩，不管这个女孩子是否聪明，但索菲这个名字的意思就是聪明。然而，当土耳其人把君士坦丁堡据为己有之后，圣索菲亚大教堂和别的教堂都变成了伊斯兰的教堂，我们把伊斯兰的教堂称为“清真寺”。现在的君士坦丁堡有800多座清真寺。哦，忘了说了，现在的君士坦丁堡也不叫君士坦丁堡了，就在距今不太久之前，他们把这座城市改名为“伊斯坦布尔”。

不明白看这里

[1] 君士坦丁堡，即土耳其最大的城市伊斯坦布尔的旧称。在后文中也会提及。

[2] 索菲（Sophie）即索菲亚（Sophia）的昵称。

圣索菲亚大教堂
被改为清真寺

你一定会埋怨我怎么不直接告诉你伊斯坦布尔这个名字，这样你就只需要记一个名字就好了。然而，君士坦丁堡作为这个城市名的时间要比伊斯坦布尔作为这个城市名的时间长多了，即便到了现在，君士坦丁堡这个名字也比伊斯坦布尔要响亮呢。我不再告诉你这座城市在被叫作君士坦丁堡以前还被叫作什么，我想，这两个名字已经足以让你去了解这座城市。不过，如果你还有兴趣的话，可以去别的书中找找答案，或者问问别的人。

每个清真寺旁都建有至少一座形状与蜡烛相似的塔，这个塔叫作“宣礼塔”。塔的中层是一个阳台，宣礼员一天里有5次要出现在这个阳台上，他要召唤城里的教徒们做祷告。在基督教的教堂里，人们用钟声来提醒教徒们做祷告，可是伊斯兰教的教徒们不用钟，即使他们在家里也不用钟，想要召唤仆人的时候，他们就拍掌。宣礼员第一次召唤人们做祈祷的时间大约是早上的5点钟，他会说：“请你们来参加祈祷，祈祷比睡觉要好多了。”从某种程度上来说，宣礼员起到了闹钟的作用。

但是，并不是每个人都会那么早起床去做祷告，只有那些特别虔诚的人会在宣礼员呼唤时，起身前往最近的清真寺去做祷告。在祷告时，他们会双膝跪地，头触地面。不论何时，伊斯兰教徒在进入清真寺之前，都必须洗脸、洗手、洗脚。几乎每座清真寺的台阶上或者院子里都有水池或者喷泉，为的就是让人们在进入清真寺之前清洗身体。出于同样的原因，在伊斯坦布尔，随处可见喷泉的身影。这些喷泉既不是作为饮水处，也不是用来美化环境的，而是为了供人们洗濯所设。只有男人才能进入清真寺，女人通常只能待在清真寺里那些隐蔽的小房子里，以免被人看见。因为女人和孩子不准出现在清真寺里。伊斯兰教里的礼拜日是我们的星期五。平时只要有时间，他们天天都会去清真寺，星期五更是必须要去的。

金角湾是一处形似牛角的小水湾，它在伊斯坦布尔近博斯普鲁斯海峡的地方。人们在这里曾拉起一条长长的大链子用以拦截外来船只，特别是那些苏丹王不想看到的船只。在金角湾上横跨着一座叫作“加拉塔桥”的大桥。到现在为止，我已经告诉你很多有名的大桥啦，比如说布鲁克林桥、伦敦桥、里阿尔托桥，还有维琪奥桥。这座加拉塔桥也是名字响当当的大桥，同时还是最古老的桥之一。不论白天黑夜，这座桥上总是人来人往、川流不止，不同国籍、不同肤色、穿着不同服饰和操着不同语言的人们都从这座桥上走过，似乎桥这边的人总想着到桥那边去，而桥那边的人又想着到这边来看一看。

土耳其文字看起来很潦草，不仅难认还很难写，它跟欧洲的表音文字差别很大。不过，土耳其人现在已经开始使用一种跟英文字母比较接近的文字，政府要求40岁以下的土耳其人都要学习这种新的文字[1]。

如今的土耳其已经跟以前完全不一样了。在以前，土耳其的最高统治者是苏丹王，他独自一人统治整个国家，拥有无以匹敌的至高权力。但凡出自苏丹王口中的话，不管是对还是错，人们都得无条件地执行。土耳其今天所施行的已不再是一个人的独裁统治，而是由国家元首与其他被土耳其人民推选出来的人一起承担和处理国家事务。以前，土耳其女人外出必须用面纱遮脸，否则就会被人指责。今天，土耳其女人的穿着打扮跟基督教国家女人的穿着打扮已经没什么太大的分别了。

或许你会很好奇，为什么在感恩节和圣诞节时吃的火鸡（turkey）跟土耳其（Turkey）的名字一样呢？其实火鸡是从墨西哥传到美国来的，但是人们却觉得它是从土耳其传来的，所以就用“turkey”这个名字来叫火鸡了。

不明白看这里

❶1923年，土耳其共和国建立后，逐步进行了文字改革，借用经改造的拉丁字母书写本国文字。

48
沙漠之舟

在伊斯坦布尔，你能看见一些骆驼，不过欧洲是不产骆驼这种动物的。欧洲的骆驼都是从亚洲坐船渡过博斯普鲁斯海峡而来的。据说，骆驼是唯一天生不会游泳，后天也无法学会游泳的动物。有很多动物生来就会游泳，比如说狗。不过，尽管骆驼不能游泳，但是它却能穿越沙漠。这一点，可是其他动物怎么学也学不会的。

骆驼是一种属于沙漠的动物。如果有骆驼出现，那么附近一定有沙漠。炎热干燥的气候、火辣的阳光、软软的沙子，这些都是骆驼所喜欢的。阳光炽烈时，人和别的动物都愿意躲在阴凉处，但骆驼不同，它却喜欢躺在烈日下享受阳光。我们常常把骆驼叫作“沙漠之舟”，因为它是唯一能运载旅客穿越沙海的“船只”。骆驼的脚上长着厚厚的垫子，以保护它们不会陷到沙子里去。骆驼的身体里有可以储水的“袋子”。这些袋子就像水箱一样，当在沙漠里一连几天都找不到水源时，骆驼就靠着体内的储水过活。所以出发之前，骆驼要把“水箱”贮满水。

有些亚洲的骆驼有一个驼峰，它们被称为“单峰驼”。当然还有长着两个驼峰的骆驼。驼峰看起来好像是脊背断裂了一样，其实不然。驼峰里面贮藏着厚厚的脂肪，当没有食物的时候，骆驼就靠消耗驼峰里的脂肪来维持体力，驼峰里的脂肪就好像吃到胃里的食物一样能向身体源源不断地输送能量。

一群骆驼常常会跟着一个领队走，领队去哪儿，后面的队伍就跟着去哪儿。因此，当使用一群骆驼进行远距离运送货物的时候，人们常常让这些骆驼头尾相连、一个挨一个地让它们组成一队，像一列火车一样。驼队的最前方往往是一头驴，因为驴的感觉非常灵敏，而骆驼就迟钝得多了。人们把这样的驼队称为“商队”。从表面上看，骆驼有点儿“心高气傲”，谁也看不上，但骆驼的脑子很小，甚至可以说它是一种又傻又笨的动物。骆驼性情温良，但也常常表现得很小气。骆驼一边迈着高腿缓慢向前，一边又不停地嘀咕着，似乎很不情愿似的。经过训练以后，骆驼才会降下身子跪在地面上，好让人们把货物装载到它的背上。骆驼一次能承载很多货物，而且它也能同时承载着骑骆驼的人。如果装载的货物过重，那么骆驼干脆就跪在地上不站起来了；然而一旦骆驼站起来了，不管身上的货物有多重，它都会坚持下去，绝不倒下。你可以往骆驼背上放任何东西，直到它实在驮不动被压垮在地为止。当骆驼已经承载了它所能承载的极限重量时，即使再多放一根稻草，也有可能压垮它。所以，如果一个人做了太多的工作，他常常会说：“这可是压垮骆驼的最后一根稻草。”

骆驼和压垮它的
最后一根稻草

骆驼除了可以被用作运载货物外，它还有许多别的用处。母骆驼的奶水可以供人饮用，小骆驼的肉也可以成为人们口中的食物，骆驼的毛可以用来织毛毯、做衣服和帐篷。在美国，最好的画笔头就是用骆驼毛做的。

49 明日黄花

不明白看这里

❶小亚细亚，现在多称"安纳托利亚"，是位于黑海和地中海之间的一个半岛。

❷目前，横跨在博斯普鲁斯海峡之上的两座大桥博斯普鲁斯海峡大桥、穆罕默德二世大桥已成功连接欧亚两洲。

博斯普鲁斯海峡的另一边是亚洲的一个角落，这是一小块属于亚洲的地方，我们把它叫作"小亚细亚"[1]。小亚细亚和欧洲并不是连在一起的，不过它有两个地方跟欧洲离得倒是不远。如果你是个巨人，腿一抬就能跨过去了。博斯普鲁斯海峡是其中的一个地方，在这里，亚洲和欧洲相隔只有半英里；另一个地方叫作"达达尼尔海峡"，这里最窄的地方也就只有1英里宽。曾经有不少人都成功地游过了达达尼尔海峡。目前还没有真正的桥梁连接欧亚大陆，人和动物的往来基本上都要依靠船只[2]。不过，也有人在这里用绑在一起的船建起了一些浮桥，以供人通过。

很久以前，小亚细亚曾是一个国家，而且它的富裕程度曾在当时的世界上名列前茅。

居住在小亚细亚的克罗伊斯国王，曾是这个世界上最富裕的人。

据说曾是全世界最美丽的女人——海伦，被人从故乡希腊抢走，带到了小亚细亚的特洛伊。这就是爆发特洛伊战争的原因。

至今为止最伟大的叙事诗诗人之一——荷马，传说就出生在小亚细亚。

传福音的使徒——圣保罗，就出生于小亚细亚上的塔尔苏斯小镇。保罗曾在这个小镇上，靠为士兵做帐篷过活。

有没有听说过世界七大奇迹？就是那7个世界上最伟大的人造景观。它们当中有3个都在小亚细亚。

世界七大奇迹之一的阿尔忒弥斯神庙就位于小亚细亚的艾菲索斯。当时，很多银匠都按着神庙的样子做出小小的神庙仿制品以兜售给游客。圣保罗则认为阿尔忒弥斯是异教的女神，因此在布道时公开反对人们崇拜阿尔忒弥斯。那些靠兜售神庙仿制品的银匠们担心自己的生意会因此受到影响，所以他们千方百计地起哄，扰乱保罗的计划。如今，昔日辉煌的阿尔忒弥斯神庙已不复存在，银子做的小仿制品也无迹可寻，只剩下了光秃秃的地面。不过保罗在艾菲索斯写给众人的信依然拥有千千万万的读者，因为《圣经》里收录了这些信。

另一个位于小亚细亚的世界七大奇迹是一座陵墓。这座陵墓是世界上最宏伟的陵墓，它是一位叫“摩索拉斯”的女人为她的丈夫摩索拉斯先生所建的。遗憾的是，摩索拉斯陵墓也难觅其踪。不过，我们现在仍然把那些造得宏伟堂皇的陵墓称作“摩索拉斯陵墓”，摩索拉斯的精美程度由此就能窥见一斑了。

罗德岛是离小亚细亚不远的一座小岛。在那里曾屹立着一尊巨大的太阳神铜像，它叫“罗德岛太阳神巨像”。罗德岛巨像差不多有10层楼高，同样位列世界七大奇迹之一。然而，铜像在一次地震中倒塌，它的碎片便被卖给了废品收购商人[1]。

小亚细亚昨日的辉煌已几近消逝，那些昔日宏伟的建筑如今已成了满目疮痍的遗迹。现在，除了少数的大城市以外，小亚细亚地区的大多数房屋都是用泥土建造的。这些泥土房子就只有一扇门，连窗户都没有，房顶的泥土中任由野草生长。

如今的小亚细亚地区属于土耳其。要知道，在过去，除了伊斯坦布尔，土耳其几乎就只有小亚细亚这一块地方。

不明白看这里

[1] 有关罗德岛太阳神巨像的下落，有2种说法：一是在公元653年，阿拉伯人进犯罗德岛，发现了巨像的残骸，并将其运送到叙利亚，卖给了一位商人，而后巨像就不知去向了。二是巨像在倒塌不久后就被人盗走，但在运输过程中遭遇海难，被深埋在海底。

你见过安哥拉猫吧，那种很漂亮的猫，长着长长的毛，还有毛茸茸的尾巴。它们的故乡是土耳其的首都安卡拉。在安卡拉周边的山区里，有一种挺奇特的山羊，它长着长长软软的毛，人们用它的毛来制作漂亮的地毯和披肩。美国也能买得到这些羊毛制品。人们在炎热夏季时穿着的马海毛毛衣，就是用安卡拉山羊的毛做的。是的，安卡拉羊毛又轻薄又凉爽，夏季时也能穿着。

有一条蜿蜒曲折的河流流经小亚细亚地区，这条河流得慢悠悠的，一会儿在这边拐一下，一会儿在那边探个头，好像不知道自己该去哪儿似的。这条河被称为“曲流河”。当一个小男孩漫不经心地这儿看看、那儿逛逛的时候，又或者是让他跑个腿儿办个事儿的时候，他到处溜达够了才想起来去办正事，我们就会说这个小男孩“是条曲流河”。当然了，也不仅仅是小男孩这样，有时候小女孩也可能“是条曲流河”。

曲流河流域出产无花果。亚洲的许多地方都产海枣。人们用骆驼把无花果和海枣运到地中海沿岸美丽的伊兹密尔，之后再从伊兹密尔装船运往美国。在美国，你可以从街头某个小便利店里买到一袋产自亚洲的无花果或海枣。另一种从伊兹密尔运到美国的东西是海绵。小亚细亚附近的海域里生长着海绵。裸着上身的男子潜进海底，把海绵从海底岩石上摘下来。他们尽可能地屏住呼吸，一次采集到更多的海绵。于是，美国就有很多海绵用啦！

50 富饶的土地

小时候在主日学校里，我经常听到那些《圣经》里出现的城市名字，比如“伯利恒”“耶路撒冷”，还有一些别的地方。那时候的我以为这些地方不过是传说中的城市，后来我才知道，这些地方都是真实存在的，而且是至今还有人居住的地方。人们常常把这些地方叫作“《圣经》之地”，因为《圣经》里记载了很多发生在这些地方的故事。《圣经》之地位于地中海以东，以北是叙利亚，以南被称为“圣地”或“巴勒斯坦”❶。

叙利亚和巴勒斯坦的许多城市，自从耶稣降生起就充满活力。即便到了现在，很多地方还是生机勃勃的。然而，也有不少地方只剩下一片寂寥的废墟。有一座城市是《圣经》里提到过的，自耶稣降生到现在，已经有1000多年的历史了。它在今天依然活力充沛，是当今世界上最古老的城市之一，它是大马士革。

大马士革的主要街道不像其他城市街道那样曲折，它是笔直的，因此也被称为“直街”。大马士革曾是东方最大的购物中心，直街两旁满是商铺。这些商铺被称为“巴扎”，有的巴扎小到连一架钢琴都放不下。纽约的一座百货商店就能把大马士革全部的巴扎装进去，甚至还能空出很多地方呢。过去，在大马士革的巴扎里，人们只卖自己制作的东西，他们卖各种金银首饰、地毯、披肩、刀剑，还有丝绸衣服等东西，所有东

不明白看这里

❶如今，叙利亚南部的3个国家为约旦、巴勒斯坦和以色列。1921年，英国以约旦河为边界，把巴勒斯坦分为东西两部分，西部仍为巴勒斯坦，东部则为外约旦。其间经历一系列变故，终于在1950年约旦河西岸和东岸合并称为“约旦哈希姆王国”（1967年，以色列出兵占领了约旦河西岸）。1947年，联合国大会通过《1947年联合国分治方案》，将巴勒斯坦地区分为2个国家：巴勒斯坦和以色列。次年，以色列正式宣布成立。

西都是手工制作的。现在，这些东西大多靠机器制造，而生产这些东西的地方并不在大马士革，而是在英国。所以，经常会发生这样的情况：人们在大马士革的街市上买了一样小东西，回家一看上面印着“伯明翰制造”[1]。

如果你用白颜料在白纸上作画，或者是用红颜料在红纸上作画，那没人能看得见你画的是什么。但是，大马士革人在过去就能生产出花纹和布料颜色一致的漂亮布料，这种布料上的图案是手工织上去的，用的颜色就跟布料本身的颜色一样。这种布的名字是用它的产地来命名的，人们把它叫作“大马士革绣花锦”。白色的绣花锦上织着白色的花纹，红色的绣花锦上面织着红色的花纹，所有的花纹都清晰漂亮。也许在你的家里就有几块大马士革亚麻绣花布做成的桌布、餐巾，或丝绸绣花椅套，但我们现在买的绣花布料大多都是机器生产的，产地当然也不是大马士革了。

在过去，大马士革人还制作一种镶金铁饰，被称为“大马士革铁艺品”。这种铁饰常用于刀剑上的装饰。在过去，大马士革人制作一种非常精美的刀剑，这些刀剑异常锋利，削铁如泥，被称为“大马士革剑”。当今的士兵基本上用不着佩剑，除非遇到特殊场合。因为如今的战争都是远距离作战，士兵几乎没有什么机会使用刀剑进行近身搏斗。

叙利亚以南是“圣地”巴勒斯坦。巴勒斯坦这个国家非常小，小到它在世界地图上的空间都标不下自己的名字。如果非要印上名字的话，“巴”字就会冲进地中海，“坦”字甚至会到沙漠里，剩下的两个字会把整个国家都盖住。

有一个叫“达恩”[2]的小镇位于巴勒斯坦北部，达恩听起来就像小男孩的名字。有一个叫“贝尔谢巴”的城镇位于巴勒斯坦南部[3]。人们常说从达恩到贝尔谢巴，意思就是“从上到下”或者“从一边到另一边”。达恩和贝尔谢巴仅隔150英里[4]

不明白看这里

❶英国是产业革命的先驱国。19世纪三四十年代时，英国完成产业革命，成为以机器大工业为基础的工业国。而世界上的其他国家还处于农业社会。随着英国工业生产的发展，其所生产的工业产品已远远超过了国内市场的需要。到19世纪中叶，英国产能过剩，一半以上的工业产品必须靠出口才能消化。于是，英国所生产的工业产品运至各国。由此，也使英国成为“世界工厂”。

❷达恩也被译作“但”，贝尔谢巴也被译作“别是巴”。

❸贝尔谢巴如今属于以色列，是盖尔夫的中心城市。

❹150英里约为241.4千米。

的距离。巴勒斯坦的东边到西边就更近了，它们之间的距离仅有50英里[1]。如果是坐汽车的话，那么，只用1天就可以把巴勒斯坦走遍了。

在这一地区的北部和南部各有一个湖，不过人们不把这两个湖叫“湖”，而是管它们叫“海”。位于北部的“海”称为“加利利海”，位于南部的称为“死海”。之所以被称为死海，是因为那里的水中没有任何活物[2]，甚至连周围都是寸草不生的。

相比之下，加利利海就显得生机勃勃了。加利利海相传是耶稣在水上行走的地方，水里有很多鱼。耶稣有很多好朋友都是渔夫，耶稣请这些人帮他传道，他说要让他们成为得人的渔夫。随后，加利利海的渔夫们就成立了一个传播福音的社团，他们的社团标志是一幅画着鱼的图。说来也怪，在希腊语里，鱼这个单词打头的2个字母也是耶稣姓和名的首字母。跟《圣经》时代没什么太大的分别，加利利海依然会随时出现暴风雨，渔夫依然能从水里打捞到大量的鱼。

约旦河蜿蜒曲折，中途汇入加利利海，最后注入死海。施洗者约翰[3]就是在约旦河为耶稣施洗礼的。人们从四面八方会聚于此，为的就是看一看耶稣受洗的地方，其中也有不少人是来这里接受洗礼的。约旦河旁总能找到为前来受洗的人们施洗礼的牧师。很多人都会带一瓶约旦河的河水回家，他们要么是把这些混浊的水当作圣水使用，要么就是用这些水给自己的孩子施洗礼。由于约旦河流速很快，卷走了两岸大量的泥沙，而且也冲起了河底的淤泥，所以约旦河水很混浊。混浊的约旦河最终流进死海，可是，死海的水并不混浊，反而像地中海一样湛蓝。

死海位于一个深谷里，由于地势太低，所以进来的水再没有什么机会流出去了。要知道水基本上只往低处流。既然

不明白看这里

[1] 50英里约为80.47千米。

[2] 近来，人们逐渐发现在死海中存在一些具有高度耐盐性的微生物。

[3] 施洗者约翰，即使徒约翰，耶稣十二门徒之一。天主教和东正教公认他为圣人，因此也称“圣约翰”。圣约翰是最早在约旦河中为人施洗礼的人，是基督教的先行者，向人们宣传犹太教需要改革，并预言上帝将要派重要的人物降生，为耶稣宣讲教义打下了基础。

如此，死海会不会在将来的某一天被装满了溢出水来呢？不会的，因为死海所在地区的气候炎热干燥，河水流进死海的速度与水蒸发的速度差不多。也就是说，携带盐分的河水不断涌入死海，水分不断蒸发，盐分却始终滞留在死海，于是，死海跟美国的大盐湖一样，越变越咸，甚至死海水要比海水咸上10倍。对了，这里鲜有溺水事故发生。不过，人们一般也不去死海里游泳，因为死海水实在是太咸了，一不小心进到眼睛里或者是溅到伤口里，就会造成剧烈疼痛，比在伤口上擦碘酒还要痛。同样是因为死海含盐度过高，所以海里没有任何生物，就连海鱼到了这里也要翻白肚。根据《圣经》的记载，索多玛和俄摩拉这两座城市因为充满邪恶，而被上帝摧毁了。人们认为，索多玛和俄摩拉原先就位于死海边上。如今，人们也无从觅得这两座城市的踪影，在那里能找到的只有覆盖着盐的沙漠。也许你看过《圣经》中的这个故事：上帝在摧毁索多玛城以前，曾让罗德带着家人逃离这座城，并嘱咐他们不管发生什么事情都不要回头。然而，罗德的妻子却没有听从上帝的告诫，她在回头的一瞬间就变成了一根盐柱。如今，导游总会指着一堆盐对游客说：“看，这就是罗德的妻子。”

罗德的妻子没有听从上帝的嘱咐，回头望了一眼

51
确切的地点

有3个大名鼎鼎的地方都位于巴勒斯坦，它们是耶稣降生的地方、耶稣生活的地方和耶稣离世的地方[1]。

耶稣的出生地——伯利恒是一个不怎么整洁的小城，它跟我们在绘画中和贺卡上看到的情景完全不一样。它没有天堂的那般模样，也没有飞来飞去的小天使。耶稣的父母因外出旅行而夜宿伯利恒，耶稣就是在那晚降临人世的。人们在传说中耶稣降生的地方建了个教堂，还在教堂的地板上用一个银星星标出耶稣降生的确切地点。实际上，没人知道耶稣降生的确切地点在哪里，不过有一点倒是可以确定，那就是这个建在所谓的耶稣出生地点上的教堂是全世界历史最长的教堂。

伯利恒是耶稣的出生地，但不是耶稣成长的地方。耶稣在另一个城镇度过了自己大部分的童年时光。这个地方叫“拿撒勒”。拿撒勒是耶稣的故乡，他的父亲约瑟是拿撒勒的一个木匠。在拿撒勒，导游经常会指给游客们看哪里是约瑟的木匠店，哪里是耶稣拿着锯子、锤子等工具干活儿的工作台，以及哪里是玛利亚做饭的厨房。然而，人们并不相信导游口中的这些确切地点。不过有一个地方大家倒是挺信的，那就是传说中玛利亚打水的地方——一口井。玛利亚很可能就是从那口井打水的，因为拿撒勒再没有其他打水的地方了，而且在当时还没有出现自来水这种东西呢。

耶稣离世的地方——耶路撒冷。耶路撒冷被基督徒称为

不明白看这里

[1] 耶稣生活的地方——拿撒勒，目前属于以色列。耶稣离世的地方——耶路撒冷，同时是犹太教、基督教和伊斯兰教三大宗教的圣地。目前，以色列和巴勒斯坦都宣称耶路撒冷为自己国家的首都。耶路撒冷的归属问题，就是造成近几十年来巴以不断冲突的核心问题。

“圣城”，奇怪的是，穆斯林也将此地看作是他们的圣城，不仅如此，犹太人曾建都于此。穆罕默德生活的年代与耶稣降生相隔600年之久，他比耶稣年轻了差不多600岁。然而，伊斯兰教徒相信的那些关于穆罕默德的事迹，几乎跟基督徒相信的那些关于基督的事迹一样。伊斯兰教徒也认为，穆罕默德是在耶路撒冷离世的，他是从耶路撒冷进入天堂的。穆斯林曾统治耶路撒冷长达1000多年。在漫长的1000多年里，基督徒们几次试图夺回耶路撒冷，但都未果。尽管他们也曾一度攻入耶路撒冷，但没过多久，穆斯林总会再次夺回该地。直到第一次世界大战后，耶路撒冷被英国人占据。

耶路撒冷被摧毁和被重建的次数是全世界城市中最多的，没有哪座城市比得了它。距耶稣降生以前1000年左右，大卫王修建了耶路撒冷，之后所罗门王又在那里建起了恢宏的圣殿。但就在不久之后，耶路撒冷就不断地被占领、不断地被摧毁、不断地被重建。人们说，世界上有8个耶路撒冷，每一个都是在前一个的废墟上建立的。也正是出于此，我们不可能知道那些《圣经》中的故事所发生的确切地点。

据说，人们在耶路撒冷发现了全世界第一个男人——亚当的坟墓。据说人们还在那里找到了耶稣的坟墓，甚至在耶稣墓旁，人们还找到了据说是放当年绑耶稣用的十字架的小孔。人们在此建起一座基本把这些确切地点都覆盖了的教堂，它被称为“圣墓教堂”。不过，教堂也并没有覆盖所有的圣迹，耶稣升上天堂的地方就不在教堂里。耶稣升上天堂的地方位于耶路撒冷城外的一座小山包上，那座小山被称为“橄榄山”。

奥玛清真寺

穆斯林相信，穆罕默德也升入了天堂，而且他们说穆罕默德升上天堂的地方就离圣墓教堂不远。于是，他们在那里建造了一座建筑，这座建筑叫“奥玛清真寺”。虽然叫它奥玛清真寺，但它并不是一座真的清真寺，而且它的建造者也不是奥

玛。奥玛清真寺要比圣墓教堂好看多了。实际上，人们还说它是世界上最美丽的建筑之一。当年所罗门圣殿所在的地方就是奥玛清真寺的所在地。人们用美丽的大理石和瓷砖修建了这座清真寺，并给它建了一个碗状的圆顶。

奥玛清真寺下面有一块巨大的岩石。过去，人们在这块岩石上放置献祭的牛。穆斯林说，亚伯拉罕在这块石头上正要杀子献祭的时候，被上帝派来的天使阻止了，因为上帝只是想考验一下亚伯拉罕而已。穆斯林们还说，穆罕默德就是在这块石头升上天堂的，甚至这块石头也想跟随穆罕默德升入天堂，但遗憾的是，它被大天使加百列挡住了去路。现在，为了证明故事是真的，还会有人指着大天使留在石头上的印记让你看呢。

犹太人的哭墙

所罗门圣殿并没有全部灰飞烟灭，它还残留一段墙基。圣殿被摧毁之后，犹太人们就常常到这来哭泣，他们祈祷被古罗马人夺走的家园能早日回到犹太人手里，慢慢地这段墙就被人们称为“哭墙”。世界上的很多国家都生活着犹太人，但是犹太人却在很长时间里没有一个属于自己的国家。在第二次世界大战之后，联合国通过投票决定将巴勒斯坦分作两部分，一部分给犹太人，那这部分就将成为犹太人祈祷了2000年而终于拥有的自己的国家；另一部分给住在巴勒斯坦的阿拉伯伊斯兰教徒。于是，犹太人终于有了属于他们自己的国家，他们给这个国家起名叫“以色列”。巴勒斯坦西部临着地中海的地区是以色列。

作为一个共和国的以色列，拥有一些世界上最古老的城市，不过，以色列人并没有用其中任何一个古老城市作为自己的首都，而是选择了全世界最新的城市之一的特拉维夫作为自己的首都[1]。在特拉维夫，有很多非常现代的建筑和宽敞笔直的马路，整个城市整洁优美，跟那些老城市的样貌截然不同。很多犹太人都从别的国家搬到以色列，人们很欢迎这些犹太人回家，毕竟以色列就是犹太人自己的国家啊。

不明白看这里

[1]特拉维夫，以色列最大的都会区，是该国人口最稠密的地带，也是以色列的经济枢纽。1948年，特拉维夫成为以色列的临时首都。次年年底，以色列宣布将首都重新设在耶路撒冷。但由于耶路撒冷归属问题的争议，大部分国家仍将大使馆留在特拉维夫。

52
伊甸园

每个孩子都听说过伊甸园。你也一定听说过，对吗？我小时候就经常想，以后长大能去旅游的时候，一定要亲自去伊甸园看一看。我想看看那里是不是真的有一个手里拿着火焰之剑的天使。我曾问过主日学校里的老师伊甸园到底在哪里，老师回答我：“伊甸园在《圣经》里。”可这个答案并没能指点我的迷津。多少年来，大人们都在找寻伊甸园的所在，他们甚至说自己找到了。说得更准确一点儿，他们找到的是伊甸园曾经在的地方。如今那里看上去跟花园一点儿都扯不上关系，更别说天堂了。

假如你在大马士革的大街上问一个人：“怎么去伊甸园？”对方没准儿觉得你脑子有问题。或者，也许他们会这样说：“哦，不好意思，我不是本地人，我也不知道。”但是，如果这个人真的知道如何去伊甸园，他会指着东方，这样告诉你：“你要越过沙漠，往太阳升起的方向一直走。如果是骑骆驼的话，大概要走个把月；如果是开车的话，差不多得开几天。你会看见一条混浊的河，那是幼发拉底河。过了幼发拉底河，还要继续走，直到看见第二条混浊的河，那是底格里斯河。幼发拉底河和底格里斯河交汇在一起，离它们交汇的地方不远，就是你想去的伊甸园。听我的，保准错不了。”

还真有人说自己找到了传说中的伊甸园

可是，那个地方并没有什么花园，你甚至会怀疑，那里是否曾有过花园。在那里，你能看到的就是大片的泥浆，如

果因长时间未降雨，泥浆就被烈日炙烤成坚硬干燥的地面。这跟你想象中的伊甸园差了十万八千里吧。尽管如此，人们仍然坚信伊甸园以前就是在那儿。甚至有人还会指着一棵可能结过几个苹果的老苹果树给你看，告诉你：“那就是伊甸园里的苹果树。”人们相信，《圣经》里所说的那场灭顶洪灾就是在幼发拉底河和底格里斯河之间发生的；诺亚曾经就居住在那里的什么地方，他也是在那里造好了自己的方舟。洪水袭来，两河流域被淹没；洪水退去，方舟就停靠在阿勒山的山顶上。两河流域被称为“美索不达米亚”，美索的意思是“在什么与什么之间”，而不达米亚则指“河流”。美索不达米亚的意思就是“在河流之间”。现在，那里被称为“伊拉克”，是一个你能在地图上找到的名字。

在底格里斯河的上游，曾经有一座被称为“尼尼微”的大城市。在幼发拉底河的下游，几近两河交汇的区域，也曾经有一座被称为“巴比伦”的大城市。之所以我要用曾经这个词，是因为这两座城市如今基本上已经消失了。然而在耶稣降生以前，它们都是当时世界上最大的城市。

你有没有过这样的经历：你在沙地上辛辛苦苦建了个小镇，有房子也有街道，可是这时一个坏孩子出现了，他对着你的小镇又是踢又是踩，把它夷为平地了。尼尼微和巴比伦仿佛就遭遇了一个巨人的践踏。在那里，你能看见的不过是些粉碎的泥土堆而已。多年以来，人们都在当地不停地挖掘着，他们挖到了一些被深埋地下的东西。这些东西在遥远的过去，都是别人家里、店铺里、学校里以及宫殿里的东西。世界上最美丽的房子和宫殿曾修建于此。巴比伦的城墙和花园曾被列于世界七大奇迹的名单里呢。然而，现在那里却空空如也。

尼尼微和巴比伦消失了，你在地图上也看不到它们的名字了。不过现在，底格里斯河畔又有了两座充满生机的大城市。

其中一座城市被称为“摩苏尔”。你见过平纹布吧？平纹布一开始就是在摩苏尔生产的，这种布以前叫作“摩苏尔布”，后来才改名叫“平纹布”。

不久的以前，人们在摩苏尔附近发现了石油，其储量差不多能满足世界上所有汽车的需求。如何运走这些石油？人们在油田和地中海之间铺设了输油管道。人们利用这些输油管道将石油运走装船。其实这些所谓的船，不过是些漂浮在水面上的大油箱，人们也把它叫作“油轮”。人们用油轮把这些石油运往欧美。

摩苏尔是一座穆斯林城市。在城里的大清真寺有着一个歪斜的宣礼塔，跟咱们前面介绍过的比萨斜塔有点儿像。传说，穆罕默德曾经到过这里，宣礼塔看见他以后就向他鞠躬，结果就再也站不直了，它现在还在不断向下弯腰呢。

你有没有看过《阿里巴巴》和《辛巴达历险记》？沿着底格里斯河一路向下，位于摩苏尔的下方，就是另外一座大城市巴格达了。巴格达街上的人看起来就跟《天方夜谭》插画里的人没什么差别。巴格达的夏天酷热难耐，有时气温甚至能达到52℃。你要知道，我们能忍耐的最高温度才是38℃。过去的巴格达城里，街道又细又窄，还充斥着难闻的异味。第一次世界大战以后，英国占领了伊拉克和巴格达，让这里发生了很大变化。人们在这里修建了被称为“新街”的宽阔街道，还在这里建起了巴格达人从来没见过的电灯厂和制冰厂。英国人还让那里的人投票选举出一位国王，使得伊拉克成为一个王国。伊拉克随后仍处于英国人的保护伞下面，还有一些英国人留在那里帮助伊拉克人训练军队。今天的伊拉克被称为“伊拉克共和国”。

53 爱讲故事的地方

你有没有过那种非常口渴的感觉？我是说那种非常非常渴的感觉。其实，在美国，很少有人有过那种感觉。你有没有试过一整天不喝水？有的人可以几天甚至几个星期不吃东西，但是没有人可以做到一星期滴水不沾。想一想，假设你生活的国家没有任何河流和湖泊，也不怎么下雨，甚至连能喝的水都没有，更别提洗什么澡啦，你的生活会变成什么样子呢？真的有这样的地区呢！这个地区实际上是一个差不多被水包裹着的地区，然而那里的水却不能喝，因为那些水都是咸水。除了靠近边境上的一点儿地方，以及其他零星散落的一点点较为湿润地方外，这个地区几乎整个都被沙漠所覆盖。这个地区是哪里？它是阿拉伯人的故乡——阿拉伯地区。你一定想问，怎么还会有人生活在那里呢？其实那里的人生活在沙漠的边缘，或者生活在那有一点点水的地方，也就是生活在人们说的绿洲里。在阿拉伯地区的人眼中，椰枣就是他们的面包和奶酪，也是他们的肉类和甜品。椰枣是椰枣树的果实，阿拉伯人把椰枣树种在尽可能深的坑里，为的是让椰枣树的根脉能触到地下深处有水的土壤。以前，比较富有的阿拉伯人家里可能会有一头骆

阿拉伯马、绵羊和山羊

《天方夜谭》也叫《一千零一夜》，有很多很多奇妙的故事，写下你最喜欢的一个故事的名称，以及它的故事梗概。

驼，在那样的环境里，骆驼是人类能饲养的最理想的动物了。除了骆驼以外，他还有数只山羊和绵羊，以及一匹马。阿拉伯马体型娇小，但是跑起来速度很快。有人说阿拉伯马是世界上品种最优良的马，确实，很多赛马比赛用的马都来自阿拉伯。

就某一点来说，阿拉伯人很像长不大的孩子。因为他们像孩子一样特别喜欢听故事，尤其是到了晚上的时候。如果故事够好，他们会百听不厌。很久以前，在国王可以任意处死人的年代里，有这么一个国王，他打算第二天早上把王后处死。王后在前一天临睡前给她的丈夫讲了一个非常有意思的故事，国王听过以后意犹未尽，还想继续听。王后答应他第二天晚上临睡前再给他讲一个故事。继而，每天听完故事以后，国王都盼着能听下一个。于是，夜复一夜，日复一日，国王一再推迟王后的死刑日期。直到王后一共连续讲了一千零一个故事，让国王觉得不听故事就活不下去了，于是他就赦免了王后的死刑。在这一千零一个故事里，有不少都被翻译成了英语，说不定你就听过几个。这些故事被称为《天方夜谭》。

创立了伊斯兰教的穆罕默德就出生于阿拉伯地区。在耶稣诞生后600年左右，穆罕默德在一个叫“麦加”的地方诞生。穆罕默德觉得自己是上帝派到人间的使者，他的妻子和朋友也对此深信不疑，可他的邻居不仅不相信他，还把他赶出了麦加。于是，穆罕默德来到另一个叫“麦地那”的地方，并在那里向人们传播伊斯兰教。没过多久，就有成千上万的人表示愿意追随他，并聆听他的教诲。穆斯林认为，世界的中心是圣地麦加，麦加也是圣地中的圣地，是最最神圣的地方；耶路撒冷是诸多圣地中的一个；仅次于麦加的第二大圣地是麦地那。麦地那在阿拉伯语中是“城市”的意思。穆斯林认为，在麦地那做1次祈祷抵得上在其他地方做1000次祈祷。很多离麦地那很远的伊斯兰教徒就派人到麦地那去替自己做祈祷。

伊斯兰教有自己的戒条，这一点就跟基督教一样。基督教里有十戒，伊斯兰教则有不少戒条，比如说以下的四戒：一天里要有5次祷告；遇到乞丐，要给予一些东西，哪怕给的东西很小（价值不到1便士也没关系）；每年要封斋1个月，这个有点儿像基督教里的大斋期[1]；一辈子总要去一次圣地麦加，也就是说，有生之年里要去那里朝圣一次。每个穆斯林，不管他们是住在哪里的，哪怕住的地方离麦加有十万八千里，都希望能在有生之年去麦加朝圣一次。曾经有一位名叫“亚伦”的信奉伊斯兰的国王，从巴格达步行到麦加朝圣，是的，几百英里的路程，他是一路走过来的。不过，他毕竟是个国王，所以他走的路都被铺上了地毯。

你有没有看到过转瞬即逝的流星？绝大多数流星还没来得及抵达地面，就在空中燃烧殆尽了。不过，也有一些运气好的会最终坠落在地面上。麦加的一个清真寺里有一块叫“克尔白”的黑色石头。穆斯林说克尔白是上天送到人间的。这倒有可能是真的，因为它有可能就是那些运气好的流星。穆斯林相信，只要他们亲吻克尔白，不仅他们之前所犯的罪过都能被宽恕，而且死后也能升入天堂，甚至在天堂里的地位都比别人要高。他们说克尔白本来是白色的，但是因为千万民众的亲吻，使它吸收了人们的罪过，就成黑色的了。一条长达1000英里的铁路已把大马士革和麦地那连接起来，麦地那和麦加之间也通了公路。只不过，铁路和公路都只针对朝圣者开放，麦加和麦地那这两个城市也只有穆斯林才有资格居住。

咱们之前说过白海和黑海，现在轮到红海登场了。红海是毗连阿拉伯的一条狭长的海。说真的，我还真不知道它为什么叫“红海”。我去过那里，但是我发现红海的水跟地中海一样湛蓝。在那里，曾有一小块狭长的陆地把红海和地中海分割开来，但后来人们在那一小块陆地上开通了运河，于是轮船就

不明白看这里

[1]大斋期，亦称“封斋期”，是基督教的斋戒节期。大斋期始于圣灰节（圣灰星期三），终于复活节前一天，共计40天（不计6个主日）。忏悔是大斋期的主题，目的是纪念耶稣受难。

能顺利地在红海和地中海之间航行了。那块陆地叫作“苏伊士地峡”，运河就叫作“苏伊士运河”。

苏伊士运河起到了非常重要的作用，是全世界最重要的运河之一。在这条运河开通以前，船只被连接亚非大陆的苏伊士地峡挡住了去路，所有想要到达地峡另一边的船只，非得绕过整个非洲不可，苏伊士运河的开通就免去了这个巨大的麻烦。这条通往世界东方的重要水道归英国所有[1]。

亚丁是这个世界上最干燥的城市了，靠近红海的南端。这个被称为“东方直布罗陀”的亚丁，也归英国管辖[2]。即使亚丁这个地方如此干旱，英国还是死盯着不放。因为占据了亚丁，就能决定红海的通行资格——决定哪些船能经过红海，哪些船不能经过。从大西洋到印度洋上的3条水道——直布罗陀、苏伊士、亚丁，它们都归英国所有[3]!

在亚丁，你找不到泉水、湖泊以及河流，而且那里往往几年都下不了一滴雨，因此人们不得不想别的办法找水。英国人发明了这样一个办法：把海水烧开，把其中的盐分提取出来，之后把水贮存在大罐子里。这样，人们就能随时喝上淡水了。

也许，以前你从来都没有听说过阿拉伯这个地方，但是，你每一天都在使用阿拉伯语。我们用的数字：1、2、3、4、5……都是阿拉伯数字。虽然只有0到9这区区10个数字，但就是因为有了这10个数字，我们就能写出从1到1亿中的任何数字。当然了，如果你想的话，还能写出更大的数字。

阿拉伯这个干燥荒凉的地方，似乎离我们的生活很遥远，但如果没有阿拉伯，我们就没有今天用的阿拉伯数字，也读不到《天方夜谭》里的故事了。

不明白看这里

❶1956年7月，埃及总统纳赛尔宣布苏伊士运河收归国有。1956年10月，英、法为取得苏伊士运河的控制权，与以色列联合，对埃及发动了突袭。但在以美苏等国所施加的强大压力下，次年，三国撤兵，埃及重新赢得了苏伊士运河所有权。

❷英国于1839年占领亚丁。随着1967年也门民主人民共和国（南也门）的成立，亚丁摆脱英国统治，成为也门民主人民共和国的首都。1990年5月，阿拉伯也门共和国和也门民主人民共和国宣布统一，成立也门共和国，亚丁成为亚丁省的首府。

❸如前文所述，苏伊士和亚丁目前皆已摆脱了英国的统治。

54
雄狮和太阳

你有没有见过波斯猫？波斯猫的体型比较大，身上长着软软厚厚的毛，是一种很漂亮的猫。波斯猫当然来自波斯啦。

波斯是那些曾经辉煌过的国家之一。过去，它可是世界上最伟大的国家呢！可是，时过境迁，如今甚至有很多人都不太清楚它具体在哪个位置。地图上没有波斯这个国家，取而代之的是伊朗，而伊朗就是波斯在波斯语中的名字[1]。我写到这里的时候，环顾了一下四周，竟然发现我家里差不多能有十几样东西，要么是来自波斯的，要么是跟波斯有关的。如果不是今天数了一下，我还真想不起来身边有什么东西是来自波斯的呢。

我脚下踩的地毯是产自波斯的。它是一条纯手工编制的羊毛地毯，上面还织着非常漂亮的彩色花纹，某个不知姓名的波斯人一定花了好几个月甚至是一年的时间才把它织好。听说，有些波斯地毯需要一个人倾尽一生的心血才能织好。

我妻子有一条产自波斯的真丝披肩，也是纯手工制作的。波斯人饲养蚕宝宝，蚕结茧吐丝，随后波斯人剥茧抽丝，纺成丝线，再染上各种漂亮颜色，最后做成披肩。

我妻子还有一枚镶着绿松石的戒指。绿松石是12月的诞生石，也是来自波斯的。在东方的某些国家，人们佩戴绿松石缘于希望以此来躲避邪恶的目光。因为那里的人们相信，有些人的目光会给自己带来伤害，而绿松石恰好能够阻挡它们。

不明白看这里

❶波斯兴起于伊朗高原的西南部。

在我妻子的梳妆台上，有一个细细的瓶子，里面装着一种玫瑰油香水。在波斯的一些地方，人们种植芳香美丽的玫瑰用以制作玫瑰香水。

我有一个镶珍珠的领带夹。这个领带夹上的珍珠曾经"住"在波斯湾海底的一只牡蛎壳里，在某天被一个打着赤膊的潜水员捞了出来。

我洗澡时穿的那双又肥又大、后跟扁平的无扣拖鞋，也是产自波斯的。

我写东西时用的是马兹达台灯，而马兹达是古代波斯的智慧之神。

我的书柜里还有一本叫《鲁拜集》的诗集，是由一位叫"欧玛尔·海亚姆"的波斯人写的。

我可能会在早餐时吃一个甜瓜。甜瓜最早也产于波斯，我们现在吃的甜瓜就是多年前从波斯传入的种子种出来的。

我在早餐时吃的桃子最早也起源于波斯，后来有人把桃子的果核带到美国，我们才在美国种出了第一棵桃树。

如果我有一只波斯猫就好了，那样的话，关于波斯的各种东西我都有了。可惜的是，我只有一只狗，没有波斯猫。

人们把波斯叫作"雄狮和太阳的国度"，在原先波斯的国旗上就画着一头狮子和一个太阳。我其实不太清楚为什么有狮子，太阳倒是比较好理解，因为那里的人崇拜太阳，把太阳视作神灵。他们也崇拜星星、月亮和火，我们把他们称作"琐罗亚斯德教徒"，不过他们坚持自称"帕西人"。马兹达是波斯人信奉的主神。按照波斯人的信仰，只要是光明的东西，就是好东西；只要是黑暗无光的东西就是坏东西。现在，有一些人仍然信仰琐罗亚斯德教，不过大多数的伊朗人如今都是穆斯林。

在伊朗，好的地方就非常非常好，而差的地方则是要多

糟有多糟。伊朗有很多地方都被沙漠覆盖，然而那些好的地方则盛开着娇艳的玫瑰花，还出产甘甜多汁的桃子、甜瓜。世界上大多数河流都是越流越宽的，而伊朗的河流却恰恰相反，是越流越窄的，直至最后彻底干涸消失。伊朗有很多连绵的高山，高山上的积雪消融，化作溪流，然而这些溪流却没有什么作为，它们都以干涸枯竭而告终，连河口都没有。

在英语里有几个关于伊朗的字谜。其中有一个字谜由两个场景构成，第一个场景是两个女孩在表演喝茶，第二个场景是一个男孩跑过房间。你能猜到他们演的是什么吗？这两个场景指的就是伊朗的首都德黑兰（Tehran）。还有一个字谜只用了一个场景，就是一个男孩跑过去，然后指着自己。你猜得到这个说的是什么吗？没错，就是伊朗（Iran）啦[1]！

不明白看这里

1 Tehran拆开后与“tea”（茶）和“run”（跑）这两个单词的发音类似；Iran拆开后与“I”（我）和“run”（跑）这两个单词的发音类似。

人们把波斯帝国的统治者叫作“沙”，而不是国王。在过去，沙可以肆意妄为，欺凌百姓。只要他想，他就能随便没收人们的全部财产，然后再把那些财产的原主人杀了。但在今天，一切都早已过去。全世界最有名的宝石王座——孔雀宝座就在德黑兰。孔雀宝座用纯金打造，它的靠背很像孔雀张开的尾巴，上面镶着珍贵的红宝石、绿宝石和蓝宝石。

几乎所有的珠宝都产自地下，比如说钻石、红宝石、绿宝石等。但也有一种珠宝是个例外，它产自水中的牡蛎，它就是珍珠。进入牡蛎中的一粒沙子，随着日久天长的不断变化，慢慢形成了一颗珍珠。所以，每颗珍珠的最中间都是一粒小小的沙子。一颗豌豆大小的珍珠往往需要四五年的时间才能形成。人们在波斯湾发现了质量上乘的珍珠。牡蛎虽然能吃，但是人们采集它主要是为了得到牡蛎壳中的珍珠。采集牡蛎的人潜入水中，尽可能地憋住气，为的就是能够有更长的时间采集更多的牡蛎。也许你只能憋半分钟的气，但是那些采珠人则至少能憋1分钟。据说有的人能屏住呼吸长达1小时，但这纯粹是瞎说的。有一位小男孩曾写过一篇文章，告诉大家采珠人是怎么做的：采珠人用夹子夹住鼻子，把蜡塞进耳朵防水，还在脚上绑上石头，之后他们从船上跳入海中开始工作。年年都有许多采珠人丧失性命，或是由于血管爆裂而死，或是因溺水而身亡，又或是被一种叫“鳐”的毒鱼咬伤致死。然而，尽管如此，每年还是有价值数百万元的珍珠被人们捞出水面，供世界各国的女性佩戴在脖子和手指上。

55 对面的国家（上）

来自加尔各答的布料——卡利卡特

市中心的人行道下方有个地下商店。人行道的路面由厚厚的玻璃做成，地下商店里的人一抬头就能看见很多人从自己的头顶上走过。假如整个世界都是用玻璃做成的，那么人们一低头就能看见地球对面的人的鞋底。我们低头能看见的地球对面的国家长得像个馅饼，它就是印度。印度就是那个我们在做环球旅途时在中点会经过的国家。这是什么意思呢？假如你从家出发来到印度，然后再从印度出发，前行方向不变，那你最后又能回到了家里。我朝西走，我的一个朋友朝东走，我们同时起程，之后我们可以在印度碰头。当我抵达印度一个叫作“加尔各答”的地方时，我的朋友正站码头上等我呢。在加尔各答，我们以前常常买一种名叫“卡利卡特”的布料。

当我说到印第安人的时候，你一定会联想到鹰、彩色羽毛以及战士们出战前抹在脸上的油彩吧。其实你想到的这些都跟美洲的印第安人相关，他们是白人抵达美洲前就居住在美洲的土著。现在，美洲印第安人的数量已经很少了。他们属于红色人种。

还有一种印第安人是白色人种，对，跟美国白人一样，但他们的人口数量却是美国的人口数量3倍多。他们的国家被称为“印度”，因此他们被称为“印度人”。以前，哥伦布一路向西进行环球旅行，他所期望到达的目的地就是印度。当他抵达美洲时，他以为自己到达印度了，所以他把当地人称作“印度人”[1]。不过后来他发现，那里不是印度，而是一个完

不明白看这里

[1] 在英语中，印度人和印第安人的英文都是“Indian”，但在翻译为中文时进行了区分。正文也对在英语中出现这种状况进行了基本的解释。不过，当大家发现美洲新大陆上的原住民并非真正的印度人时，“Indian”的称呼已经相当普及了，所以，在需要特别加以区分的时候，“Indian”的前面会加上“East”（东）或“West”（西）以示区别。也就是说，用“West Indian”称呼印第安人，用“East Indian”称呼印度人。

不明白看这里

❶1953年5月29日，新西兰登山家埃德蒙·希拉里与尼泊尔夏尔巴人向导丹增·诺尔成功登顶珠穆朗玛峰，宣告着人类首次征服这座世界最高峰。

❷2005年10月，中国国家测绘局正式宣布珠穆朗玛峰峰顶岩石面海拔高度为8844.43米。正文中的29200英尺约为8.9千米，5英里约为8.05千米。

全陌生的新大陆，当地人也并不是印度人，而是红种人。

全世界最高的山脉坐落于印度北部，它把印度和亚洲的其他地方分隔开了，它叫“喜马拉雅山脉”。地球表面上的最高点就在这条山脉上，它叫“珠穆朗玛峰”。也曾有人称其为“艾弗勒斯”，因为曾有一位叫“艾弗勒斯”的英国工程师测出了它的高度。在我写这本书的时候，还没有人成功地攀越珠穆朗玛峰，尽管如此，我们还是知道珠穆朗玛峰的确切高度[1]。工程师不用实际攀登，就能计算出一棵树、一个教堂尖塔甚至一座山峰的准确高度。珠穆朗玛峰高达29200英尺，也就是说它的高度要超过5英里[2]。珠穆朗玛峰的山顶常年积雪，而且这些积雪始终都不会消融，它们一直待在那里，直到永远。

人类不断地尝试攀越珠穆朗玛峰，很多人因此而丧生。珠穆朗玛峰极高，空气稀薄，登山者不得不靠着随身携带的氧气瓶呼吸。假如人们不带氧气瓶登山，那么每走一步就得停下来呼吸好多次，人就得跟小狗一样气喘吁吁的，走不了几步就必须停下来休息一下，否则就无法继续走下去了。

曾有两位英国登山队员，通过几个星期的艰辛努力，到达了以前从未有人到达的高度，那里离山顶就剩几百英尺的距离了。另一位登山队员停留在最后一个营地，他注视着自己的两位伙伴，用目光为他们加油鼓劲儿。然而，就在两位登山队员奋力向上，作最后一搏之际，一阵携带着冰雪的狂风袭来，两位登山队员被狂风卷走了，他们的身影就此消失，永远消失了。当地人相信有一位女神住在山顶上，她不想让任何人接近自己的领地。于是，任何想要登上神圣山顶的人，都会横遭厄运，甚至被夺走性命。

世界之巅

喜马拉雅山体另一侧是一个高高的美丽山谷，诗人们都把它叫作“河谷”，它被称为“克什米尔谷地”。“谁还没听说过克什米尔谷地啊？”有一位诗人这样说道，“在克什米尔

谷地里开着地球上最美的玫瑰。”清澈美丽的湖泊、晶莹雪白的山峰、遍地盛开的玫瑰，伊甸园应该是在这里吧，而不是在两河流域那块被烈日炙烤的干旱土地。

仔细看一下亚洲地图，你就会发现两个不同寻常的地方。印度西边的邻国与印度东边的邻国，它们有着一个共同的名字，它们都叫“巴基斯坦”。怎么会有两个国家叫同一个名字呢？其实不然，巴基斯坦是一个拥有两部分的国家[1]。第二次世界大战以后，两块巴基斯坦都隶属于印度，而整个印度都受控于英国。印度人跟世界上所有国家的人一样，他们当然想拥有自己的主权。最后，英国同意放弃印度，让印度人自己进行统治。印度人一听，当然喜不自胜，然而计划却出现了大麻烦。大部分的印度人都是信仰印度教的，也有一部分人信仰的是伊斯兰教。而印度教和伊斯兰教并不能很好地相处。信仰印度教的人主张独立后的印度是一个完整的大国，而信仰伊斯兰教的人并不希望如此。因为在印度，信仰印度教的人要比信仰伊斯兰教的人多，如果国家统一完整，那统治权必然到不了伊斯兰教徒手里，而是落在了印度教徒手里。所以伊斯兰教徒希望独立出两个国家，一个是伊斯兰教国家，一个是印度教国家，两者互不相干。双方为此闹得不可开交。但最后他们还是达成协议，最终成立了伊斯兰教国家和印度教国家。伊斯兰教国家就是巴基斯坦，印度教国家继续保持印度这个国名。

由于伊斯兰教徒主要居住在印度的东西部地区，印度教徒主要居住在印度的中部地区，因此，印度的东西两边就变成了巴基斯坦这个新国家，而印度的中部仍然是印度。巴基斯坦就好像是被一条马路所隔开的一栋房子，厨房在马路这边，客厅却跑到了马路的那边。不过，这似乎也不是多大的事情。

印度和巴基斯坦迄今为止仍是英联邦成员国。

不明白看这里

[1] 1947年6月，英国公布《蒙巴顿方案》，实行印巴分治。同年8月，巴基斯坦成为英联邦的自治领。之后，巴基斯坦与印度领土纠纷不断升级，在克什米尔地区爆发了三次印巴战争。在1971年的第三次印巴战争中，东巴基斯坦宣布独立，即孟加拉国。

56 对面的国家（下）

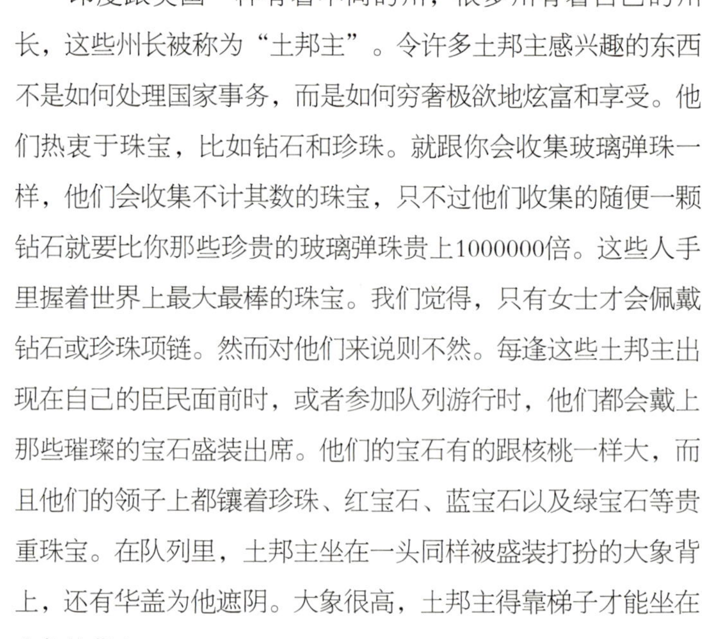

印度跟美国一样有着不同的州，很多州有着自己的州长，这些州长被称为“土邦主”。令许多土邦主感兴趣的东西不是如何处理国家事务，而是如何穷奢极欲地炫富和享受。他们热衷于珠宝，比如钻石和珍珠。就跟你会收集玻璃弹珠一样，他们会收集不计其数的珠宝，只不过他们收集的随便一颗钻石就要比你那些珍贵的玻璃弹珠贵上1000000倍。这些人手里握着世界上最大最棒的珠宝。我们觉得，只有女士才会佩戴钻石或珍珠项链。然而对他们来说则不然。每逢这些土邦主出现在自己的臣民面前时，或者参加队列游行时，他们都会戴上那些璀璨的宝石盛装出席。他们的宝石有的跟核桃一样大，而且他们的领子上都镶着珍珠、红宝石、蓝宝石以及绿宝石等贵重珠宝。在队列里，土邦主坐在一头同样被盛装打扮的大象背上，还有华盖为他遮阴。大象很高，土邦主得靠梯子才能坐在大象的背上。

土邦主坐在同样盛装打扮着的大象背上

在印度，大象被视作神圣之物。印度拥有很多野生大象，而且射杀大象是犯法的。所以那里的人不射杀大象，而是先捕捉、再驯化大象。人们在捕捉大象的时候，先是出动几百人把有大象出没的地方围起来，然后又是吹号又是打鼓地来吓唬大象。大象不堪噪声的侵扰，就会一步步地逃离，直至走进人们为了抓住它而设的围栏里。最后，大象在一片喧哗之中被迫走进围栏，人们把围栏关住，大象就被活捉了。捕捉了大象

以后，就得驯服它们。想要驯服一头大象，可不是一件容易的事儿。因为大象很危险，能踩死人。不过，经过驯化的大象就能为人所用了，被驯服的大象就跟阿拉伯人的骆驼、欧洲人的马，以及美国人的汽车、拖拉机或者随便一台机器一样能乖乖地服从人们的指令。大象可以用自己长长的鼻子卷起圆木运到火车或轮船上，就跟起重机卷起重物一样。

印度土邦主的爱好之一是捕猎老虎。老虎，这种满身橘黄色、长着黑条纹的“大猫”，可不是什么好惹的动物。它是一种很可怕的动物。印度的丛林中有老虎出没。在老虎饥肠辘辘的时候，会袭击村庄，把家养的牲畜咬死，甚至有时候也会把人咬死。印度土邦主准备捕猎老虎时很是小心，他们总是千方百计地确保自己的安全。土邦主带着朋友以及几百号随从，从驻地出发，前往丛林深处。土邦主和自己的亲信会来到一个安全地方——架在树上的高台。然后土邦主的仆人们就跑到深林里，敲锣打鼓地制造可怕噪声，老虎被吓得东躲西藏，然而人们不断地制造噪声逼迫老虎朝着土邦主和他的朋友那里跑去。老虎一旦进入射程，就被当作土邦主及其朋友的活靶子。被射杀的老虎就被带回去剥下皮，装饰地板或墙壁。

在印度，有100多种不同的宗教同时存在。不过我们在前一篇文章就介绍了，大多数的印度人都是信奉印度教的。印度教徒相信，死后的人，其灵魂会再次回到这个世界上，进到某个动物或者是另一个人身体里。这也解释了为什么当地人很善待有用的动物。因为印度教徒相信，如果这个人生前是个好人，那么他死后，其灵魂会转世投胎变成富人，抑或一只有用的动物；如果这个人生前是个恶人，那他就会投胎变成穷人，抑或一只有害的动物。有时候我的狗对我摇着尾巴，还冲我伸出爪子，不停地汪汪叫。我透过它那友好的眼神，常常不由自主地想到，也许某个人的灵魂，说不定就是某个土邦主的灵魂就转世成为这只狗了。

孟买是一座位于印度西海岸的大城市。它看上去几乎跟任何一座欧洲的大城市没什么分别，它的建筑风格很接近伦敦或纽约的建筑。

我绕了半个地球，专程来看泰姬陵

如果从孟买出发向北走2天左右，你就会到达一个叫“阿格拉”的小镇。阿格拉有2座和世界上其他建筑物都不相同的建筑，其中一座是陵墓，另一座是清真寺。那座陵墓是一位伊斯兰教王子为他四位妻子中最宠爱的一位妻子建造的，叫“泰姬陵”。很多人认为泰姬陵是世界上最美丽的建筑。我曾绕了地球半圈儿专门去看泰姬陵。在那里旅行的几天里，天气异常炎热，中暑的感觉就跟被闪电击中的感觉一样可怕。我在一个月色如水的夜晚看到了泰姬陵。我忘乎所以地欣赏着它，以至于竟毫无知觉地走进了一个水塘，水塘里的水没过了膝盖。我刚从水中爬上一个平台，又不小心扭到了脚踝。虽说受了点儿伤，但毕竟看到了泰姬陵，所以也是值得的。不过，就我个人而言，我觉得世界上最漂亮的建筑并非泰姬陵，而是阿格拉镇上的另一座建筑——珍珠清真寺。我虽然不清楚天堂里的建筑到底是什么样子的，但是我相信，就算是跟天堂里的建筑相比，珍珠清真寺的美也有过之而无不及。

印度的东边流淌着印度的圣河——恒河。恒河有很多河口，加尔各答就位于其中的一个河口处。不过，除了加尔各答以外，恒河河口大多位于巴基斯坦境内❶。

不明白看这里

❶恒河最终注入孟加拉湾，其大部分河口位于孟加拉国。

印度教徒的圣城——瓦拉纳西位于恒河的中游。与圣城麦加不尽相同的是，麦加只允许伊斯兰教徒前去，而瓦拉纳西却允许任何人前往。瓦拉纳西所在的恒河河岸上铺着一直能延伸到恒河里的长石阶。信仰印度教的人们从印度各地前往瓦拉纳西，在那里的恒河水中沐浴洗澡，他们并不是为了洗掉身上的灰尘，而是为了洗掉身上的罪恶。人们来到齐腰深的河水

中，舀起圣水，从头浇下。除此之外，当他们觉得自己时日无多的时候，也会专门来到恒河等待死亡。那些虔诚的印度教徒其实并不惧怕死亡。实际上，如果在世的生活穷困潦倒、充满苦痛，他们宁可一死了之。因为身上的罪恶一经恒河洗去，来世就能过上比现在幸福的生活，所以他们反倒希望尽快死去。

印度教徒并不将死去的人埋到土里，而是将尸首置于火上焚烧。在瓦拉纳西，人们把死去的印度教徒放在通往恒河的石阶上进行焚烧。由于需要焚烧的尸体太多了，有人还在那里做起了出售火葬用的木柴的生意。一个人生前越是富有，那么他死去时所燃烧的火就越大。也经常有人穷得连火葬时用的木头都负担不起。

由于印度的人口太多了，经常有人吃不上饭。尽管穷人们一天仅靠几把米就能撑下去，但还是有千千万万的人因为连这几把米都吃不上而被饿死。然而，“朱门酒肉臭，路有冻死骨”。土邦主和富人们的饮食往往营养充沛，个个都肥头大耳的。穷人们瘦骨嶙峋，你甚至能数得清他们身上有几根骨头，因为他们常常也没什么衣服穿。

印度有坐拥千万珠宝的土邦主，也有连火葬木材都买不起的贫民，这就是我们脚下对面的国度。

锡兰岛位于印度以南。锡兰岛上的男人们穿着裙子，头发里还别着梳子。我们平时里喝的茶多是产自锡兰的。锡兰岛附近拥有世界上最大的海水珍珠繁殖场，那里比波斯湾的珍珠繁殖场还要大。印度土邦主手里的很多价值连城的珍珠就产自那里。我自己甚至也有一颗产自锡兰的黑珍珠。听说珍珠能给人带来好运，不管你是否佩戴它。不过，我自己是不戴珍珠的。

印度人还以会变魔术而著称于世。我曾在锡兰的科伦坡看过他们变的魔术。一个印度人让自己的妻子钻进一个大筐里，然后盖上披肩，用一把锋利的剑到处刺这个大筐，之后再拉开披肩，他的妻子竟然毫发无损地冲大家笑呢。我还看到他把一颗种子投进花盆里，花盆里瞬间长出了一棵植物。他们到底是怎么做的呢？我想咱们也只能猜猜了吧。

57 白象

印度曾有一位名叫“乔达摩”的王子，他出身富贵，拥有任何他想要的东西。在长大以前，他一直都是无忧无虑、快快乐乐的。因为他从来也没有见过穷人，也不知道何谓痛苦，所以他一直觉得世界上的人都跟他一样没有忧愁，活得很舒心。然而，成年后的一次外出，让他见到了穷人、病人以及愁苦之人，这令他大大震惊了。眼前的悲惨景象，激起了乔达摩内心的怜悯之情。他放弃了所有属于他的财富，用尽一生的时间去帮助那些潦倒之人。他到处说法，告诉人们何谓对，何谓错。慢慢地，人们开始尊称他为“佛陀”，意思是“觉知一切之人”，并对他进行崇拜。于是，佛教就这样诞生了。佛教诞生的时间早于耶稣诞生500年左右。

在乔达摩离世以后，佛教徒派遣僧人去其他国家传佛法，就跟基督徒派遣传教士去别的地方布道一样。然而过了很长的一段时间，大多数的印度人对佛教产生了厌倦之情，他们开始接受其他新的宗教。很多的印度人信仰了印度教。然而，佛教在印度以东的一些国家受到欢迎，不过他们只是膜拜佛教偶像而已。

缅甸和泰国是印度东边的国家。伊斯兰教里教堂被称作“清真寺”，佛教里的教堂就被称作“佛塔”[1]。世界上最大也最美的佛塔之一位于缅甸的首都——仰光[2]。那座佛塔被称为“仰光大金塔”，大金塔的样子像是一个倒扣的大冰淇淋蛋卷，它的高度差不多和华盛顿纪念碑一样。这座大金塔是用砖

不明白看这里

❶佛教的“教堂”是寺庙，而非佛塔。

❷缅甸首都于2005年由仰光迁至内比都。

头建成的，但是在大金塔的外层镶满了金片。阳光照耀下的大金塔，金光璀璨，异常夺目。在大金塔底座的四周，有一些类似单人房间的小阁子，每个阁子里都放着一尊佛像。据说，塔中心下的一个盒子里装着佛陀的八根头发。猜猜看塔顶上放着什么？我们知道，教堂的顶上放着十字架，清真寺的顶上放着新月标志，而这座塔顶居然放的是一把伞。没错，是一把挂着叮当作响的小铃铛的伞。

在泰国跳舞的女孩子

大米是亚洲人的主要食物。亚洲人吃煮过的大米，里面既没有糖也没有黄油。他们早上吃米，中午吃米，晚上还吃米。

缅甸人和泰国人的样貌跟印度人不一样，他们长得跟中国人差不多。缅甸是一个共和制国家，泰国则是一个君主制的国家。第二次世界大战以前，泰国叫“暹罗”，第二次世界大战后才把名字改成“泰国”。如果一个人叫了很长时间的“琼斯”，之后突然改名叫“贝克”，那有些人还是会出于习惯叫他“琼斯先生”，而不是“贝克先生”。同样地，现在依然有很多人把泰国叫作“暹罗”。

在以前，泰国国王可以肆意妄为，这也就是人们常说的君主独裁。我小的时候，如果有人蛮横不讲道理或者老是命令人家干这干那，我们就会对他说，“你以为自己是泰国国王啊？”

现在，泰国国王跟自己的祖辈不一样了，他们得按着法律规定来管理国家。

佛教徒相信，人死后，其灵魂可能会转到动物身体里。他们也相信，国王的灵魂会转到白象的身体里。所以，白象在泰国被视作神圣之物。不过，白象更接近于灰色。人们如果在象群里发现了白象，那就必须得把它进献给国王，人们这样做是希望白象能给国王和整个国家带来吉祥。这些皇家白象什么也不干，整天无所事事，因此，我们就常常用白象来形容那些

派不上用场又必须得保留的东西。我的一个朋友就有一头“白象”——一辆破破烂烂的汽车，开也不能开，卖也卖不掉，而且也送不了人，还占着车位，他就叫这辆汽车“白象”。

在缅甸，普通的灰色大象就是人们的汽车、卡车和拖拉机，这样的一头大象的价钱就跟一辆汽车的价钱差不了多少。大象能作为人的坐骑，能运载和装卸货物，还能耕地。人们骑在大象上，轻打大象的这边或那边，大象就能明白该去做什么。大象按照人们的指令工作，遵循着固定的工作时间，知道什么时候应该开始工作，什么时候应该停下休息，就好像大象也有工会似的。大象每天至少得洗一次澡，不然它就不愿意工作。

很多木头都能漂浮在水面上，然而缅甸有一种叫作“柚木”的木头却非常沉，放到水里就会沉下去。因为几乎所有的软木头都能被白蚁吃掉，于是当地人就用柚木做家具。大象们常常做的工作之一就是帮助人们装卸和驮运这些沉重的柚木。我常常想要是我自己也有一头大象就好了。所以，我就买了一头很可爱的大象带回家放在桌子上。不过，它不是真的大象，而是一个青铜做的大象摆件。

在泰国的下方有一个像是大象鼻子的长长的半岛，它是马来半岛。在距离这个“象鼻子”顶端半英里远的海面上，有一个叫“新加坡”的小小岛屿。新加坡曾经就是一片有猛虎和毒蛇出没的丛林。新加坡的主人几度想把这座小岛送给别人，但是却没有人想要。后来，他把这座小岛以一个非常低的价格卖给了一个叫“莱弗士”的英国人。于是，英国人就在这座小岛上建起了城市。猜猜英国人为什么想要这座小岛？因为这里有一条重要的水上通路，控制这里就能控制来往东西方的船只了。

马来西亚和新加坡之间的海峡是什么海峡？

A.柔佛海峡

B.马六甲海峡

C.白令海峡

D.霍尔木兹海峡

一条狭长的水道连接诸岛，这条水道也是唯一一条适合船只来往的线路。英国人想控制这里，就跟他们想控制直布罗陀、苏伊士和亚丁一样。第二次世界大战期间，新加坡被日本

不明白看这里

❶新加坡于1965年独立。

人占为己有。日本人并不是利用海上军舰强攻占据新加坡的，他们是从城市另一侧的陆地上攻占了新加坡。然而，日本人最终战败，英国得以重新掌控新加坡[1]。现在的新加坡是船只停靠的重要港口之一。站在新加坡一个叫作“莱弗士大酒店”的大堂里，你能看到来自世界各地的人川流于此。

新加坡的位置几乎就在赤道上，它差不多就是南北极之间的中点。赤道被水手们称作“中线”。水手们认为，当人们第一次通过中线时，得受到海神尼普顿的洗礼。我自己坐船经过中线的时候，就受到了海神的洗礼。当我刚走上甲板的时候，我的身边突然来了两个水手，他们一个拽着我的胳膊，一个拖着我的腿，把穿戴齐整的我扔进了甲板上的一个帆布做的简易水池里；当我好不容易从水池里爬出来，还没来得及喘口气的时候，他们又把我推进一个帆布做的长管道里面，我只能再从管道的另一端爬出来；当我刚爬出来的时候，他们又用船桨打了我的后背一下，最后我终于被带到了海神尼普顿的面前。我看到一个坐在宝座上的男人，穿着浴袍，头上歪歪斜斜地戴着一个用硬纸做的王冠，手里还拿着一个叉干草用的大叉子。这个男人给了我一张证书，就好像我刚从大学里毕业一样，他说我已受过洗礼，已成为跨过中线的合格人士。

东印度群岛位于马来半岛的附近，是哥伦布曾经向西旅行时的目的地。苏门答腊岛的外形酷似一根肥肥胖胖的雪茄，而岛上的人也确实种植用以包裹雪茄外层的雪茄皮。东印度群岛中的另一个小岛叫“爪哇岛”，它曾经以盛产咖啡而闻名于世。我以前特别想在爪哇岛上喝一杯品质上乘的爪哇咖啡，在我试了好几个地方以后终于喝到了一杯味道不错的咖啡，可这杯咖啡的原产地竟然在巴西。

在爪哇岛，我看见了跟老鹰一样大的蝙蝠以及跟手掌一样大的蝴蝶。

58
温度计被冻住的地方

普通温度计能标记的最低温度大概是-40℃，到了-40℃，数字就不会继续往下走了，因为水银在这个时候就被冻住了[1]。很少有什么地方能冷到那个地步。不过，在世界上最冷的地方，温度计就会被冻住。世界上最冷的地方并不是北极，而是西伯利亚。西伯利亚的气温就能降到-40℃以下[2]。

西伯利亚是位于中国以北的巨大区域。冬季，西伯利亚的北部地区就会跟挪威和瑞典一样，出现极夜现象，整个冬天都看不见太阳。然而，那里没有温暖的墨西哥湾流，当地气温会比-40℃还要低。当地人用的温度计跟我们用的普通温度计不一样，他们用的是一种特殊的温度计。有一个地方的温度甚至能降到-68℃，那里差不多是世界上最寒冷的地方了。人类跟动物不一样，人类长不出来保暖的皮毛，因此，人们只能裹着动物的皮毛御寒，不然的话，过不了一会儿就得被冻死。

也并不是整个西伯利亚地区都是如此寒冷，西伯利亚分作北部、中部和南部3部分。北部地区，人烟稀少，甚至连树木都没有，因为那里实在是太冷了，连地下好几英尺的地方都被冻得坚硬如铁。然而，到了夏天，北部地区又变得非常温暖，那里的温度甚至能达到32℃。表层的土壤解冻，苔藓以及一些别的植物能够在上面生长一段时间。但是，深层的土壤仍处于冰冻状态。西伯利亚地区是隶属于俄罗斯的领土，整个面

不明白看这里

[1] 在一个标准大气压下，水银（汞）的熔点为-38.87℃。低于这一温度，汞会凝固，温度计就无法工作了。

[2] 根据近年来的科考数据，世界上温度最低的地方在南极洲。

白鼬可跟一般的小男孩不一样，
它们很讨厌脏的东西

积要比美国大，那里也零星住着一些其他国家的人。

在西伯利亚的中部地区，气温远远没有北部地区那么冷。那里有着广袤的森林，各种野生动物出没其间，比如狐狸、狼、黑貂和白鼬。那些野生动物都长着漂亮而厚实的皮毛用以抵御寒冷。捕猎者就是为了获取它们的皮毛做大衣才去猎杀这些动物的。白鼬周身洁白，只有尾巴尖上有一点儿黑毛。白鼬很爱干净，总要保持自己身上没有一丝灰尘的状态。也正是出于这个原因，法官和国王的袍子用白鼬的皮毛制作的，用以象征着法官和国王的心灵是一尘不染的[1]。一件斗篷或大衣往往需要很多张白鼬的毛皮才能制成。在做好的衣服上，白鼬尾巴尖上的黑毛会均匀地点缀在衣服的白色中。

不明白看这里

[1]英国大法官的国会礼袍上装饰白鼬的毛皮。

西伯利亚的南部地区有世界上最长的铁路。如果是乘火车从西伯利亚铁路的一端到另一端去，得用2周的时间。铁路的这头是位于太平洋沿岸的符拉迪沃斯托克，另一头则连着莫斯科。人们把这条铁路称为“西伯利亚大铁路”，言下之意，就是横贯西伯利亚的铁路。

大多数的西伯利亚人都住在西伯利亚大铁路的沿线。但是，你可能坐着火车走上几百英里都看不见一个城市，甚至连一座房子也看不见。因为城镇一般都建在离铁轨稍远些的地方，从车站到城镇上还得开车走上一段路。很早以前，火车头并不是靠烧煤，而是靠烧木头所提供的能量来拉动火车的。在铁路沿线堆着很多木头，火车在缺乏燃料的时候就停下来添加木头，就跟汽车加油一样。在西伯利亚，很多城市的名字都叫

"××斯（茨）克"。比如说鄂木斯克、托木斯克还有伊尔库茨克等。

曾经有个外地人向当地人询问怎么到火车站。当地人回答他说："如果你选择继续前行，那你就得走25000英里；如果你愿意掉个头，那你就只需要走2个街区。"

猜猜看，从美国到西伯利亚的距离有多远？8000英里，还是10000英里？都不对，答案是50英里。没错，就是区区50英里的距离。这是西伯利亚和阿拉斯加之间的最短距离[1]。一条狭长的海峡位于西伯利亚和阿拉斯加之间，它叫"白令海峡"。当白令海峡结冰时，人们就能从亚洲跨过白令海峡直接走到美洲去。从地图上看，那里有一串看起来像是河里踏脚石一样的小岛，不过想要踏着这些小岛到对岸去，那非得巨人才办得到。有人说，阿拉斯加及美国其他地方的爱斯基摩人、印第安人，也许就是很久以前踏着白令海峡的冰桥从亚洲走到美洲来的中国人。他们的长相跟中国人很像，很有可能就是以前的中国人。

第一次世界大战之前的俄罗斯是由沙皇统治的。但凡憎恨沙皇、被认为反对沙皇、说了什么反对沙皇的话，甚至是反对沙皇想法的人，一律都会被逮捕，被押往遥远的西伯利亚的矿场充当矿工，远离亲人朋友。很多人都死于押送途中，绝大多数的人再也没有回到故乡。

第一次世界大战之后的俄罗斯爆发了革命战争，人们推翻了沙皇的暴虐统治。新政府由共产党人建立。共产党人给沙皇、王室以及大多数的富人阶层判处了死刑。共产党进行了一系列的变革，他们创办学校；处死地主，把地主的土地分给贫困潦倒的农民们；建立工厂，开设商店，修建铁路，创立航空公司；修建水利大坝，向工厂输送利用水来发的电。

不明白看这里

[1] 俄罗斯西伯利亚的最东端迭日涅夫角到美国阿拉斯加最西端的威尔士王子角之间的海峡，即白令海峡。白令海峡最窄处约83千米。

59 巨大的海蛇怪

不明白看这里

❶关于日本人的祖先来自哪里的问题，一直以来尚未有定论。目前，有中国人、高句丽人、东南亚人的诸多种说法。

以前，人们一直相信世界上有海蛇怪，而且还常说有一条海蛇怪就出没于靠近中国的海域里，它的长度有1000英里那么长。海蛇怪背部隆出水面的地方，就像是一个个岛屿。这条海蛇怪长期沉睡于海底，当它时不时扭动肢体的时候，海面上的岛屿就会产生剧烈晃动。很久以前，中国人去那些岛屿上安了家落了户，他们似乎并不害怕海蛇怪偶尔扭动身体所造成的晃动[1]。我们现在都已经知道，那些岛屿是一些古老的海底火山，而且其中大多数的火山已经燃烧殆尽了。我们还知道，那些所谓的因海蛇怪扭动而造成的剧烈晃动，其实都来自地震。海蛇怪背部的那些岛屿叫作“日本”，生活在那些岛屿上的人便是日本人。在日语中，日本的“日”为“太阳”，本为“本源”，合在一起就是代表日本人认为自己生活的岛屿是太阳升起的地方。当然这并不是真理，你知道的。但是，对古代前往日本的那些人来说，太阳就是从他们面前的这块土地上升起来的。日本人的国旗上也画着一个火红的太阳。

中国人和日本人都是黄种人。不过，日本人和中国人在很多方面都很不一样，这就跟美国人和印度人同属白种人，但他们也很不一样的道理相同。日本人的学习能力和模仿能力都很强。过去的日本人模仿学习中国的汉字、中国人使用筷子的方法等，另外还跟中国人一样信佛，因为除了中国以外，他们对其他的国家和民族知之甚少。过去的日本就同过去的中国一

样，他们不让别的国家的人进入日本，就好像他们在家门口竖立着一块写有“禁止入内”的牌子一样。

也不知道是为了什么，人们一看到禁止入内的牌子，总想着要进去探个究竟。你越是告诫人们不能做，人们偏偏就越想做，因为人们总是很好奇，总愿意去探究一下别人的事情，想搞清楚为什么要竖立一块禁止入内的牌子。也正是出于这样的原因，100多年以前，有一位名叫“佩里”的美国海军军官就带着满满一船的礼物想办法进入了日本。他所带来的礼物都是日本的幕府将军闻所未闻的东西，这使得幕府将军很高兴，并且想要买更多的稀奇东西，还想对生产这些东西的地方做个了解。于是，佩里就对幕府将军说：“那就让我们美国人来这里吧。我们把美国的东西卖给你，也从这儿买走日本的东西。”幕府同意了。于是，日本打破了闭关锁国的政策，允许对外开展贸易[1]。日本人的眼界随之变得开阔起来，在此之前，他们仅仅了解中国，而对别的国家一无所知。日本派了许许多多年轻有才的人前往美国和欧洲学习各种先进技术和知识。这些留洋归来的年轻人，把自己学到的东西教授给其他没有出国的人。在很短的时间里，日本人就掌握了较为先进的技术。不久之后，日本人就仿造出了美国人的东西。之后，日本逐渐成为一个现代化的国家，只用了100年的时间就超越了中国。然而，在日本人大力效仿西方各国的时候，不仅学到了有益的知识和技术，他们也学到了有害的坏东西。日本人不仅学会了如何制造无轨电车、电灯以及汽车，还掌握了如何建造军舰、飞机、坦克和大炮。一支强劲并且庞大的现代化军队随之被建立起来，他们用导弹炸毁了停泊在夏威夷的美国舰船，由此引发了一场大规模的战争。战败后的日本不能拥有数量过多的军队，也不能拥有重型武器，比如说军舰、坦克、大炮等这类东西。

不明白看这里

[1] 这里说的是1853年美国海军准将马休·佩里率舰队驶入江户湾（今东京湾）浦贺海面的事件。佩里带着美国总统米勒德·菲尔莫尔的国书，要求与德川幕府进行谈判，即历史上著名的“黑船事件”。最后，双方于1854年签定《神奈川条约》（日本称《日美和亲条约》），条约主要约定日本必须开放下田与箱馆（今函馆）这两个港口与美国通商，并给予美国最惠国待遇。

日本人最爱的花就是樱花，每年他们大概在____月～____月赏樱花？

大人们可以乘坐的“婴儿车”是日本人最先学会制造的东西之一。在日本，马的数量稀少，为什么？因为马吃的东西太多了。一位在日本居住生活的美国水手，给自己的妻子制作了一辆成人版的婴儿车，是靠人力来拉的。因为在日本，雇一匹马可要比雇一个人贵多了。日本人觉得这种靠人力拉的车很有创意，于是他们就生产了好几千辆。他们把这种车叫作“人力车”。拉车的车夫们整天都不知疲倦地拉着车到处跑。人力车沿着街道绝尘而去的时候，车夫的身影被车身挡住了，只留下他的两条腿，看上去就跟车自己长腿往前跑一样。

在日本，人们的穿着跟我们穿的衣服没什么分别，但是也有很多人，不管是男的还是女的，仍然穿着传统的日本服装——和服。和服看起来有点像妈妈和姐妹在家里穿着的家居服。

日本的孩子拥有2个重要节日。其中之一是给女孩子过的节日，是每年的3月3日。到了这一天，女孩子们就把自己的娃娃们都摆出来，然后开心地玩娃娃。这叫“偶人节”。另一个节日是给男孩子们过的，是每年的5月5日。每到这一天，家里有男孩的人家就在门口挂起鲤鱼旗。鲤鱼象征了迎难而上的精神，它为男孩子树立了很好的榜样，那就是要有不惧困难的艰苦奋斗精神。这一天被称作“男孩节”。

日本人也许是这个世界上最喜欢鲜花的民族了，每当鲜花盛开的时节，他们都有相应的节日。一个节日在春季，正值樱花、李花以及桃花竞相盛开的时节；另一个节日在秋季，正值各色菊花争奇斗艳之时。以前，日本很多家庭都有个庭院，哪怕这个庭院非常小，它也充满了田园风情，有着栩栩如生的小湖、小山、小河、小桥。如果从照片里看，还以为那些湖泊、河流什么的都是真的呢。日本人还种植着长不高的橡树和枫树，从照片里看，这些树木起码得有100英尺[1]那么高，

不明白看这里

[1] 100英尺为30.48米。

树龄也差不多得有100年。然而实际上，它们却只有1英尺那么高，不过树龄也许真达到100年了。

日本男孩拥有极强的求知欲。记得有一次，我正站在商店橱窗外面观看那些漂亮的日本伞。一个日本男孩跑到我跟前，用英语向我询问可不可以给我当一天的免费导游。

“为什么呢？”我觉得挺奇怪，“你是想给我介绍一下这个地方吗？”

“我想练练我的英语口语。”男孩回答我。

我曾参观过一所日本学校，那里有十几个男孩子给我留下了他们的联系方式，想让我回家后给他们写信。他们还说，一定会用英语给我回信。

60
风景明信片

从日本回到美国以后，我就给那些想跟我保持联系的男孩子们寄了明信片。我专门选了一些具有代表性的明信片，想让那些孩子们通过明信片对美国的风土人情和国际地位有个大致了解。在这些明信片中，有一张印的是华盛顿的国会大厦，有一张印的是尼亚加拉大瀑布，还有一张印的则是纽约的高楼大厦。那些男孩子都用薄薄的米纸给我回了信，有的孩子用铅笔或颜料在纸上画上了画，也有的孩子随信寄来了图片，这些画和图片上面都是很有代表性的日本景点。

日本的活火山——富士山

在孩子们的信件里，有3幅图片上都是同一个景观——一座被白雪覆盖的美丽山峰。那座山是富士山，它是日本人的圣山。实际上，富士山也算不上是座真的山，而是一座山顶被积雪覆盖的死火山。富士山很受日本人喜欢，他们把富士山的图片弄得到处都是，比如说你在扇子上、盒子上、托盘上、雨伞上、灯笼上以及屏风上都能找到富士山的身影。还真没有哪位电影明星或佳丽名媛能比得上富士山——拍过那么多的漂亮照片。

还有2幅图片上是一尊坐落于树丛中间的巨大青铜佛像。这尊佛像很大，它的2只大拇指上就能装6个人。佛像的眼睛有1码多长，是用金子做的。在佛像的前额上还有一个用纯银打造的大球。日本人把佛像称为“大佛（Daibutsu）”，我们只把佛像称为“佛教偶像”。日本人铸造这些佛像的寓意在于提醒自己要向充满智慧的、慈祥和善的佛陀学习，这就跟我们为

名人或者圣人铸造纪念碑是一个道理。

大佛充满智慧、悲天悯人

东京市貌

作为日本首都的东京，是日本最大的城市，同时也是世界上最大的城市之一。日本过去把首都建在京都。京都和东京的英文名字很像，组成这两个名字的字母是一样的，但是顺序不一样。东京是Tokyo，京都是Kyoto，东京和京都以及其他的日本城市看起来跟美国的城市样貌完全不同。在日本，城市里的高楼大厦并不算特别多，城市建筑的楼层基本上都在2层以下，建筑房屋的主要材料是竹子。为什么呢？因为日本所在的地方总是发生地震，楼房建得太高就会有被震塌的危险。即便现有的这些房屋都被大地震给震塌了，也很容易重建或修复。因灯和火炉被掀翻而引起的火灾是地震带来的主要灾害。一旦发生火灾，不计其数的房屋就难逃被烧毁的厄运。

日本也有一些抗震系数比较高的大型建筑，这些建筑并不是直接修建于坚硬的岩石地面上，而是建在深埋于地下的水泥平台上，这样做能防止建筑物的地基在地震时开裂。遭遇地震时，尽管这种建筑会晃动，却不会轻易断裂，就跟地面上一块松动的大岩石一样。

日式房屋

日本人的房屋很容易起火，他们不仅用木头来建造整个房屋，连窗户都是用纸做的，而且地上还铺着草编的席子。这种草席的大小是固定的，人们不是根据房间的大小来定制草席的型号，恰恰相反，人们是根据草席的大小来定制房间的大小。房间的面积要么是6张草席那么大，要么就是10张草席那么大。为了保持席子的整洁，人们每次进屋之前都会脱掉鞋子，在室内活动时只穿袜子。日本人的袜子也挺奇怪的，跟连指手套一样，大脚趾与其他4个脚趾是分开的。日本人永远不会想到穿着鞋子在屋里走路，这就跟咱们永远不会穿着鞋子上床一样。

在日本人居住的房屋里，没有椅子。日本人都是席地而坐的。我们在地板上哪怕只坐几分钟的工夫，也会觉得很不舒服。但日本人却能怡然自得。我以前在一个火车站看见日本人有长凳不坐，非要蹲坐在长凳旁边的地板上。我觉得美国女孩子盘腿坐椅子的姿势跟日本人坐在地板上的姿势一样，但是我从来也没有见过有男孩子这样坐。或许，美国的女孩子也有几分日本血统吧。日本人家里的桌子也就几英寸高，看起来就跟病人卧床时使用的床上托盘没什么分别。然而，日本人的一天三顿饭都是在那样的小矮桌上吃的，而且要跪坐在矮桌前吃。日本人也不睡床，他们就直接睡在草席上，用一块硬木头当枕头，把和服当作被子。

日本人有一个方面跟大象很像。猜猜看是哪个方面呢？日本人很爱洗澡。不过，我们倒不觉得这一点奇怪。奇怪的是，日本人在洗澡时会让全家共用一个浴盆，而且一个人洗完，另一个人再进去洗的时候也不换水。他们的浴盆看起来就像是个被锯了一截的大木桶，人只能在其中蹲坐着而不能完全躺平。他们用很烫的洗澡水，为的是把全身的毛孔舒张开。洗澡的时候，人先在烫烫的热水中浸泡一会儿，然后再用力地擦洗身上。

两个日本人用木棍抬着大水桶

那些图片中，有两个人抬的木桶里面有活鱼，虽然在图片中看不见，但是我知道。日本人吃肉吃得不多，因为日本缺乏可食用的动物，比如说牛、羊、猪等。除此之外，日本国内那些虔诚的佛教徒，也不赞成人们吃肉。日本人认为鱼类不算肉，他们打捞上来的以及吃下肚子的鱼的数量，是世界上别的

国家比不了的，连挪威人都要甘拜下风。日本是个岛国，几乎所有人都离海岸不远，所以经常能吃上新鲜的鱼。鱼贩子们把活鱼放到装满水的大桶里，这样就能确保鱼在短时间内足够新鲜。

水稻田

日本最主要的农作物，甚至可以说是唯一的农作物，就是水稻。茶是日本人最主要的饮料。日本人喝的茶，里面既没有糖也没有牛奶。过去，在日本的很多茶馆及茶室里，都有被称为“艺伎”的女性服务员为客人们斟茶倒水。除此之外，她们也会为客人们跳舞、弹奏乐器来增添气氛。她们弹奏的乐器跟琴颈很细的班卓琴有点儿类似。

有一封信上的装饰画是一排高高的木门，它叫“鸟居”。在日本，鸟居随处可见，有时能看见一个，有时能看见一排。鸟居，顾名思义，就是鸟栖居的地方。这些木门往往就是通往寺庙或神殿的大门，所以非常神圣。

鸟居

另有一封信上的装饰画是一个大石灯笼。这种灯笼常见于寺庙附近或者寺庙之内。这些石灯笼的装饰性大过实用性，因为它们发出的光线非常幽暗。所以说，日本人看重的是灯笼的美，而不是灯笼的作用。日本人还有一个灯笼节，灯笼节上的灯笼就跟咱们在游园会上用的那种纸灯笼类似。

还有一封信上的装饰画是3只木头猴子。这3只木头猴子位于日光市最大的神社里。这三只猴子形态各异，一只捂着耳朵，一只捂着嘴巴，还有一只捂着眼睛。它们是在告诫人们：非礼勿听、非礼勿说、非礼勿视。

两个很胖的男人面对面坐在某大型建筑物的中央，周围有很多观众围观

这两个很胖的男人是摔跤运动员。日本的全民运动是摔

跤，这就跟西班牙的全民运动是斗牛、美国的全民运动是橄榄球一样。在日本，摔跤有两种，其中叫“相扑”的是这样的：参加比赛的男人高大魁梧，体型健硕，体重能达到几百磅。来观看比赛的观众非常多，跟咱们观看棒球或橄榄球比赛的人数差不多。两个参赛选手面对面蹲伏着，就像是两只庞大的牛蛙在对峙一样，大部分时间里他们都保持着这样的动作，但与此同时，两人都在寻找能抓住对方的机会。在美国人眼里，这项运动基本上就是观察和等待，一旦被对方抓住，比赛也就画上了句号。另一种摔跤运动被称为“柔道”。柔道是一种很需要技巧的摔跤运动，即便是一个瘦小的人，如果他掌握了柔道的技巧，也会把比自己强壮高大的对手摔倒在地。所谓的技巧就是通过抓住对方的手臂、手或者腿，然后快速扭到一个位置，使得对手毫无反抗之力。我曾在日本的很多学校里看到全校的学生们两人一组地练习摔倒对方的技巧，他们的动作简直快如疾风，势如闪电。

摔跤在日本是一项非常传统的运动。日本人也从其他国家学到了新的运动项目，比如说，他们学会了如何玩棒球。在日本，追捧棒球运动的人一点儿也不比美国少。

最后一封信里则附着日本天皇的照片。世界上很多国家已经用总统来取代皇帝了，但是日本却仍然保留着天皇。虽说日本的变化很快，但有一点我却觉得始终不会变，那就是他们不会把皇帝变成总统。目前的天皇家族已经统治日本达2000年之久了。作为第二次世界大战的战败国，日本获得了其他国家的允许，得以继续保留天皇。第二次世界大战之前，日本人认为天皇就是神，他们像崇拜神一样崇拜天皇。现在的日本人仍然对天皇很敬重，但是已不再把他当成神了。

61 人造山

亚洲	Asia
美洲 （北美洲） （南美洲）	America (North America) (South America)
非洲	Africa
南极洲	Antarctica
欧洲	Europe
大洋洲	Oceania

地球上除了2个大洲外，其余所有大洲英文名字的首字母都是“A”。

亚洲是七大洲中面积最大的一个洲，排在第二位的是非洲。

有人曾说非洲很挡道，挡住了西方人前往亚洲的去路。每个人想的都是如何绕过非洲，从来没有想过进到非洲里面去。有些水手在非洲沿岸海域碰上了事故，没有几个能活着回来给人们讲讲非洲丛林里的野兽和还没开化的黑人到底是什么样的。非洲被形容为黑暗的大陆，因为没人了解这片土地，甚至也没有人想过要去了解它。人们惧怕这片黑暗的大陆，就如同孩子们惧怕黑暗一样。白人生活在非洲的地中海沿岸，在他们的生活区域以南的地方是一片无人敢于穿越的大沙漠。这片大沙漠的南边，生活着还未开化的黑人和野生动物。然而几千年以来，白人一直生活在非洲的一角，就是红海沿岸靠近亚洲的那个角落。非洲的这个角落一直都由强大的国王所统治，埃及就位于这个角落里。

你有没有见到过100岁的人？我曾见过一个将近5000岁的人，真的，他是一个干瘪瘦小的男人。他以前是一位强大的埃及统治者。他不愿意让自己在死后变作尘埃。因为如果化为尘埃了，他又如何能在进行最后的宣判时起死回生呢？他命令人们在他死后，把他的尸体用特别的药水浸泡，再用布把尸体裹严实，还要在尸体上压上石山，以保证绝对不会有人挪动或者触碰他的尸身。实际上，他在自己还活着的时候，就把石山建好了，以免自己的愿望出了什么岔子。

然而，没有人能预知自己死后是什么光景。尽管建了石山，但这位曾经叱咤风云令庶民臣服的统治者，如今却被人装进一个盒子里，放置于博物馆中供大家观看。不仅如此，他不想让人挪动的愿望也落空了，博物馆的清洁工会经常掸一掸他脸上的灰，扫地的时候还老是把它搬走。用防腐剂处理过的尸体被称为“木乃伊”。许多埃及统治者的木乃伊就被存放在现在的博物馆里。

金字塔分布在________沿岸。

A.亚马孙河

B.密西西比河

C.尼罗河

D.刚果河

E.伏尔加河

这些被称为“金字塔”的石山便是世界七大奇观之一。埃及的法老在自己还活着的时候，就命人把这些作为死后陵寝的金字塔建好。每一位法老都想着要建一座超越前人的金字塔。有一位叫作“胡夫”的法老建造了一座最大的金字塔。这位法老在耶稣降生前就不在人世了。据说，他的陵墓是10万人花了10年时间才造好的。

金字塔塔身的斜面原本是光滑的，可是到了后来，人们总是抽取金字塔的石头去建造别的建筑。于是，今天的金字塔塔身的斜面凹凸不平，像是一个摞起来的大石堆，人们可以踏着凹凸的石头块一直爬到金字塔顶。以胡夫金字塔为代表的大部分金字塔都是用坚硬的石头筑建的，金字塔的中央是用来放置国王的尸体以及国王生前用品的地方。古时候，埃及人认为，等到最后的宣判日到来时，死去的人会从漫长的沉睡中被唤醒。于是，他们就把家具以及其他用品摆放在死者身边，这样死者醒来后就能继续使用这些东西，接着生活了。埃及人把胡夫的尸身放进陵墓中以后，就用石头把通向陵墓内部的通道堵得严严实实的，不留一丝缝隙，以防止有人发现或者盗走胡夫的尸体。然而，最终还是有人发现了陵墓里的通道，木乃伊

以及那些给胡夫准备的陪葬用品还是被人偷走了。即便胡夫的灵魂还能回来，估计也不知道自己尸身的下落了。

古代的埃及人信奉神话里的各种神灵以及动物。公牛和甲壳虫在当时被视作神圣之物，也被制作成了木乃伊。但是如今的埃及人十个里面有九个都是信奉伊斯兰教，埃及人也不再建金字塔了，取而代之的是美丽的清真寺。

有一座巨大的石头雕像卧坐于这些大金字塔的旁边。这座石像的身体部分是狮子，头部则是按照一位埃及国王的样子雕刻的，这座石像就是斯芬克斯像。希腊人相信，斯芬克斯是长着女人头的动物，它坐在路边，总是让过往的行人猜谜语。这个谜语是这样的："什么东西早晨4条腿，中午2条腿，晚上3条腿？"如果行人回答不出来，斯芬克斯就一口把这个人给吃了。终于有一个人回答出来了，他说："这是人。婴童时期的人爬行，长大后的人用2只脚行走，暮年的人拄着拐杖走路。"在希腊，人们认为斯芬克斯是女的。而在埃及，人们则认为斯芬克斯是男的。埃及的斯芬克斯长着男人的头，而且还不会让人猜谜语，被视作太阳神。

斯芬克斯（狮身人面像）与胡夫金字塔

金字塔被誉为"世界七大奇迹之一"

斯芬克斯雕像和金字塔都位于埃及境内唯一一条河的河畔，也就是伟大的尼罗河的河畔。你听过《鳄鱼的眼泪》这个故事吗？鳄鱼生活在尼罗河里，长得跟短吻鳄差不多。在过去，埃及人常常说，鳄鱼老是抓埃及的小男孩吃，而且吃的时候还流着眼泪，假装很难过的样子。这也就是为什么人们总是用鳄鱼的眼泪来形容虚情假意。在汇入地中海之前，尼罗河分成了好几条支流，支流之间的陆地就叫"三角洲"，三角洲在英文中的发音跟希腊字母"Δ(Delta)"一样，因为三角洲的形状就跟它一模一样，像个三角形。以前的人也用这些常见的事物来给一个地方取名字，因为二者的形状很类似。

埃及的北方地区几乎从来都不下雨，而南方地区一到夏天，降水量就异常丰富。每当雨季来临，尼罗河的河水就涨起来，没过堤岸，淹没田地。河水退下去之后，岸上就留下了大量肥沃的泥土。埃及人就在这些泥土上种植小麦和棉花。以前，尼罗河每年都会泛滥一次，而除这一次以外的其他时间，尼罗河两岸的土地异常干燥，人们不得不走下河岸去取水。距离现在不太远的时候，人们在尼罗河上游的阿斯旺修了一个大坝，这个大坝将河水拦腰截住，形成了一个深湖。于是，在大坝的帮助下，如今的尼罗河下游不再泛滥了。人们在有需要的时候就把大坝底部的闸门打开放水。有一座古老而美丽的寺庙正好位于大坝内，人们在修建大坝的时候，也没办法把这座寺庙移开，所以尼罗河的河水几乎将它完全淹没了。

以前有个叫“亚力克”的小男孩，当然了，你肯定认识一个叫亚力克的小男孩。只不过，我说的这个亚力克是生活在2000年以前的一位伟大的希腊国王，他名字的正式说法叫作“亚历山大”。亚历山大在尼罗河河口建造了一座用自己名字命名的城市，就是亚历山大港。亚历山大已经离开人世2000余年了，但是亚历山大港仍然屹立不倒。如今，它已成为埃及的主要港口城市。

在亚历山大以北，沿着尼罗河一路往上，有埃及最大的城市——开罗。实际上，开罗也是非洲最大的城市。如果你乘坐飞机飞过开罗的上空，你就会发现开罗人信奉的不是基督教，而是伊斯兰教。你知道为什么吗？因为在开罗的上空，你看不见教堂的尖塔，你看见的是那些像盘子一样的圆顶和像蜡烛一样的宣礼塔。世界上有很多非常漂亮的清真寺就位于开罗。

62 畏惧黑暗

想要骑骆驼从撒哈拉沙漠的北边到南边的话，差不多要走2个月。在那里，除了骆驼和飞机这两种交通工具以外，再无其他通行方式，因为那里没有铁路，也没有公路，甚至可以说那里根本就没有路。有一个叫作“通布图”的地方位于撒哈拉沙漠南部边缘。美国人要说一个地方离另一个地方距离很远的时候，常常会说：“这简直就是从卡拉马祖到通布图的距离啊。”卡拉马祖位于美国密歇根州，而通布图则位于非洲。通布图，是商队向北穿越撒哈拉抵达地中海沿岸的起点，同时它也是来自地中海沿岸国家的商队的终点。

撒哈拉沙漠终年不下雨，但是在它南边苏丹的部分地区，降水量却非常充沛。苏丹意为“黑人的土地”。我们小时候常常说，白人是上帝在白天创造的，黑人则是上帝在夜晚创造的。有人说，黑人其实就是晒黑了的白人，因为他们住的地方阳光炽热，以至于被阳光晒出的黑色皮肤再也褪不回原来的颜色了。

苏丹境内流淌着一条叫作“尼日尔”的大河，是的，这条大河的名字跟尼罗河一样，也是用“尼”字打头的。尼日尔河流域的土地很肥沃。尼日尔河汇入的是几内亚湾。几内亚湾沿岸分布有很多小国家，绝大部分国家都曾是欧洲国家的殖民地，只有1个例外。

那个不属于殖民地的国家是利比里亚，位于几内亚湾的

角落里。利比里亚就像是一个微缩版的美国，实际上，这个国家就是仿着美国而建的，只不过，利比里亚的总统和百姓都是黑人而已。利比里亚是怎么建立的呢?

在美国刚被建立起来的时候，美国的白人想要找人来代替自己去做那些脏活累活，因此，就有海盗去到非洲沿岸地区抓黑人，然后再把这些黑人贩卖到美国去做奴隶。这就跟以前地中海上的海盗抢劫船只俘获白人当奴隶一样。今天美国的黑人基本上都是以前从非洲被贩卖到美国的黑人奴隶的后代。有很多美国人都觉得这些可怜人的父辈祖辈都是从非洲被抢来的，所以应该将这些可怜人送回故乡。在门罗就任美国总统期间，那些恢复了自由身并且想要返回故乡的黑人们就被送上船，回到了非洲的故乡。家是永恒的，即便它一无所有只是一片丛林。返回非洲的人们建立了利比里亚这个小国家，利比里亚意为“自由的土地”。他们还用美国总统门罗的名字命名了自己的首都，即“蒙罗维亚”。他们甚至还用美国大城市的名字给自己的村子起名字。比如说，有2个只有几百人的小村子分别叫作“纽约”和“费城”。说来也怪，他们并没有选择忘记自己曾经受奴役的地方，反而还要模仿那里的东西。

利比里亚往南走，就是赤道。赤道跟南极之间的距离等同于它跟北极之间的距离。非洲第二大河——刚果河就流经这里。这里的植物茂密，且长势惊人，因为这块地方气候终年炎热，而且每个月都有降水。野草长得像房子那么高，各种树木和藤类植物繁茂，缠结在一起。人要想穿过去都是件难事。这种环境跟南美洲的赤道地区的环境非常类似，你还记得吧，亚马孙河流域的雨林地带也是如此。

100多年前，这块地方充满未知。白人认为，这里是一个不适合居住的危险地方。白人在这里经常生热病。另外，人如果被这里的一种叫“舌蝇”的小苍蝇咬到后，就会患上昏

睡症，而且一旦昏睡就再也醒不来了。除此之外，这里还有猛兽出没，即便是逃过了热症和昏睡症，还要面临被猛兽咬死的危险。

有一个叫“大卫·利文斯通”的男孩出生于苏格兰。在10岁之前，这个小男孩就跟你我一样平平凡凡的，并没有什么异常之处。但是，他在10岁时辍了学来到一家针织厂干活儿。他每天在针织厂从早上6点干到晚上8点，算一下就知道，他每天工作14小时，而他还仅仅是个10岁的孩子。他每一天都是如此辛苦。可是，即便如此，他在每天晚饭后都坚持读书学习，甚至经常会累得趴在书本上就睡着了。利文斯通的理想是能够成为一个有用之人，能够帮助那些患病和不幸的人。实际上，他不仅学了医，还学习了神学。最后他阴差阳错地选择前往非洲。

很多人都觉得利文斯通已经去世了

每个人都说利文斯通去了非洲以后一定会死在那里，或者因舌蝇叮咬而死，或者因饮用当地的水而患上致命的热病，抑或被猛兽咬死。“如果真的会死，”利文斯通这样说道，“怎么死并不重要，因为人终有一死，我只是想在有生之年做一些有意义的事。”随后，利文斯通就起程前往非洲。

30年过去了，尽管利文斯通在此期间回过几次苏格兰，但他总会再次前往非洲。直到有一天，他真的消失了。很多人都认为他不会再回来了，也放弃了寻找他的想法。即便是故乡苏格兰的人几乎也都抱着这样的想法，不再找寻他的下落。然而一些美国人却相信他还活着，他们还派了一个叫“斯坦利”的记者去寻找利文斯通。这些美国人觉得记者肯定擅长找人。于是，斯坦利从非洲的西海岸登陆，一路靠着打手势向黑人们询问是否见过一个白人。但是，大多数黑人都说没见过，因为30年的时间实在是不短，大家都记不得了，实际上，很多当地的老人都已经离世了。不过，有一些黑人表示自己曾听到父辈们说过，见过这样一个白人，而且这个白人朝着东边去了。斯坦利朝着黑人们所指的方向一路往东，一直走了很长的时间，直到走到了一个长长的湖——那就是坦噶尼喀湖的湖边。一位年老的白人起身来迎接他，斯坦利问道："您一定就是利文斯通先生吧？"是的，那就是利文斯通。斯坦利还曾尝试说服利文斯通跟自己一起返回。

然而，利文斯通却这样回答他："不，我在这里工作。我要帮助这里的人，要让他们信仰上帝，也要帮助他们治疗疾病。我死了之后再送我回到故乡，我希望自己被葬在英国。"没办法，斯坦利只好一个人踏上归途。

2年之后，利文斯通离世了，当时他的身边只有一些黑人。当时，利文斯通正跪着祈祷，却一直没有起来。他的仆人发现时，他已经停止呼吸了。由于利文斯通在当地很受尊敬，黑人们为了完成他想要被葬在英国的遗愿，在用香料对其遗体进行了防腐处理后，抬着他花了2个月的时间走了800英里[1]的路，终于走到了海边。他们请求过往的船只将利文斯通的遗体送回英国。就这样，利文斯通最终回到了英国，他被安葬在威斯敏斯特教堂里，与名人和伟人一起长眠。

当地黑人非常爱戴利文斯通，凡是利文斯通说过的话，他们都深信不疑。甚至就连利文斯通这个名字都有着极强的号召力。利文斯通还引导当地的黑人信仰基督。

有一个阿拉伯首领，他的名字很有意思，叫"蒂普·蒂布"。蒂普·蒂布就像抓获动物那样去抓获黑人，他用铁链拴住被抓获的黑人，把他们贩卖到别的国家去当奴隶。利文斯通与当地的黑人们并肩抗争，终于使得蒂普·蒂布停止了贩运黑奴的买卖。这也是利文斯通对当地做出的重要贡献之一。

利文斯通做出的另一重要贡献是绘制出了非洲部分地区的地图，而这些地区在当时几乎完全不为人所知。利文斯通还

不明白看这里

[1] 800英里约为1287.48千米。

发现了全世界最大的瀑布，这个瀑布的高度和宽度都是尼亚加拉瀑布的2倍，你甚至在20英里[1]以外的地方就能听到瀑布的流水声。当时，利文斯通在距离这个瀑布很远的地方就听到了雷鸣一般的声音，他就向当地人询问这是什么声音。当地人告诉他这是大瀑布发出的声音，还告诉他说：“这个瀑布有能发出声音的雾。”后来，利文斯通就用英国女王的名字命名了这个大瀑布，它就是位于赞比西河上的维多利亚瀑布。维多利亚瀑布往北走，在一个很远的地方，还有一个被称作“维多利亚湖”的湖泊。尼罗河就是从维多利亚湖发源的。埃及人早在耶稣降生三四千年以前，就知道尼罗河了，不过，他们却不知道尼罗河的源头在哪儿，没准儿当时的人们认为尼罗河的源头在天堂里呢。

不明白看这里

[1] 20英里约为32.19千米。

63
动物世界

你一定去过动物园或者马戏团吧？想象一下，假如有个动物园，里面的动物都没有被关在笼子里，你愿意去这样的动物园看一看吗？在非洲接近赤道两侧的地区就跟这种动物园没什么区别，那里既有危险的猛兽，也有温顺的动物。

狮子是一种大猫，然而，这种大猫可是动物界的霸王。即使是关在笼子里的狮子，也会让人战战兢兢的。几乎所有的动物都惧怕狮子，而狮子却是无所畏惧的。很多动物总是在提心吊胆地提防着天敌，而狮子却能放心地呼呼大睡，因为它根本不用提防着谁。

在我小的时候，我爸爸常说，想要活捉一只鸟，就得想办法在鸟的尾巴上撒点儿盐。当然用这种办法可捉不到一头活的狮子。实际上，这种办法连鸟也抓不住。猎人们常常设置陷阱来捕获活的狮子，然后将它们卖给动物园或者马戏团。所谓的陷阱，就是那种为了抓获动物而挖的坑，坑上面覆盖着用以迷惑动物的、或大或小的树枝。动物一旦踩到这样的地方，就会掉到陷阱里。当然了，狮子也不例外。等狮子掉下去后，人们就用一张很结实的网把狮子套牢。如果猎人想要猎杀一头狮子，他就会埋伏在水塘边，等待狮子前来饮水的时候将其射杀；或者是猎人用其他的动物做诱饵，把它们放在狮子的必经之路上，就跟你用虫子做鱼饵一样。斑马就是一种被用作诱饵的温顺又可怜的动物。至于它的样子，打个比方吧，它就是身

上长着黑白条纹的小马。斑马身上的那些条纹看起来就像是长得高高的草投下的黑影，这些条纹起到了保护作用，使得斑马不易被发现。其他食肉动物也会出现在放了诱饵的路上，猎人常常会把它们赶走或者直接猎杀了它们。鬣狗往往是第一个出现的食肉动物。鬣狗会发出尖利的叫声，有点儿像笑声，但值得注意的是它们发出笑声的时候往往是因为它们被激怒了，可不是因为它们觉得开心才笑的。鬣狗胆小如鼠，它们不敢抓活物来吃，而是常常等到动物死亡以后才出现。鬣狗算得上丛林中胆子最小的动物了。

对于动物们来说，丛林的生活法则就是搏斗或逃跑，否则就会落入其他动物之口。那里可不会有警察站出来维持秩序。

丛林里最勇敢的动物不是狮子，因为它本身就已经非常威风，用不着有多勇敢了。你一定猜不到吧，丛林里最勇敢的动物是猴子。

当狮子怒吼时，所有动物都会四处逃窜，而猴子往往是到了最后关头才会逃走的那一个。埋伏的猎人如果看到鬣狗逃跑，他就知道狮子还离他远着呢，因为鬣狗总是最先逃跑的那一个。当猎人看到其他动物都匆匆逃窜、猴子开始逃跑的时候，他就知道狮子离他不远了。猎人一般都不去杀猴子，因为猴子看起来就像是小孩子。如果猴子受伤了，它会像个孩子一样嘤嘤地哭泣；如果猴子被猎枪打中了，它就用手把子弹抠出来。即便是铁石心肠的猎人也看不得这样的场景。

有些动物不是食肉动物，它们只吃植物。比如说，长颈鹿就是其中一种。长颈鹿的脖子很长，腿也很长。它伸着脖子吃够得着的树叶和嫩枝。如果长颈鹿渴了想喝水，它就得把腿张得开开的，使劲儿俯下身子才能喝得着地上的水。

差不多所有的动物都能出声，它们发出的那些声音或许就是在表达它们的语言吧。在动物之中，有的汪汪叫，有的哞哞叫，有的咯咯叫，有的咩咩叫，有的喵喵叫，有的嘎嘎叫，有的呱呱叫，有的嘶嘶叫；有的呼噜呼噜的，有的叽叽喳喳的，有的呼哧呼哧的；有的嘶鸣，有的怒吼，有的咆哮，有的尖叫，有的啼叫。但据说，长颈鹿是一种不怎么发出声音的动物，也是丛林里最安静的动物。

河马是一种体型肥大的动物，生活在流经丛林的河流里。河马，顾名思义，就是河中的马。尽管人们叫它“马”，但是它的长相更像是一头大肥猪。而且和猪一样的是，河马也喜欢在泥浆中打滚。河马沉睡时，只在水面上露出后背，看起来就跟一块水中的大岩石一样，又或者像是快要升出水面的潜水艇一样。曾经有个魔术师叫卖将铅块变成黄金的秘诀。我可以免费告诉你这个秘诀。那就是把铅块放到炉子上的锅里，不停地搅动锅里的铅水，一直搅半小时，在此期间千万不要想到“河马”这个词，一次也不行。如果你可以做到一次也不想，那么铅块最后就会变成黄金。你是不是觉得自己肯定没问题?你试了以后，就会知道努力不想河马这个词是一件非常困难的事情。不过，这也是一个不错的帮助记忆的办法，如果你想记住一个比较难记的地理名词，那你就尝试着让自己在半小时里一次也不要去想这个词吧!

如果动物世界举行选丑比赛的话，那么，有一种又大又笨的动物肯定能得个大奖，它就是犀牛。犀牛长着短短的腿，鼻子上有1个或2个角，还长着厚厚的皮。如果猎人想要捕杀犀牛，只能朝犀牛的肚子射击。然而，想要射犀牛的肚子也不是什么容易办的事儿，因为它的腿短得很，以至于它的肚子几乎就是贴着地面的。假如有这么一个愚笨的人，别人说什么也无法触动他的神经，那我们就可以用“这人皮厚得跟犀牛皮似的”来形容他。我有一根可以弯曲的棍子，我很喜欢让人猜它

是用什么做的，我得到的答案基本上集中在动物角和硬橡胶这两样东西上。实际上，这根棍子是用犀牛皮做的。犀牛的眼神儿很差，几乎就是个瞎子，什么也看不清楚，它最需要的就是一副眼镜了。尽管犀牛没有眼镜，但是它却有一位忠实的朋友做它的眼睛。它的朋友是犀牛鸟，这种小鸟就站在犀牛的后背上，一旦有什么危险的事物靠近，它就会提醒自己的朋友远离危险。

另一种视力不好的动物就是大象。非洲象的体型比印度象的大不少。

在印度，人们活捉大象。

在非洲，人们猎杀大象。

在印度，人们活捉大象是为了驯化它们，让它们替人类工作。

在非洲，人们猎杀大象是为了取得象牙。有的象牙能长到10英尺[1]那么长。想想看，假如你的门牙能长得跟象牙一样长，那会是什么情景呢？象牙可以制作很多东西，比如说，优质的钢琴键。

现在的象牙生意没有以前那么好做了，因为人们可以用别的材料制造出人造象牙。这对大象来说，绝对是个好消息。这种人造的象牙类型很多，可以取代真的象牙，它们被称作“塑料”。塑料不仅便宜，而且耐用。象牙用久了颜色就会发黄、开裂，而塑料就不会出现这样的情况。

在非洲，最最好奇的动物其实就是人了。没错，就是生活在当地的黑人。黑人对白人的看法挺奇怪的。黑人觉得，白人有着褪了色的皮肤，苍白而没有活力，就跟生病了一样，而他们自己的那种黑得浓烈的皮肤颜色才是最漂亮的。白人女性戴的是耳环，而黑人女性戴的则是鼻环，她们觉得鼻环比耳环好看多了。有的猎人常常随身携带一小盒别针，因为黑人会常

你觉得用这些方式对待大象是正确的吗？写写应该怎样和动物友好相处。

不明白看这里

[1] 10英尺约为3.05米。

常跟他们要这个东西。要到以后，黑人就会将别针别在自己的鼻子上。黑人觉得耳环太小了，他们在自己的耳朵和嘴唇上打上洞，然后会把这些洞弄得越来越大。白人女性会时常理发，而黑人女性则是把长发盘起来，弄成一个大髻顶在头上。

曾经有白人在非洲安装了电报线，可是刚一装好，就被黑人偷走了。黑人们用偷来的电线做成手镯，还在胳膊和腿上缠满电线。这样做的目的是向别人炫耀他们自己非常时尚、非常聪明，而且也非常富裕。

可能你听说过有这么个小男孩，他特别沮丧，以至于竟然走到花园里去吃虫子啦。别觉得奇怪，在非洲的部分地方，人们真的会吃虫子。那里的人吃蚂蚁和蝗虫，有时候是生吃，有时候是烤熟了吃。他们吃这些虫子的时候可不会伤心沮丧，相反，他们很高兴呢。不论白人还是黑人，有一样东西是受到所有人欢迎的，那就是西瓜。咱们吃的西瓜一开始就是从非洲传过来的。

黑人最喜欢用手鼓敲出的音乐。他们用手掌或者拳头敲击手鼓，常常可以不知疲倦地敲上好几个小时，他们陶醉于那种咚咚咚的打击声中。几英里以外的人都能听到这种手鼓声，所以黑人常常利用手鼓给别的地区的人发送消息，就跟我们发无线电报一样。

64 彩虹的尽头

黄金！

以前人们常常说彩虹的尽头藏着一桶黄金。不过迄今为止，还没有人找到过那些黄金。黄金是个有诱惑力的词，人们可以为了它丢掉手里的工作，背井离乡，踏遍天涯去寻觅它的踪影，期望有朝一日能迅速致富。这是因为黄金是世界通用的“货币”，当然你看到的那些小硬币并不是用黄金做的，因为它们太小而且容易丢，所以没必要用黄金来铸造。

南非拥有世界上最大的金矿。南非金矿的黄金产量占到全世界黄金产量的一半还多。南非金矿主要位于约翰内斯堡附近。

黄金拥有“金属之王”的美誉，尽管铂金价值更高，但是人们仍喜欢用黄金来充当货币或是装饰品，以及应用于其他方面。除了黄金的用途更为广泛以外，多数人还觉得黄金更加迷人。一般印着“24K”标记的就是纯金了。纯金的质地很柔软，不耐磨，所以人们常常往纯金里添加别的金属制成合金，以增强硬度。贵重的戒指和金饰上常常印着“18K”的标记，18K的意思是说其中有四分之三是黄金，另外四分之一是其他金属。你可以看看一枚戒指或是一块手表上

很久很久以前，流传着这样的说法
——彩虹的尽头有黄金

面是否印着“18K”或者“24K”的标记。

有的金子在被发掘出来的时候是一块块的，这样的金子被称为“天然金块”。然而，绝大多数的金子都是隐匿于岩石中的，除非把岩石碾碎成末，否则根本看不出来有金子在里面。

几乎每个美国人的家庭里都有那么一两件东西是产自南非的，当然有的家庭会拥有更多来自南非的东西。大家往往拥有的是一件很细小但是却很贵重的东西。猜猜看这是什么呢？这就是你妈妈戒指上镶嵌的钻石。差不多所有的钻石都来自南非的金伯利[1]。

以前，大部分的钻石都是运往阿姆斯特丹进行切割和打磨的。为什么要送到荷兰而不是别的国家呢？因为最先发现钻石矿的是住在南非的荷兰人。如今，大部分的钻石就直接在金伯利完成切割和打磨，之后再销往世界各地。

钻石和煤炭的成分相同，如果把钻石放到火里，它就会变成煤。所以人们常常把煤叫作“黑钻石”。迎着阳光仔细端详钻石，你会发现它泛着纯白色、淡蓝色抑或是淡黄色的光芒，能发出纯白光芒的钻石价值最高。

时至今日，人们所发现的最大的钻石就是库里南钻石，它差不多跟我的拳头一样大。由于它过于硕大，而且太过贵重，所以并不适合用作单颗镶嵌的宝石。人们将这颗钻石一分为二，分别进行打磨。仅次于库里南钻石的世界第2大钻石是大莫卧儿[2]。不幸的是，大莫卧儿被人偷走了。窃贼当然不敢直接把盗走的大莫卧儿拿出来卖，因为世界上就只有一颗大莫卧儿钻石，只要窃贼一亮出来，人们立刻知道他就是偷走钻石的人，这就跟蒙娜丽莎画像被盗走后的情况一样。然而，大莫卧儿并没有失而复得，而是销声匿迹了。也许窃贼早就把它切割成好几颗小钻石分别卖掉了。

钻石矿的矿主们分外小心地提防着挖矿的黑人们，哪怕

不明白看这里

❶南非金伯利钻石矿坑被认为是世界上最大的人力挖掘矿坑，也是世界上最早（1869年）发现金伯利岩型金刚石原生矿床的地方。在 1914 年被关闭之前，这里出产了超过 3 吨的钻石。

❷大莫卧儿是目前世界上排名第8的钻石。

是一丁点儿的钻石也怕被他们偷走。钻石矿周围立着高高的栅栏，而且有人巡逻把守。挖矿的工人们到了晚上也不允许回家，就睡在栅栏里。工人们在这里一住就是三四个月。矿石采尽的时候，警卫们就要脱光工人们的衣服，仔细搜查他们的头发、耳朵还有嘴巴，以防止他们私藏哪怕一点点钻石。即便是小小一颗钻石，对于黑人而言，那都是一笔莫大的财富。如果矿主把金伯利开采出来的大量钻石一次性卖掉的话，那必然会导致钻石的价格下降，甚至有可能使得这些钻石变得不值钱。因此，为了保持高昂的价格，矿主们常常囤聚着价值百万的钻石，直到有人肯出个好价钱的时候才拿出来卖掉。

有一个名叫“塞西尔·罗德斯”的英国人，出于调养身体的原因来到南非，而那时恰逢人们发现钻石，纷纷一夜暴富之时。于是，他不仅养好了身体，还得到了大笔的财富。非洲有个地方的名字就是按照他的名字命名的，叫“罗得西亚”[1]。罗德斯离世后留下了一大笔遗产，遗产中的一部分被用来资助各个国家出类拔萃的男青年前往英国的牛津大学学习，受资助的这些年轻人就是罗德奖学金获得者。

罗德斯活着的时候一直想修一条纵贯非洲南北的铁路，从埃及开罗一直通到非洲最南端的开普敦。罗德斯离世以后，人们仍在不断地修建这条铁路，大部分的路段都已经修建完成，不过还有一段不短的路尚待完成，人们把这条铁路叫作“开普敦—开罗铁路”[2]。罗德斯生前并未要求将自己的遗体送回英国安葬，他是少数几个不要求死后葬在故乡的英国人之一。他选择长眠于非洲的高山之巅，那座山很高，罗德斯说在那里看得到全世界的景观。

作为南非首都的茨瓦内很像一座英国的城市，作为南非最重要城市的开普敦同样跟一座英国的城市所差无几。差不多在100多年前吧，那些城市的所在地还只是一片丛林，里面生

不明白看这里

❶罗得西亚，即津巴布韦共和国，位于非洲南部，是一个内陆国家。1980年4月18日独立之后，宣布将国名“罗得西亚”改为“津巴布韦”。

❷开普敦—开罗铁路，至今仍未全面贯通。已开通路段：开罗—瓦乌、乌干达铁路、坦赞铁路、卡匹里—开普敦。

活着的都是尚未接触过现代文明的黑人。

你喜欢集邮吗？如果你喜欢的话，那你可能听说过一枚被称为“毛里求斯”的著名邮票。这枚邮票被一位收藏者以2万美元的价格购得，那时的2万美元能买一幢非常好的房子或者是一片土地了，而这个人却花了重金买了一枚只能置于集邮册里的邮票。为什么他要花这么大的价钱来购买一枚邮票呢？他只是为了炫耀自己拥有其他人所没有的东西罢了。

毛里求斯是一座靠近非洲东海岸的小岛。靠近非洲的海域上还有别的岛屿，马达加斯加是其中最大的一个岛，毛里求斯算是比较小的一个岛。另外还有一个小岛叫“桑给巴尔”。桑给巴尔岛上盛产丁香。你的妈妈也许常常在制作烤苹果、泡菜、火腿等食品的时候用到它。丁香的样子有点儿像一个个燃烧过的火柴头。你能猜得到丁香到底是什么吗？其实，它是丁香树开出的小花。

65 金银岛

你有过思乡情结吗？如果你的答案是没有，那我猜你一定没出过远门吧，或者你还没有在外面待过很长的时间吧？想象一下，如果你住在地球的另一面，远离家人和朋友，每隔5年或者10年才能回家团聚一次，或者你永远也不能回家了，你还会不想家吗？英国人可能是最恋家的民族，他们热爱家乡，很眷恋家的味道，然而，还是有一些英国人离开故土，去遥远的地方定居。

地球上有一个大到可以称为大陆的岛屿。它离英国非常远，如果是在以前，想要从英国到那里去，怎么说也得花上小半年或者半年的时间。就算是现在，从英国坐船过去，也得花上个把月的时间。过去在这座岛上，只有那些还未开化的皮肤黝黑的人居住。后来，英国人占据了岛屿，并在那里建起了城市。它就是澳大利亚[1]。澳大利亚意为“南方的土地”，因为它处于遥远的南方，在赤道的南边。美国的冬天正值澳大利亚的夏天，美国的白天正值那里的夜晚。正因为澳大利亚离英国很远，才使得英国人认为澳大利亚是个遣送罪犯的理想之地，犯人们在那么远的地方可就再没办法逃回来伤害别人了。于是，很多罪犯都被遣送至澳大利亚，他们当中几乎没有人能再次返回英国故土。他们当中有一些人甚至因为患上了思乡病而死。毕竟犯人也是人，也有普通人的情感，也会想念故土。

不明白看这里

[1] 1788—1900年，澳大利亚曾是英国的殖民地。1901年，澳大利亚各殖民区改为州，并统一成为联邦，成立澳大利亚联邦。1931年，英国议会通过《威斯敏斯特法案》，使澳大利亚获得内政外交上的独立自主权，成为英联邦中的独立国家。

没过多长时间，英国人就发现澳大利亚不仅仅是个天然监狱，还有别的好处。原来，沙漠覆盖了澳大利亚的中央地带，而这片沙漠里藏着金矿。黄金，这个极具诱惑力的词，诱惑着人们克服各种危险前往发掘，哪怕是沙漠也不能阻挡人们的脚步。大批的英国年轻人背井离乡前往澳大利亚淘金，他们抱着一夜暴富的梦想，企图带着金子衣锦还乡。随后，他们却发现开采黄金的成本很高，根本不划算。但是他们并未因此而放弃致富梦，挖金子不行，就想别的办法发财。澳大利亚的东南部地区覆盖着草原，适合放牧牛羊，可是那里却没有这两种动物。于是，英国人又千里迢迢地从英国老家运来了牛羊。可惜，英国来的牛羊却不吃澳大利亚的草——草的品种又出现了问题。然而，这还是没有打倒英国人的士气，一次不行，就再尝试，直到成功为止。于是，英国人再次从英国运来合适的草籽。这一次他们终于成功了，草的长势很好，没用多少时间，牛羊就成为发财致富的“金矿”了，甚至比沙漠里的金矿还要好。英国人从绵羊身上获得了全世界品质最好的羊毛——又长又软的羊毛。人们再把羊毛运送到英国或者其他地方，以生产各种羊毛制品。现在，澳大利亚已成为全世界羊毛产量最大的国家了。另外，牛在澳大利亚也长得膘肥体壮。鉴于英国国内的牛肉产量已经无法满足人们的需求，所以人们也把冷冻的牛羊肉销往英国。

起初，牛羊养殖业发展得很好，不过后来又发生了一件意想不到的事情。有个英国人把一对宠物兔带到澳大利亚，可这对兔子跑丢了。之后，它们在野外开始繁衍小兔子。兔子和牛羊一样，都喜欢吃草，然而，兔子的繁衍速度远远超过牛羊的繁衍速度。没过多久，草地上兔子的数量大大超过了牛羊的数量。大量的草被兔子吃掉，牛和羊甚至都没草吃了。事情似乎到了疯狂的地步。兔子的数量越来越多，多到简直无法消

灭——几百万只兔子被毒死，几百万只兔子被捉住，可人们消灭兔子的速度赶不上兔子繁衍的速度，这些兔子就跟《圣经》里描述的瘟疫一样，刚消灭100万只，又有几百万出生了。人们建起了跨越整个地区的铁丝防护网，试图把兔子们圈起来。然而还是有很多兔子穿过铁丝防护网，人们只好又建另一道铁丝防护网。时至今日，人们还在几百万几百万地捕杀兔子，把兔肉罐头和兔子皮运回英国。然而，他们没办法完全摆脱这些小动物的纠缠，而且似乎永远也摆脱不了了。

澳大利亚拥有很奇特的本土动物。其中之一就是袋鼠，袋鼠的身高跟人差不多，它靠两条后腿站着，跟站起来讨食物吃的狗似的。袋鼠的尾巴就像是它的第三条腿，它坐在后腿和尾巴上，仿佛坐在一张三角凳上。袋鼠的两条前肢又短又小，平时几乎用不上。袋鼠奔跑的时候不是用四条腿奔跑，而是用两条后腿向前跳跃，一跳就能跳好远。袋鼠妈妈的肚子上有一个用来装小袋鼠的口袋，这个口袋既是小袋鼠的窝，也是它们的摇篮。

过去，经历了长途航海旅程的水手总会跟人们讲起他们见过海里的漂亮姑娘，也就是那种腰以上是人身，腰以下是鱼身的生物，他们把这种生物叫作“美人鱼”。你也许早就在童话里听过美人鱼的故事了。但是，你相信世界上真的有美人鱼吗？澳大利亚的西海岸就有。那里的美人鱼的确是住在海洋里的，而且它们也的确能用手臂抱着孩子。也许，水手们只是从远处看到它们，所以觉得它们跟漂亮姑娘一样。但如果你靠近看的话，就会发现它们并非是你在童话里读到的那种长着长长鱼尾的漂亮姑娘，而是一种相貌丑陋的生物。它们叫“海牛”。唉，是不是觉得很失望啊？

居住在澳大利亚的土著被称为“丛林居民”。这些人既不会数数也不识字——他们数数都数不到10，连自己的名字都

你读过有关美人鱼的故事吗？能不能简单写写这个故事讲了些什么呢？

写不出来。他们唯一的本领就是获取食物。他们不穿衣服，而是把各种颜料涂抹在身上代替衣服。他们还用贝壳划伤皮肤，再往伤口里撒灰，使得皮肤表面形成疤痕，他们觉得疤痕越多就越美。

你玩过回力标吗？试着把它的样子画出来，给文章配幅插图。

澳大利亚的土著居民有一种叫作“回力标”的奇特玩具。这种玩具用木头制成，样子跟弯弯的月牙一样。他们把这种飞镖扔向空中，飞镖在空中不停旋转，如果技术得当的话，它就能飞回原地。我自己也有几个回力标，而且我已经学会了怎么玩。我有个朋友以前跟我说：“听说你能扔袋鼠呢？”“啊？”我挺吃惊地回答，“我可不会扔袋鼠啊，就是澳大利亚的丛林居民也不会扔袋鼠啊！”哈哈，我猜他应该是想问我扔回力标的事情。

墨尔本曾是澳大利亚的首都，后来澳大利亚将首都迁到了堪培拉——一座按照设计图纸建起的新城市。人们事先设计好城市的样子，然后才一步步建好街道、国会大厦和民居。随后，人们便迁入城市安家落户。悉尼是澳大利亚最重要的城市。

全世界最适合人类居住的国家是新西兰，它在澳大利亚的东南面。还记得咱们在前面讲过的丹麦的西兰岛吗？还记得咱们说丹麦是欧洲最适合人类居住的国家吗？新西兰是由2座大岛组成的国家，看起来有点儿像一只倒放了的靴子，跟意大利很像。如果是从地图上看，那你会觉得澳大利亚离新西兰挺近的，但实际上，从澳大利亚坐船到新西兰得花四五天的时间呢。毛利人是居住在新西兰北部地区的土著，跟澳大利亚的丛林居民在各方面都有很大不同。过去，毛利人是食人族，但他们很聪明，从白人那儿学了很多东西。现在，不少毛利人接受了良好的教育，甚至还有成为新西兰议员的毛利人呢。

66 食人族的岛

你肯定知道什么是食人族吧？就是那些相互残杀，还会把人吃掉的野蛮人。以前，他们居住在最大最深的大洋中的小岛上，对，他们就住在太平洋的小岛上。大西洋上的岛屿很少，所以人们在横越大西洋的时候几乎看不到什么岛，但太平洋就不一样了，它有几千个岛。也就是说，在太平洋不幸遭遇海难的人比较容易能看见一座岛。太平洋上的这些岛，有许多都很小，从地图上看就是一些小点点，有些甚至在地图上都找不到。

假如能把太平洋的水放掉，就像我们放掉浴缸里的水那样，我们就能看见那些遍布太平洋海底的成千上万的山。这些现在被海水覆盖的山在以前都是火山。有些山峰很高，高出了海面，这就是我们看见的海岛。有一种叫作“珊瑚虫”的小动物就生活在这些岛屿附近温暖的海水里。还记得吗，咱们前面说过佛罗里达州就是靠这些小动物的尸体不断堆积形成的陆地。珊瑚虫死掉以后，它们的小骨头就一点点地堆积起来形成珊瑚礁，直至最后露出海面。它们一般位于岛屿附近，我们把这样的小岛叫作“珊瑚岛”。

著名的度假胜地马尔代夫就是由1000多个珊瑚岛组成的，澳大利亚的大堡礁也是非常有名的珊瑚岛。你能够再列举出5个珊瑚岛吗？

有一些珊瑚岛上住着拥有棕色皮肤的人，这些人过去也是食人族。所有的岛上都长着一种能为当地土著提供吃、穿、用、住的树，那就是椰子树。咱们在前面讲过结椰枣的椰枣树，还记得吗？椰子树很高，树干的顶部长着树叶，而在那些树叶中间就结着成串的椰子。

椰子跟孩子的头差不多大，剥去椰子的外壳，能看见里面的坚果。猛地一看，你会觉得椰子好像长着两只眼睛和一张嘴巴，还长着毛糙的棕色头发。椰子壳里面长着白色的椰子肉，椰子肉里面是椰子汁。当地人像我们喝牛奶一样喝椰子汁，还像我们吃面包一样吃椰子肉，椰子就是当地人必需的饮食来源。椰子壳上的毛被用来制作线、绳子和布。没错，当地人就是用椰子壳上的毛来取代咱们使用的棉花、蚕丝和羊毛。椰子壳被用来做成杯子、盘子以及其他器皿。当地人会用椰树的叶子做成短裙，这也是他们唯一能制作的衣服。椰树的叶子还被用来铺房顶。当地人所居住的房子往往没有墙壁，有的只是被用来当作柱子的椰子树，还有用树叶铺盖的房顶，以及地板。这种房子的地板一般离地面有几英尺高呢。

以前，土著部落之间经常打仗，他们会吃掉被杀死的敌人。有一些牧师到了这些岛，开始向当地人布道。一开始，这些土著人连牧师也吃了，直到后来才不断有人成为基督徒。与此同时，人们不再吃人了。牧师们觉得当地的女性着装不够得体，就让她们穿上宽大的长罩衣。于是，当地的女人在进城时就穿着罩衣，当她们回到部落或者是爬到树上寻找食物的时候，她们就把罩衣脱下来围在脖子上。随着白人的到来，疾病也开始在岛上蔓延。疾病是白人带来的，以前的岛上并没有这样的疾病。很多当地人都因为染上这些疾病而死掉了。即便是得了普通的麻疹，当地人似乎也无法痊愈。

当地人的生活很悠闲，尽管他们没什么钱，但也不想要钱，因为即便要了钱也没用——岛上没什么东西好买。他们也不怎么干活儿，如果自己饿了，就爬到树上摘椰子吃。而且上树摘椰子也不是什么难事，因为很多椰子树都是斜着长的。我见过有的男孩子能直接从地面上跑到椰子树上，就跟孩子一下子跑到滑梯上一样。

库克船长是第一个到这些岛上来探险的人，他是英国人。他记录了很多关于这些岛的故事。库克群岛的名字就是按照他的名字取的。

后来，白人对这些岛屿产生了兴趣，因为他们发现岛上的椰子能在自己国家卖个高价。于是，白人让当地人摘椰子，还不用付给他们工钱，因为钱对当地人来说一文不值。即便是你愿意开出一天1000美元的高价，他们也不愿意替你干活儿。然而，他们宁愿为了一串不值钱的珠子而帮你干活儿。那些土著居民特别喜欢首饰，白人就把玻璃珠子作为酬劳支付给他们，有时也会把播放机留给他们玩儿。切碎了

的椰子肉有很多用处，被称为“椰肉干”。用水煮椰子肉之后分离出的椰子油可用来制肥皂和植物黄油。

很少有轮船会经过这些岛屿，因为轮船一般只在比较大的岛屿靠岸。有很多故事都在描写人们遭遇船难后的经历，其中有一些说的就是发生在这些珊瑚岛附近的事情。这些珊瑚岛都是些无人岛，落难的人如果漂流到这些岛上就得完全靠自己才能生存，落难者往往在多年的等待之后才能看见一艘经过小岛的船，搭乘它离开这里。

这些岛屿中有很多都很小，也没有名字。当然也有很多有名字的群岛，比如说所罗门群岛。之所以叫所罗门群岛，是因为发现群岛的人希望在群岛上找到的财富能与所罗门王所拥有的财富媲美；再比如说库克群岛，如前所述，它们用的是库克船长的名字。另外还有斐济群岛、萨摩亚群岛等，其中有一些岛屿是属于美国的。

菲律宾是太平洋最大的群岛之一，它曾两度属于美国，但现在是个独立的国家。菲律宾距离中国不算太远，菲律宾人的相貌跟中国人也差不多。太平洋中部的夏威夷群岛仍然属于美国。美国人吃的很多菠萝都是夏威夷产的。夏威夷的首府叫“火奴鲁鲁”，很多优秀的游泳运动员都来自火奴鲁鲁，因为他们有的是机会在水里泡着。夏威夷当地的年轻男女不仅能跟鱼一样自如地在水里游泳，他们还能站在木质冲浪板上冲浪。你听说或者见过一种叫作“乌克丽丽”的琴吗？这种琴的名字就是用夏威夷语命名的。游客一到火奴鲁鲁，当地人就为他们戴上花环。当游客离岛而去的时候，就把花环扔到水里，寓意今后还有机会再来。夏威夷人很喜欢用“Aloha”这个词，它表示了“你好”“欢迎”“再见”“上帝与你同在”等意思。

Aloha！

库克船长到过很多地方，你能把他到过的所有地方都列出来吗？

67
结束旅行

遥望远方的老船长

经过了这么长的环球之旅以后，我们终于回家了！是啊，回到了我们温暖的家里。“我们也许会在享乐中流连，也许会艳羡奢华，然而不论我们的家有多么简陋，都没有地方能比得上！因为家永远是温暖的！”爱斯基摩人也好，中国藏族人也好，不管是哪里的人，他们对家的感受都是一样的。家就是养育我们的那方热土，不管它是在一块冰上还是在一棵椰子树下。

我认识一位老船长，他的航海时间已经有50年了，曾做过20次环球旅行。他去过所有的港口，不管是彭塔阿雷纳斯还是阿尔汉格尔斯克。他能说10多种语言。他去过所有的陆地和海洋，甚至可以说他去过世界上任何一个地方，见过任何一样东西。十几年以来，他一直殷切企盼着能有一天结束漂泊，回到家里安定下来。终于，他盼到了那一天。当他回到家，回到他出生的地方，回到马里兰州南部靠海的那个小村子的时候，我才发现一个人可以那么开心！

1年以后，我在纽约偶遇老船长。他还是那么开心，比任何人都开心。他穿得很时尚，扣眼儿里还别着一朵花，好像马上要结婚似的。“你上哪儿去啊？”我问他。“哦，我要出海了，12点就出发啦，”他说，“去周游世界。”他高兴得手舞足蹈，好像跳着水手们跳的角笛舞一样。

“祝你一路顺风，”我说，“我还想着你要安定下来呢。”

“家，是一个让你回来的地方。”老船长一边说，一边兴高采烈地向我挥手道别。